LAS CONSTITUCIONES
ESPAÑOLAS

–

Textos completos

lecturas-hispanicas.com

Las constituciones españolas. Textos completos
Colección Lecturas hispánicas
1ª Edición: 1 de diciembre 2015
© Para esta edición: Servando Gotor, 2015

Lecturas hispánicas
www.lecturas-hispanicas.com
Zaragoza (España)

ISBN-13: 978-1519710246
ISBN-10: 1519710240

ÍNDICE

ESTATUTO DE BAYONA, 1808 9
Título I: De la religión 11
Título II: De la sucesión de la Corona 11
Título III: De la Regencia 13
Título IV: De la dotación de la Corona 14
Título V: De los oficios de la Casa Real 15
Título VI: Del Ministerio 15
Título VII: Del Senado 16
Título VIII: Del Consejo de Estado 19
Título IX: De las Cortes 20
Título X: De los Reinos y Provincias españolas de América y Asia 24
Título XI: Del orden judicial 25
Título XII: De la administración de Hacienda 27
Título XIII: Disposiciones generales 28

CONSTITUCIÓN DE 1812 33
Título Primero: De la Nación española y de los españoles 36
Título II: Del territorio de las Españas, su religión y Gobierno, y de los
ciudadanos españoles 37
Título III: De las Cortes 40
Título IV: Del Rey 62
Título V: De los Tribunales de la Administración de Justicia en lo civil y en lo
criminal 73
Título VI: Del gobierno interior de las provincias y de los pueblos 82
Título VII: de las contribuciones 87
Título VIII: De la fuerza militar nacional 90
Título IX: De la instrucción pública 91
Título X: De la observancia de la Constitución, y modo de proceder
para hacer variaciones en ella 92

ESTATUTO REAL, 1834 95
Exposición del Consejo de Ministros a S. M. la Reina Gobernadora 97
Título I: De la convocación de las Cortes generales del Reino 108
Título II: Del estamento de Próceres del Reino 108
Título III: Del estamento de Procuradores del Reino 110
Título IV: De la reunión del estamento de Procuradores del Reino 111
Título V: Disposiciones generales 112

CONSTITUCIÓN DE LA MONARQUÍA ESPAÑOLA, 1837

CONSTITUCIÓN DE LA MONARQUÍA
ESPAÑOLA, 1837 115
Título Primero: De los españoles 117
Título II: De las Cortes... 118
Título III: Del Senado 119
Título IV: Del Congreso de los Diputados 119
Título V: De la celebración y facultades de las Cortes 120
Título VI: Del Rey 122
Título VII: De la sucesión de la Corona.. 123
Título VIII: De la menor edad del Rey, y de la Regencia 124
Título IX: De los Ministros 125
Título X: Del Poder Judicial 125
Título XI: De las Diputaciones provinciales y de los Ayuntamientos 126
Título XII: De las contribuciones... 126
Título XIII: De la Fuerza militar Nacional... 127
Artículos adicionales.. 127

CONSTITUCIÓN DE LA MONARQUÍA
ESPAÑOLA, 1845 129
Título Primero: De los españoles 131
Título II: De las Cortes... 133
Título III: Del Senado 133
Título IV: Del Congreso de los Diputados 134
Título V: De la celebración y facultades de las Cortes 135
Título VI: Del Rey 137
Título VII: De la sucesión a la Corona.. 138
Título VIII: De la menor edad del Rey, y de la Regencia 139
Título IX: De los Ministros 140
Título X: De la Administración de Justicia 141
Título XI: De las Diputaciones provinciales y de los Ayuntamientos 141
Título XII: De las contribuciones... 142
Título XIII: De la Fuerza Militar 142
Artículo adicional... 142
Acta Adicional a la Constitución de la Monarquía Española 143
Ley de 17 de julio de 1857 de Reforma de la Constitución de 1845............... 145

CONSTITUCIÓN DEMOCRÁTICA DE LA NACIÓN
ESPAÑOLA, 1869 149
Título Primero: De los españoles y sus derechos 151
Título II: De los Poderes Públicos 157
Título III: Del Poder Legislativo 157
Título IV: Del Rey 162
Título V: De la sucesión a la Corona y de la Regencia del Reino.................. 164

Título VI: De los Ministros 165
Título VII: Del Poder Judicial 166
Título VIII: De las Diputaciones provinciales y Ayuntamientos....167
Título IV: De las contribuciones y de la Fuerza Pública 167
Título X: De las provincias de Ultramar......................................168
Título XI: De la reforma de la Constitución 169
Disposiciones transitorias 169

CONSTITUCIÓN DE LA MONARQUÍA ESPAÑOLA DE 1876

CONSTITUCIÓN DE LA MONARQUÍA
ESPAÑOLA DE 1876... 171
Título Primero: De los españoles y sus derechos 173
Título II: De las Cortes 176
Título III: Del Senado...176
Título IV: Del Congreso de los Diputados 179
Título V: De la celebración y facultades de las Cortes 180
Título VI: del Rey y sus Ministros 182
Título VII: de la sucesión de la Corona 183
Título VIII: De la menor edad del Rey y de la Regencia...............184
Título IX: De la Administración de Justicia 185
Título X: De las Diputaciones provinciales y de los Ayuntamientos 186
Título XI: De las contribuciones 187
Título XII: De la fuerza militar 188
Título XIII: Del gobierno de las provincias de Ultramar...............188
Artículo transitorio 188

CONSTITUCIÓN DE LA SEGUNDA REPÚBLICA, 1931

CONSTITUCIÓN DE LA SEGUNDA REPÚBLICA, 1931 189
Título Preliminar 191
Título Primero: Organización nacional 192
Título II: Nacionalidad 196
Título III: Derechos y deberes de los españoles 197
Título IV: Las Cortes...205
Título V: Presidencia de la República 208
Título VI: Gobierno..213
Título VII: Justicia...214
Título VIII Hacienda pública..217
Título IX: Garantías y reforma de la Constitución 220
Disposiciones transitorias 221

CONSTITUCIÓN DE 1978

CONSTITUCIÓN DE 1978 223
Preámbulo..225
Título Preliminar 225
Título I: De los derechos y deberes fundamentales 227

Título II: De la Corona 239
Título III: De las Cortes Generales 242
Título IV: Del Gobierno y de la Administración 251
Título V: De las relaciones entre el Gobierno y las Cortes Generales 254
Título VI: Del Poder Judicial 257
Título VII: Economía y Hacienda 259
Título VIII: De la Organización Territorial del Estado 263
Título: Del Tribunal Constitucional 275
Título X: De la reforma constitucional 277
Disposiciones adicionales 278
Disposiciones transitorias 279
Disposición derogatoria 281
Disposición final 282

TAMBIÉN EN Lecturas hispánicas 283

Estatuto de Bayona, 1808

En el nombre de Dios Todopoderoso: Don José Napoleón, por la gracia de Dios, Rey de las Españas y de las Indias:

Habiendo oído a la Junta Nacional, congregada en Bayona de orden de nuestro muy caro y muy amado hermano Napoleón, Emperador de los franceses y Rey de Italia, protector de la Confederación del Rhin, etc.

Hemos decretado y decretamos la presente Constitución, para que se guarde como ley fundamental de nuestros Estados y como base del pacto que une a nuestros pueblos con Nos, y a Nos con nuestros pueblos.

TÍTULO I: DE LA RELIGIÓN

Artículo 1.- La religión Católica, Apostólica y Romana, en España y en todas las posesiones españolas, será la religión del Rey y de la Nación, y no se permitirá ninguna otra.

TÍTULO II: DE LA SUCESIÓN DE LA CORONA

Art. 2.- La Corona de las Españas y de las Indias será hereditaria en nuestra descendencia directa, natural y legítima, de varón en varón, por orden de primogenitura y con exclusión perpetua de las hembras.

En defecto de nuestra descendencia masculina natural y legítima, la Corona de España y de las Indias volverá a nuestro muy caro y muy amado hermano Napoleón, Emperador de los franceses y Rey de Italia, y a sus herederos y descendientes varones, naturales y legítimos o adoptivos.

En defecto de la descendencia masculina, natural o legítima o adoptiva de dicho nuestro muy caro y muy amado hermano Napoleón, pasará la Corona a los descendientes varones, naturales legítimos, del príncipe Luis-Napoleón, Rey de Holanda.

En defecto de descendencia masculina natural y legítima del príncipe Luis-Napoleón, a los descendientes varones naturales y legítimos del príncipe Jerónimo-Napoleón, Rey de Westfalia.

En defecto de éstos, al hijo primogénito, nacido antes de la muerte del último Rey, de la hija primogénita entre las que tengan hijos varones, y a su descendencia masculina, natural y legítima, y en caso que el último Rey no hubiese dejado hija que tenga varón, a aquél que haya sido designado por su testamento, ya sea entre sus parientes más cercanos, o ya entre aquellos que haya creído más dignos de gobernar a los españoles.

Esta designación del Rey se presentará a las Cortes para su aprobación.

Art. 3.- La Corona de las Españas y de las Indias no podrá reunirse nunca con otra en una misma persona.

Art. 4.- En todos los edictos, leyes y reglamentos, los títulos del Rey de las Españas serán: D. N..., por la gracia de Dios y por la Constitución del Estado, Rey de las Españas y de las Indias.

Art. 5.- El Rey, al subir al Trono o al llegar a la mayor edad, prestará juramento sobre los Evangelios, y en presencia del Senado, del Consejo de Estado, de las Cortes y del Consejo Real, llamado de Castilla.

El ministro Secretario de Estado extenderá el acta de la presentación del juramento.

Art. 6.- La fórmula del juramento del Rey será la siguiente:

«Juro sobre los santos Evangelios respetar y hacer respetar nuestra santa religión, observar y hacer observar la Constitución, conservar la integridad y la independencia de España y sus posesiones, respetar y hacer respetar la libertad individual y la propiedad y gobernar solamente con la mira del interés, de la felicidad y de la gloria de la nación española.»

Art. 7.- Los pueblos de las Españas y de las Indias prestarán juramento al Rey en esta forma: «Juro fidelidad y obediencia al Rey, a la Constitución y a las Leyes.»

Título III: De la Regencia

Art. 8.- El Rey será menor hasta la edad de diez y ocho años cumplidos. Durante su menor edad habrá un Regente del reino.

Art. 9.- El Regente deberá tener, a lo menos, veinticinco años cumplidos.

Art. 10.- Será Regente el que hubiere sido designado por el Rey predecesor, entre los infantes que tengan la edad determinada en el artículo antecedente.

Art. 11.- En defecto de esta designación del Rey predecesor, recaerá la Regencia en el infante más distante del Trono en el orden de herencia, que tenga veinticinco años cumplidos.

Art. 12.- Si a causa de la menor edad del infante más distante del Trono en el orden de herencia, recayese la Regencia en un pariente más próximo, éste continuará en el ejercicio de sus funciones hasta que el Rey llegue a su mayor edad.

Art. 13.- El Regente no será personalmente responsable de los actos de su administración.

Art. 14.- Todos los actos de la Regencia saldrán a nombre del Rey menor.

Art. 15.- De la renta con que está dotada la Corona, se tomará la cuarta parte para dotación del Regente.

Art. 16.- En el caso de no haber designado Regente el Rey predecesor, y de no tener veinticinco años cumplidos ninguno de los infantes, se formará un Consejo de Regencia, compuesto de los siete senadores más antiguos.

Art. 17.- Todos los negocios del Estado se decidirán a pluralidad de votos por el Consejo de Regencia, y el mismo Secretario de Estado llevará registro de las deliberaciones.

Art. 18.- La Regencia no dará derecho alguno sobre la persona del Rey menor.

Art. 19.-La guarda del Rey menor se confiará al príncipe de signado a este efecto por el predecesor del Rey menor, y en defecto de esta designación a su madre.

Art. 20.- Un Consejo de tutela, compuesto de cinco senadores nombrados por el último Rey, tendrá el especial encargo de cuidar de la educación del Rey menor, y será consultado en todos los negocios de importancia relativos a su persona y a su casa.

Si el último Rey no hubiera designado los senadores, compondrán este Consejo los cinco más antiguos.

En caso que hubiera al mismo tiempo Consejo de Regencia, compondrán el Consejo de tutela los cinco senadores, que se sigan por orden de antigüedad a los del Consejo de Regencia.

TÍTULO IV: De la dotación de la Corona

Art. 21.- El patrimonio de la Corona se compondrá de los palacios de Madrid, de El Escorial, de San Ildefonso, de Aranjuez, de El Pardo y de todos los demás que hasta ahora han pertenecido a la misma Corona, con los parques, bosques, cercados y propiedades dependientes de ellos, de cualquier naturaleza que sean.

Las rentas de estos bienes entrarán en el tesoro de la Corona, y si no llegan a la suma anual de un millón de pesos fuertes, se les agregarán otros bienes patrimoniales, hasta que su producto o renta total complete esta suma.

Art. 22.- El Tesoro Público entregará al de la Corona una suma anual de dos millones de pesos fuertes, por duodécimas partes o mesadas.

Art. 23.- Los infantes de España, luego que lleguen a la edad de doce años, gozarán por alimentos una renta anual, a saber: el Príncipe heredero, de 200.000 pesos fuertes; cada uno de los infantes, de 100.000 pesos fuertes; cada una de las infantas, de 50.000 pesos fuertes.

El Tesoro Público entregará estas sumas al tesorero de la Corona.

Art. 24.- La Reina tendrá de viudedad 400.000 pesos fuertes, que se pagarán del tesoro de la Corona.

TÍTULO V: DE LOS OFICIOS DE LA CASA REAL

Art. 25.-Los jefes de la Casa Real serán seis, a saber:
Un capellán mayor. Un mayordomo mayor. Un camarero mayor. Un caballerizo mayor. Un montero mayor. Un gran maestro de ceremonias.

Art. 26.- Los gentiles-hombres de Cámara, mayordomos de semana, capellanes de honor, maestros de ceremonias, caballerizos y ballesteros, son de la servidumbre de la Casa Real.

TÍTULO VI: DEL MINISTERIO

Art. 27.- Habrá nueve Ministerios, a saber:
Un Ministerio de Justicia. Otro de Negocios Eclesiásticos. Otro de Negocios Extranjeros. Otro del Interior. Otro de Hacienda. Otro de Guerra. Otro de Marina. Otro de Indias. Otro de Policía General.

Art. 28.- Un Secretario de Estado, con la calidad de ministro, refrendará todos los decretos.

Art. 29.- El Rey podrá reunir, cuando lo tenga por conveniente, el Ministerio de Negocios Eclesiásticos al de Justicia y el de Policía General al del Interior.

Art. 30.- No habrá otra preferencia entre los ministros que la de la antigüedad de sus nombramientos.

Art. 31.- Los ministros, cada uno en la parte que le toca, serán responsables de la ejecución de las leyes y de las órdenes del Rey.

TÍTULO VII: DEL SENADO

Art. 32.- El Senado se compondrá:

1.º De los infantes de España que tengan diez y ocho años cumplidos.

2.º De veinticuatro individuos, nombrados por el Rey entre los ministros, los capitanes generales del Ejército y Armada, los embajadores, consejeros de Estado y los del Consejo Real.

Art. 33.- Ninguno podrá ser nombrado senador si no tiene cuarenta años cumplidos.

Art. 34.- Las plazas de senador serán de por vida.

No se podrá privar a los Senadores del ejercicio de sus funciones, sino en virtud de una sentencia legal dada por los Tribunales competentes.

Art. 35.- Los consejeros de Estado actuales serán individuos del Senado.

No se hará ningún nombramiento hasta que hayan quedado reducidos a menos del número de veinticuatro, determinado por el artículo 32.

Art. 36.- El presidente del Senado será nombrado por el Rey, y elegido entre los senadores. Sus funciones durarán un año.

Art. 37.- Convocará el Senado, o de orden del Rey, o a petición de las Juntas de que se hablará después en los artículos 41 y 45, o para los negocios interiores del cuerpo.

Art. 38.- En caso de sublevación a mano armada, o de inquietudes que amenacen la seguridad del Estado, el Senado, a propuesta del Rey, podrá suspender el imperio de la Constitución por tiempo y en lugares determinados.

Podrá, asimismo, en casos de urgencia y a propuesta del Rey tomar las demás medidas extraordinarias, que exija la conservación de la seguridad pública.

Art. 39.- Toca al Senado velar sobre la conservación de la libertad individual y de la libertad de la imprenta, luego que esta última se establezca por ley, como se previene después, título XIII, artículo 145. El Senado ejercerá facultades de modo que se prescribirá en los artículos siguientes.

Art. 40.- Una junta de cinco senadores nombrados por el mismo Senado, conocerá, en virtud de parte que le da el ministro de Policía General, de las prisiones ejecutadas con arreglo al artículo 134 del título XIII, cuando las personas presas no han sido puestas en libertad, o entregadas a disposición de los tribunales, dentro de un mes de su prisión.
Esta junta se llamará Junta Senatoria de Libertad Individual.

Art. 41.- Todas las personas presas y no puestas en libertad o en juicio dentro del mes de su prisión, podrán recurrir directamente por sí, sus parientes o representantes, y por medio de petición, a la Junta Senatoria de Libertad Individual.

Art. 42.- Cuando la Junta Senatoria entienda que el interés del Estado no justifica la detención prolongada por más de un mes, requerirá al ministro que mandó la prisión, para que haga poner en libertad a la persona detenida o la entregue a disposición del Tribunal competente.

Art. 43.- Si después de tres requisiciones consecutivas, hechas en el espacio de un mes, la persona detenida no fuese puesta en libertad, o remitida a los Tribunales ordinarios, la Junta pedirá que se convoque al Senado, el cual, si hay méritos para ello, hará la siguiente declaración: «Hay vehementes presunciones de que N... está detenido arbitrariamente.»
El presidente pondrá en manos del Rey la deliberación motivada del Senado.

Art. 44.- Esa deliberación será examinada, en virtud de orden del Rey por una junta compuesta de los presidentes de sección del Consejo de Estado y de cinco individuos del Consejo Real.

Art. 45.- Una junta de cinco senadores, nombrados por el mismo Senado, tendrá el encargo de velar sobre la libertad de la imprenta.

Los papeles periódicos no se comprenderán en la disposición de este artículo.

Esta junta se llamará Junta Senatoria de Libertad de la Imprenta.

Art. 46.- Los autores, impresores y libreros, que crean tener motivo para quejarse de que se les haya impedido la impresión o la venta de una obra, podrán recurrir directamente, y por medio de petición, a la Junta Senatoria de Libertad de la Imprenta.

Art. 47.- Cuando la Junta entienda que la publicación de la obra no perjudica al Estado, requerirá al ministro que ha dado la orden para que la revoque.

Art. 48.- Si después de tres requisiciones consecutivas, hechas en el espacio de un mes, no la revocase, la Junta pedirá que se convoque el Senado, el cual, si hay méritos para ello, hará la declaración siguiente: «Hay vehementes presunciones de que la libertad de la imprenta ha sido quebrantada.»

El presidente pondrá en manos del Rey la deliberación motivada del Senado.

Art. 49.- Esta deliberación será examinada de orden del Rey, por una junta compuesta como se previno arriba[1].

Art. 50.- Los individuos de estas dos Juntas se renovarán por quintas partes cada seis meses.

Art. 51.- Sólo el Senado, a propuesta del Rey, podrá anular como inconstitucionales las operaciones de las juntas de elección, para el nombramiento de diputados de las provincias, o las de los Ayuntamientos para el nombramiento de diputados de las ciudades.

---

[1] Art. 44.

Título VIII: Del Consejo de Estado

Art. 52.- Habrá un Consejo de Estado presidido por el Rey, que se compondrá de treinta individuos a lo menos, y de sesenta cuando más, y se dividirá en seis secciones, a saber:

Sección de Justicia y de Negocios Eclesiásticos. Sección de lo Interior y Policía General. Sección de Hacienda. Sección de Guerra. Sección de Marina y Sección de Indias.

Cada sección tendrá un presidente y cuatro individuos a lo menos.

Art. 53.- El Príncipe heredero podrá asistir a las sesiones del Consejo de Estado luego que llegue a la edad de quince años.

Art. 54.- Serán individuos natos del Consejo de Estado, los ministros y el presidente del Consejo Real; asistirán a sus sesiones cuando lo tengan por conveniente; no harán parte de ninguna sección, ni entrarán en cuenta para el número fijado en el artículo antecedente.

Art. 55.- Habrá seis diputados de Indias adjuntos a la Sección de Indias, con voz consultiva, conforme a lo que se establece más adelante, art. 95, título X.

Art. 56.- El Consejo de Estado tendrá consultores, asistentes y abogados del Consejo.

Art. 57.- Los proyectos de leyes civiles y criminales y los reglamentos generales de administración pública serán examinados y extendidos por el Consejo de Estado.

Art. 58.- Conocerá de las competencias de jurisdicción entre los cuerpos administrativos y judiciales, de la parte contenciosa, de la administración y de la citación a juicio de los agentes o empleados de la administración pública.

Art. 59.- El Consejo de Estado, en los negocios de su dotación, no tendrá sino voto consultivo.

Art. 60.- Los decretos del Rey sobre objetos correspondientes a la decisión de las Cortes, tendrán fuerza de ley hasta las primeras que se celebren, siempre que sean ventilados en el Consejo de Estado.

TÍTULO IX: DE LAS CORTES

Art. 61.- Habrá Cortes o Juntas de la Nación, compuestas de 172 individuos, divididos en tres estamentos, a saber:
El estamento del clero. El de la nobleza. El del pueblo.
El estamento del clero se colocará a la derecha del Trono, el de la nobleza a la izquierda y en frente el estamento del pueblo.

Art. 62.- El estamento del clero se compondrá de 25 arzobispos y obispos.

Art. 63.- El estamento de la nobleza se compondrá de 25 nobles, que se titularán Grandes de Cortes.

Art. 64.- El estamento del pueblo se compondrá:
1.º De 62 diputados de las provincias de España e Indias.
2.º De 30 diputados de las ciudades principales de España e islas adyacentes.
3.º De 15 negociantes o comerciantes.
4.º De 15 diputados de las Universidades, personas sabias o distinguidas por su mérito personal en las ciencias o en las artes.

Art. 65.- Los arzobispos y obispos, que componen el estamento del Clero, serán elevados a la clase de individuos de Cortes por una cédula sellada con el gran sello del Estado, y no podrán ser privados del ejercicio de sus funciones, sino en virtud de una sentencia dada por los tribunales competentes y en forma legal.

Art. 66.- Los nobles, para ser elevados a la clase de Grandes de Cortes, deberán disfrutar una renta anual de 20.000 pesos fuertes a lo menos, o haber hecho largos e importantes servicios en la carrera civil o militar. Serán elevados a esta clase por una cédula sellada con el gran sello del Estado, y no podrán ser privados del ejercicio de sus funciones, sino en virtud de una sentencia dada por los tribunales competentes y en forma legal.

Art. 67.- Los diputados de las provincias de Estado e islas adyacentes serán nombrados por éstas a razón de un diputado por 300.000 habitantes, poco más o menos. Para este efecto se dividirán las provincias en partidos de elección, que compongan la población necesaria, para tener derecho a la elección de un diputado.

Art. 68.- La junta que ha de proceder a la elección del diputado de partido recibirá su organización de una ley hecha en Cortes, y hasta esta época se compondrá:

1.º Del decano de los regidores de todo pueblo que tenga a lo menos cien habitantes, y si en algún partido no hay 20 pueblos, que tengan este vecindario, se reunirán las poblaciones pequeñas, para dar un elector a razón de cien habitantes, sacándose éste por suerte, entre los regidores decanos, de cada uno de los referidos pueblos.

2.º Del decano de los curas de los pueblos principales del partido, los cuales se designarán de manera que el numero de los electores eclesiásticos no exceda del tercio del número total de los individuos de la junta de elección.

Art. 69.- Las juntas de elección no podrán celebrarse, sino en virtud de real cédula de convocación, en que se expresen el objeto y lugar de la reunión, y la época de la apertura y de la conclusión de la junta. El presidente de ella será nombrado por el Rey.

Art. 70.- La elección de diputados de las provincias de Indias se hará conforme a lo que se previene en el artículo 93, título X.

Art. 71.- Los diputados de las 30 ciudades principales del reino serán nombrados por el Ayuntamiento de cada una de ellas.

Art. 72.- Para ser diputado por las provincias o por las ciudades se necesitará ser propietario de bienes raíces.

Art. 73.- Los 15 negociantes o comerciantes serán elegidos entre los individuos de las Juntas de Comercio y entre los negociantes más ricos y más acreditados del Reino, y serán nombrados por el Rey entre aquellos que se hallen comprendidos en una lista de 15 individuos, formada por cada uno de los Tribunales y Juntas de Comercio.

El Tribunal y la Junta de Comercio se reunirá en cada ciudad para formar en común su lista de presentación.

Art. 74.- Los diputados de las Universidades, sabios y hombres distinguidos por su mérito personal en las ciencias y en las artes, serán nombrados por el Rey entre los comprendidos en una lista:

1.º De 15 candidatos presentados por el Consejo Real;

2.º De siete candidatos presentados por cada una de las Universidades del Reino.

Art. 75.- Los individuos del estamento del pueblo se renovarán de unas Cortes para otras, pero podrán ser reelegidos para las Cortes inmediatas. Sin embargo, el que hubiese asistido a dos juntas de Cortes consecutivas no podrá ser nombrado de nuevo sino guardando un hueco de tres años.

Art. 76.- Las Cortes se juntarán en virtud de convocación hecha por el Rey. No podrán ser diferidas, prorrogadas ni disueltas sino de su orden. Se juntarán a lo menos una vez cada tres años.

Art. 77.- El presidente de las Cortes será nombrado por el Rey, entre tres candidatos que propondrán las Cortes mismas, por escrutinio y a pluralidad absoluta de votos.

Art. 78.- A la apertura de cada sesión nombrarán las Cortes:

1.º Tres candidatos para la presidencia.

2.º Dos vicepresidentes y dos secretarios.

3.º Cuatro comisiones compuestas de cinco individuos cada una, a saber: Comisión de Justicia, Comisión de lo Interior, Comisión de Hacienda y Comisión de Indias.

El más anciano, de los que asistan a la Junta, la presidirá hasta la elección de presidente.

Art. 79.- Los vicepresidentes sustituirán al presidente, en caso de ausencia o impedimento, por el orden en que fueron nombrados.

Art. 80.- Las sesiones de las Cortes no serán públicas, y sus votaciones se harán en voz o por escrutinio; y para que haya resolución, se necesitará la pluralidad absoluta de votos tomados individualmente.

Art. 81.- Las opiniones y las votaciones no deberán divulgarse ni imprimirse. Toda publicación por medio de impresión o carteles, hecha por la Junta de Cortes o por alguno de sus individuos, se considerará como un acto de rebelión.

Art. 82.- La ley fijará de tres en tres años la cuota de las rentas y gastos anuales del Estado, y esta ley la presentarán oradores del Consejo de Estado a la deliberación y aprobación de las Cortes.

Las variaciones que se hayan de hacer en el Código civil, en el Código penal, en el sistema de impuestos o en el sistema de moneda, serán propuestas del mismo modo a la deliberación y aprobación de las Cortes.

Art. 83.- Los proyectos de ley se comunicarán previamente por las secciones del Consejo de Estado a las Comisiones respectivas de las Cortes, nombradas al tiempo de su apertura.

Art. 84.- Las cuentas de Hacienda dadas por cargo y data, con distinción del ejercicio de cada año, y publicadas anualmente por medio de la imprenta, serán presentadas por el ministro de Hacienda a las Cortes, y éstas podrán hacer, sobre los abusos introducidos en la administración, las representaciones que juzguen convenientes.

Art. 85.- En caso de que las Cortes tengan que manifestar quejas graves y motivadas sobre la conducta de un ministro, la representación que contenga estas quejas y la exposición de sus fundamentos, votada que sea, será presentada al Trono por una diputación.

Examinará esta representación, de orden del Rey, una comisión compuesta de seis consejeros de Estado y de seis individuos del Consejo Real.

Art. 86.- Los decretos del Rey, que se expidan a consecuencia de deliberación y aprobación de las Cortes, se promulgarán con esta fórmula: «Oídas las Cortes.»

Título X: De los Reinos y Provincias españolas de América y Asia

Art. 87.- Los reinos y provincias españolas de América y Asia gozarán de los mismos derechos que la Metrópoli.

Art. 88.- Será libre en dichos reinos y provincias toda especie de cultivo e industria.

Art. 89.- Se permitirá el comercio recíproco entre los reinos y provincias entre sí y con la Metrópoli.

Art. 90.- No podrá concederse privilegio alguno particular de exportación o importación en dichos reinos y provincias.

Art. 91.- Cada reino y provincia tendrá constantemente cerca del Gobierno diputados encargados de promover sus intereses y de ser sus representantes en las Cortes.

Art. 92.- Estos diputados serán en número de 22, a saber:
Dos de Nueva España.
Dos del Perú.
Dos del Nuevo Reino de Granada.
Dos de Buenos Aires.
Dos de Filipinas.
Uno de la Isla de Cuba.
Uno de Puerto Rico.
Uno de la provincia de Venezuela.
Uno de Caracas.
Uno de Quito.
Uno de Chile.
Uno de Cuzco.
Uno de Guatemala.
Uno de Yucatán.
Uno de Guadalajara.
Uno de las provincias internas occidentales de Nueva España.
Y uno de las provincias orientales.

Art. 93.- Estos diputados serán nombrados por los Ayuntamientos de los pueblos, que designen los virreyes o capitanes generales, en sus respectivos territorios.

Para ser nombrados deberán ser propietarios de bienes raíces y naturales de las respectivas provincias.

Cada Ayuntamiento elegirá, a pluralidad de votos, un individuo, y el acto de los nombramientos se remitirá al virrey o capitán general.

Será diputado el que reúna mayor número de votos entre los individuos elegidos en los Ayuntamientos. En caso de igualdad decidirá la suerte.

Art. 94.-Los diputados ejercerán sus funciones por el término de ocho años. Si al concluirse este término no hubiesen sido reemplazados, continuarán en el ejercicio de sus funciones hasta la llegada de sus sucesores.

Art. 95.- Seis diputados nombrados por el Rey, entre los individuos de la diputación de los reinos y provincias españolas de América y Asia, serán adjuntos en el Consejo de Estado y Sección de Indias. Tendrán voz consultiva en todos los negocios tocantes a los reinos y provincias españolas de América y Asia.

TÍTULO XI: DEL ORDEN JUDICIAL

Art. 96.- Las Españas y las Indias se gobernarán por un solo Código de leyes civiles y criminales.

Art. 97.- El orden judicial será independiente en sus funciones.

Art. 98.- La justicia se administrará en nombre del Rey, por juzgados y tribunales que él mismo establecerá.

Por tanto, los tribunales que tienen atribuciones especiales, y todas las justicias de abadengo, órdenes y señorío, quedan suprimidas

Art. 99.- El Rey nombrará todos los jueces.

Art. 100.- No podrá procederse a la destitución de un juez sino a consecuencia de denuncia hecha por el presidente o el procurador general del Consejo Real y deliberación del mismo Consejo, sujeta a la aprobación del Rey.

Art. 101.-Habrá jueces conciliadores, que formen un tribunal de pacificación, juzgados de primera instancia, audiencias o tribunales de apelación, un Tribunal de reposición para todo el reino, y una Alta Corte Real.

Art. 102.- Las sentencias dadas en última instancia deberán tener su plena y entera ejecución, y no podrán someterse a otro tribunal sino en caso de haber sido anuladas por el Tribunal de reposición.

Art. 103.-El número de juzgados de primera instancia se determinará según lo exijan los territorios.

El número de las Audiencias o tribunales de apelación, repartidos por toda la superficie del territorio de España e islas adyacentes, será de nueve por lo menos y de quince a lo más.

Art. 104.- El Consejo Real será el Tribunal de reposición.

Conocerá de los recursos de fuerza en materias eclesiásticas.

Tendrá un presidente y dos vicepresidentes. El presidente será individuo nato del Consejo de Estado.

Art. 105.- Habrá en el Consejo Real un procurador general o fiscal y el número de sustitutos necesarios para la expedición de los negocios.

Art. 106.-El proceso criminal será público.

En las primeras Cortes se tratará de si se establecerá o no el proceso por jurados.

Art. 107.- Podrá introducirse recurso de reposición contra todas las sentencias criminales.

Este recurso se introducirá en el Consejo Real, para España e islas adyacentes, y en las salas de lo civil de las Audiencias pretoriales para las Indias. La Audiencia de Filipinas se considerará para este efecto como Audiencia pretorial.

Art. 108.- Una Alta Corte Real conocerá especialmente de los delitos personales cometidos por los individuos de la familia Real, los ministros, los senadores y los consejeros de Estado.

Art. 109.- Contra sus sentencias no podrá introducirse recurso alguno, pero no se ejecutarán hasta que el Rey las firme.

Art. 110.- La Alta Corte se compondrá de los ocho senadores más antiguos, de los seis presidentes de sección del Consejo de Estado y del presidente y de los dos vicepresidentes del Consejo Real.

Art. 111.- Una ley propuesta de orden del Rey, a la deliberación y aprobación de las Cortes, determinará las demás facultades y modo de proceder de la Alta Corte Real.

Art. 112.- El derecho de perdonar pertenecerá solamente al Rey y le ejercerá oyendo al ministro de Justicia, en un consejo privado compuesto de los ministros, de dos senadores, de dos consejeros de Estado y de dos individuos del Consejo Real.

Art. 113.- Habrá un solo código de Comercio para España e Indias.

Art. 114.- En cada plaza principal de comercio habrá un tribunal y una Junta de comercio.

TÍTULO XII: DE LA ADMINISTRACIÓN DE HACIENDA

Art. 115.- Los vales reales, los juros y los empréstitos de cualquiera naturaleza, que se hallen solemnemente reconocidos, se constituyen definitivamente deuda nacional.

Art. 116.- Las aduanas interiores de partido a partido y de provincia a provincia quedan suprimidas en España e Indias. Se trasladarán a las fronteras de tierra o de mar.

Art. 117.- El sistema de contribuciones será igual en todo el reino.

Art. 118.- Todos los privilegios que actualmente existen concedidos a cuerpos o a particulares, quedan suprimidos.

La supresión de estos privilegios, si han sido adquiridos por precio, se entiende hecha bajo indemnización, la supresión de los de jurisdicción será sin ella.

Dentro del término de un año se formará un reglamento para dichas indemnizaciones.

Art. 119.- El Tesorero público será distinto y separado del Tesoro de la Corona.

Art. 120.- Habrá un director general del Tesoro Público que dará cada año sus cuentas, por cargo y data y con distinción de ejercicios.

Art. 121.- El Rey nombrará el director general del Tesoro Público. Éste prestará en sus manos juramento de no permitir ninguna distracción del caudal público, y de no autorizar ningún pagamento, sino conforme a las consignaciones hechas a cada ramo.

Art. 122.- Un tribunal de Contaduría general examinará y fenecerá las cuentas de todos los que deban rendirías.

Este tribunal se compondrá de las personas que el Rey nombre.

Art. 123.- El nombramiento para todos los empleos pertenecerá al Rey o a las autoridades a quienes se confíe por las leyes y reglamentos.

TÍTULO XIII: DISPOSICIONES GENERALES

Art. 124.- Habrá una alianza ofensiva y defensiva perpetuamente, tanto por tierra como por mar, entre Francia y España. Un tratado especial determinará el contingente con que haya de contribuir, cada una de las dos potencias, en caso de guerra de tierra o de mar.

Art. 125.- Los extranjeros que hagan o hayan hecho servicios importantes al Estado, los que puedan serle útiles por sus talentos, sus invenciones o su industria, y los que formen grandes establecimientos o hayan adquirido la propiedad territorial, por la que paguen de contribución la cantidad anual de 50 pesos fuertes, podrán ser admitidos a gozar el derecho de vecindad.

El Rey concede este derecho, enterado por relación del ministro de lo Interior y oyendo al Consejo de Estado.

Art. 126.- La casa de todo habitante en el territorio de España y de Indias es un asilo inviolable: no se podrá entrar en ella sino de día y para un objeto especial determinado por una ley, o por una orden que dimane de la autoridad pública.

Art. 127.- Ninguna persona residente en el territorio de España y de Indias podrá ser presa, como no sea en flagrante delito, sino en virtud de una orden legal y escrita.

Art. 128.- Para que el acto en que se manda la prisión pueda ejecutarse, será necesario:

1.º Que explique formalmente el motivo de la prisión y la ley en virtud de que se manda.

2.º Que dimane de un empleado a quien la ley haya dado formalmente esta facultad.

3.º Que se notifique a la persona que se va a prender y se la deje copia.

Art. 129.- Un alcaide o carcelero no podrá recibir o detener a ninguna persona sino después de haber copiado en su registro el acto en que se manda la prisión. Este acto debe ser un mandamiento dado en los términos prescritos en el artículo antecedente, o un mandato de asegurar la persona, o un decreto de acusación o una sentencia.

Art. 130.-Todo alcalde o carcelero estará obligado, sin que pueda ser dispensado por orden alguna, a presentar la persona que estuviere presa al magistrado encargado de la policía de la cárcel, siempre que por él sea requerido.

Art. 131.- No podrá negarse que vean al preso sus parientes y amigos, que se presente con una orden de dicho magistrado, y éste estará obligado a darla, a no ser que el alcaide o carcelero manifieste orden del juez para tener al preso sin comunicación.

Art. 132.- Todos aquellos que no habiendo recibido de la ley la facultad de hacer prender, manden, firmen y ejecuten la prisión de cualquiera persona, todos aquellos que aun en el caso de una prisión autorizada por la ley reciban o detengan al preso en un lugar que no esté pública y legalmente destinado a prisión, y todos los alcaides y carceleros que contravengan a las disposiciones de los tres artículos precedentes, incurrirán en el crimen de detención arbitraria.

Art. 133.-El tormento queda abolido: todo rigor o apremio que se emplee en el acto de la prisión o en la detención y ejecución y no esté expresamente autorizado por la ley, es un delito.

Art. 134.- Si el Gobierno tuviera noticias de que se trama alguna conspiración contra el Estado, el ministro de Policía podrá dar mandamiento de comparecencia y de prisión contra los indiciados como autores y cómplices.

Art. 135.- Todo fideicomiso, mayorazgo o sustitución de los que actualmente existen y cuyos bienes, sea por sí sólo o por la reunión de otros en una misma persona, no produzcan una renta anual de 5.000 pesos fuertes, queda abolido.

El poseedor actual continuará gozando de dichos bienes restituidos a la clase de libres.

Art. 136.- Todo poseedor de bienes actualmente afectos a fideicomiso, mayorazgos o sustitución, que produzcan una renta anual de más de 5.000 pesos fuertes, podrá pedir, si lo tiene por conveniente, que dichos bienes vuelvan a la clase de libres. El permiso necesario para este efecto ha de ser el Rey quien lo conceda.

Art. 137.-Todo fideicomiso, mayorazgo o sustitución de los que actualmente existen, que produzca por sí mismo o por la reunión de muchos fideicomisos, mayorazgos o sustituciones en la misma cabeza, una renta anual que exceda de 20.000 pesos fuertes, se reducirá al capital que produzca líquidamente la referida suma, y los bienes que pasen de dicho capital, volverán a entrar en la clase de libres, continuando así en poder de los actuales poseedores.

Art. 138.- Dentro de un año se establecerá, por un reglamento del Rey, el modo en que se han de ejecutar las disposiciones contenidas en los tres artículos anteriores.

Art. 139.- En adelante no podrá fundarse ningún fideicomiso, mayorazgo o sustitución sino en virtud de concesiones hechas por el Rey por razón de servicios en favor del Estado, y con el fin de perpetuar en dignidad las familias de los sujetos que los haya contraído.

La renta anual de estos fideicomisos, mayorazgos o sustituciones, no podrá en ningún caso exceder de 20.000 pesos fuertes ni bajar de 5.000.

Art. 140.- Los diferentes grados y clases de nobleza actualmente existentes, serán conservados con sus respectivas distinciones, aunque sin exención alguna de las cargas y obligaciones públicas, y sin que jamás pueda exigir la calidad de nobleza para los empleos civiles ni eclesiásticos, ni para los grados militares de mar y tierra. Los servicios y los talentos serán los únicos que proporcionen los ascensos.

Art. 141.- Ninguno podrá obtener empleos públicos civiles y eclesiásticos si no ha nacido en España o ha sido naturalizado.

Art. 142.- La dotación de las diversas Órdenes de caballería no podrá emplearse, según que así lo exige su primitivo destino, sino es recompensar servicios hechos al Estado. Una misma persona nunca podrá obtener más de una encomienda.

Art. 143.- La presente Constitución se ejecutará sucesiva y gradualmente por decreto o edictos del Rey, de manera que el todo de sus disposiciones se halle puesto en ejecución antes del 1 de enero de 1813.

Art. 144.- Los fueros particulares de las provincias de Navarra, Vizcaya, Guipúzcoa y Álava se examinarán en las primeras Cortes, para determinar lo que se juzgue más conveniente al interés de las mismas provincias y al de la nación.

Art. 145.- Dos años después de haberse ejecutado enteramente esta Constitución, se establecerá la libertad de imprenta. Para organizarla se publicará una ley hecha en Cortes.

Art. 146.- Todas las adiciones, modificaciones y mejoras que se haya creído conveniente hacer en esta Constitución, se presentarán de orden del Rey al examen y deliberación de las Cortes, en las primeras que se celebren después del año de 1820.

* * *

Comuníquese copia de la presente Constitución autorizada por nuestro ministro Secretario de Estado, al Consejo Real y a los demás

Consejos y Tribunales, a fin de que se publique y circule en la forma acostumbrada.

Dada en Bayona a seis de julio de mil ochocientos ocho. Firmado: José. Por su Majestad: El ministro Secretario de Estado, Mariano Luis de Urquijo.

Constitución de 1812

CONSTITUCIÓN POLÍTICA DE LA MONARQUÍA ESPAÑOLA. PROMULGADA EN CÁDIZ A 19 DE MARZO DE 1812

Don Fernando VII, por la gracia de Dios y la Constitución de la Monarquía española, Rey de las Españas, y en su ausencia y cautividad la Regencia del Reino, nombrada por las Cortes generales y extraordinarias, a todos los que las presentes vieren y entendieren, sabed:

Que las mismas Cortes han decretado y sancionado la siguiente:

CONSTITUCIÓN POLÍTICA DE LA MONARQUÍA ESPAÑOLA

En el nombre de Dios Todopoderoso, Padre, Hijo y Espíritu Santo, autor y supremo legislador de la sociedad. Las Cortes generales y extraordinarias de la Nación española, bien convencidas, después del más detenido examen y madura deliberación, de que las antiguas leyes fundamentales de esta Monarquía, acompañadas de las oportunas providencias y precauciones, que aseguren de un modo estable y permanente su entero cumplimiento, podrán llenar debidamente el grande objeto de promover la gloria, la prosperidad y el bien de toda la Nación, decretan la siguiente Constitución política para el buen gobierno y recta administración del Estado.

TÍTULO PRIMERO: DE LA NACIÓN ESPAÑOLA Y DE LOS ESPAÑOLES

CAPÍTULO PRIMERO: *De la Nación española.*

Art. 1º. La Nación española es la reunión de todos los españoles de ambos hemisferios.

Art. 2º. La Nación española es libre e independiente, y no es ni puede ser patrimonio de ninguna familia ni persona.

Art. 3º. La soberanía reside esencialmente en la Nación, y por lo mismo pertenece a ésta exclusivamente el derecho de establecer sus leyes fundamentales.

Art. 4º. La Nación está obligada a conservar y proteger por leyes sabias y justas la libertad civil, la propiedad y los demás derechos legítimos de todos los individuos que la componen.

CAPÍTULO II: *De los españoles.*

Art. 5º. Son españoles:
Primero. Todos los hombres libres nacidos y avecindados en los dominios de las Españas, y los hijos de éstos.
Segundo. Los extranjeros que hayan obtenido de las Cortes cartas de naturaleza.
Tercero. Los que sin ella lleven diez años de vecindad, ganada según la ley en cualquier pueblo de la Monarquía.
Cuarto. Los libertos desde que adquieran la libertad en las Españas.

Art. 6º. El amor de la Patria es una de las principales obligaciones de todos los españoles, y asimismo el ser justos y benéficos.

Art. 7º. Todo español está obligado a ser fiel a la Constitución, obedecer las leyes y respetar las autoridades establecidas.

Art. 8º. También está obligado todo español, sin distinción alguna, a contribuir en proporción de sus haberes para los gastos del Estado.

Art. 9º. Está asimismo obligado todo español a defender la Patria con las armas cuando sea llamado por la ley.

Título II: Del territorio de las Españas, su religión y Gobierno, y de los ciudadanos españoles

CAPÍTULO PRIMERO: *Del territorio de las Españas*

Art. 10. El territorio español comprende en la Península con sus posesiones e islas adyacentes, Aragón, Asturias, Castilla la Vieja, Castilla la Nueva, Cataluña, Córdoba, Extremadura, Galicia, Granada, Jaén, León, Molina, Murcia, Navarra, Provincias Vascongadas, Sevilla y Valencia, las islas Baleares y las Canarias con las demás posesiones de África. En la América septentrional, Nueva España, con la Nueva Galicia y Península de Yucatán, Guatemala, provincias internas de Oriente, provincias internas de Occidente, isla de Cuba con las dos Floridas, la parte española de la isla de Santo Domingo, y la isla de Puerto Rico con las demás adyacentes a éstas y al continente en uno y otro mar. En la América meridional, la Nueva Granada, Venezuela, el Perú, Chile, provincias del Río de la Plata, y todas las islas adyacentes en el mar Pacífico y en el Atlántico. En el Asia, las islas Filipinas, y las que dependen de su gobierno.

Art. 11. Se hará una división más conveniente del territorio español por una ley constitucional, luego que las circunstancias políticas de la Nación lo permitan.

CAPÍTULO II: *De la religión.*

Art. 12.   La religión de la Nación española es y será perpetuamente la católica, apostólica, romana, única verdadera. La Nación la protege por leyes sabias y justas, y prohíbe el ejercicio de cualquiera otra.

CAPÍTULO III: *Del Gobierno.*

Art. 13.   El objeto del Gobierno es la felicidad de la Nación, puesto que el fin de toda sociedad política no es otro que el bienestar de los individuos que la componen.

Art. 14.   El Gobierno de la Nación española es una Monarquía moderada hereditaria.

Art. 15.   La potestad de hacer las leyes reside en las Cortes con el Rey.

Art. 16.   La potestad de hacer ejecutar las leyes reside en el Rey.

Art. 17.   La potestad de aplicar las leyes en las causas civiles y criminales reside en los Tribunales establecidos por la ley.

CAPÍTULO IV: *De los ciudadanos españoles*

Art. 18.   Son ciudadanos aquellos españoles que por ambas líneas traen su origen de los dominios españoles de ambos hemisferios, y están, avecindados en cualquier pueblo de los mismos dominios.

Art. 19.   Es también ciudadano el extranjero que gozando ya de los derechos del español, obtuviere de las Cortes carta especial de ciudadano.

Art. 20.   Para que el extranjero pueda obtener de las Cortes esta carta, deberá estar casado con española, y haber traído o fijado en las Españas alguna invención o industria apreciable, o adquirido bienes raíces por los que pague una contribución directa, o estableciéndose en el comercio con un capital propio o considerable a juicio de las mismas Cortes, o hecho servicios señalados en bien y defensa de la Nación.

Art. 21. Son asimismo ciudadanos los hijos legítimos de los extranjeros domiciliados en las Españas, que habiendo nacido en los dominios españoles, no hayan salido nunca fuera sin licencia del Gobierno, y teniendo veintiún años cumplidos, se hayan avecindado en un pueblo de los mismos dominios, ejerciendo en él alguna profesión, oficio o industria útil.

Art. 22. A los españoles que por cualquiera línea son habidos y reputados por originarios del África, les queda abierta la puerta de la virtud y del merecimiento para ser ciudadanos: en su consecuencia, las Cortes concederán carta de ciudadano a los que hicieren servicios calificados a la Patria, o a los que se distingan por su talento, aplicación y conducta, con la condición de que sean hijos de legítimo matrimonio de padres ingenuos; de que estén casados con mujer ingenua, y avecindados en los dominios de las Españas, y de que ejerzan alguna profesión, oficio o industria útil con un capital propio.

Art. 23. Sólo los que sean ciudadanos podrán obtener empleos municipales, y elegir para ellos en los casos señalados por la ley.

Art. 24. La calidad del ciudadano español se pierde:
Primero. Por adquirir naturaleza en país extranjero.
Segundo. Por admitir empleo de otro Gobierno.
Tercero. Por sentencia en que se impongan penas aflictivas o infamantes, si no se obtiene rehabilitación.
Cuarto. Por haber residido cinco años consecutivos fuera del territorio español sin comisión o licencia del Gobierno.

Art. 25. El ejercicio de los mismos derechos se suspende:
Primero. En virtud de interdicción judicial por incapacidad física o moral.
Segundo. Por el estado de deudor quebrado, o de deudor a los caudales públicos.
Tercero. Por el estado de sirviente doméstico.

Cuarto. Por no tener empleo, oficio, o modo de vivir conocido.

Quinto. Por hallarse procesado criminalmente.

Sexto. Desde el año de 1830 deberán saber leer y escribir los que de nuevo entren en el ejercicio de los derechos de ciudadano.

Art. 26. Sólo por las causas señaladas en los dos artículos precedentes se pueden perder o suspender los derechos de ciudadano, y no por otras.

TÍTULO III: DE LAS CORTES

CAPÍTULO I: Del modo de formarse las Cortes

Art. 27. Las Cortes son la reunión de todos los Diputados que representan la Nación, nombrados por los ciudadanos en la forma que se dirá.

Art. 28. La base para la representación nacional es la misma en ambos hemisferios.

Art. 29. Esta base es la población compuesta de los naturales que por ambas líneas sean originarios de los dominios españoles, y de aquellos que hayan obtenido de las Cortes carta de ciudadano, como también de los comprendidos en el art. 21.

Art. 30. Para el cómputo de la población de los dominios europeos servirá el último censo del año 1797, hasta que pueda hacerse otro nuevo; y se formará el correspondiente para el cómputo de la población de los de Ultramar, sirviendo entre tanto los censos más auténticos entre los últimamente formados.

Art. 31. Por cada 70.000 almas de la población, compuesta como queda dicho en el art. 29, habrá un Diputado de Cortes. Art.

32. Distribuida la población por las diferentes provincias, si resultase en alguna el exceso de más de 35.000 almas, se elegirá un Diputado más, como si el número llegase a 70.000, y si el sobrante no excediere de 35.000, no se contará con él.

Art. 33. Si hubiese alguna provincia cuya población no llegue a 70.000 almas, pero que no baje de 35.000, elegirá por sí un Diputado; y si bajare de este número, se unirá a la inmediata para completar el de 70.000 requerido. Exceptúase de esta regla la isla de Santo Domingo, que nombrará Diputado, cualquiera que sea su población. CAPÍTULO II Del nombramiento de Diputados de Cortes.

Art. 34. Para la elección de los Diputados de Cortes se celebrarán juntas electorales de parroquia, de partido y de provincia.

CAPÍTULO III: De las juntas electorales de parroquia.

Art. 35. Las juntas electorales de parroquia se compondrán de todos los ciudadanos avecindados y residentes en el territorio de la parroquia respectiva, entre los que se comprenden los eclesiásticos seculares.

Art. 36. Estas juntas se celebrarán siempre en la Península e islas y posesiones adyacentes, el primer domingo del mes de Octubre del año anterior al de la celebración de las Cortes.

Art. 37. En las provincias de Ultramar se celebrarán el primer domingo del mes de Diciembre, quince meses antes de la celebración de las Cortes, con aviso que para unas y otras hayan de dar anticipadamente las justicias.

Art. 38. En las juntas de parroquia se nombrará por cada 200 vecinos un elector parroquial.

Art. 39. Si el número de vecinos de la parroquia excediese de 300, aunque no llegue a 400, se nombrarán dos electores; si excediese de 500, aunque no llegue a 600, se nombrarán tres, y así progresivamente.

Art. 40. En las parroquias cuyo número de vecinos no llegue a 200, con tal que tengan 150, se nombrará ya un elector, y en aquellas en que no haya este número, se reunirán los vecinos a los de otra inmediata para nombrar el elector o electores que les correspondan.

Art. 41. La junta parroquial elegirá a pluralidad de votos once compromisarios, para que éstos nombren el elector parroquial.

Art. 42. Si en la junta parroquial hubieren de nombrarse dos electores parroquiales, se elegirán 21 compromisarios, y si tres, 31; sin que en ningún caso se pueda exceder de este número de compromisarios, a fin de evitar confusión.

Art. 43. Para consultar la mayor comodidad de las poblaciones pequeñas, se observará que aquella parroquia que llegar e a tener 20 vecinos elegirá un compromisario, la que llegue a tener de 30 a 40, elegirá dos; la que tuviere de 50 a 60, tres, y así progresivamente. Las parroquias que tuvieren menos de 20 vecinos se unirán, con las más inmediatas para elegir compromisario.

Art. 44. Los compromisarios de las parroquias de las poblaciones pequeñas, así elegidos, se juntarán en el pueblo más a propósito, y en componiendo el número de 11, o a lo menos de nueve, nombrarán un elector parroquial, si compusieren el número de 21, o a lo menos de 17, nombrarán dos electores parroquiales, y si fueren 31, y se reuniere a lo menos 25, nombrarán tres electores o los que correspondan.

Art. 45. Para ser nombrado elector parroquial se requiere ser ciudadano, mayor de veinticinco años, vecino y residente en la parroquia.

Art. 46. Las juntas de parroquia serán presididas por el jefe político, o el alcalde de la ciudad, villa o aldea en que se congregaren, con asistencia del cura párroco para mayor solemnidad del acto; y si en un mismo pueblo, por razón del número de sus parroquias, se tuvieren dos o más juntas, presidirá una el jefe político, o el alcalde, otra el otro alcalde, y los regidores, por suerte, presidirán las demás.

Art. 47. Llegada la hora de la reunión, que se hará en las Casas consistoriales o en el lugar donde lo tengan de costumbre, hallándose juntos los ciudadanos que hayan concurrido, pasarán a la parroquia con su presidente, y en ella se celebrará una misa solemne de Espíritu Santo por el cura párroco, quien hará un discurso correspondiente a las circunstancias.

Art. 48. Concluida la misa, volverán al lugar de donde salieron, y en él se dará principio a la junta, nombrando dos escrutadores y un secretario de entre los ciudadanos presentes, todo a puerta abierta.

Art. 49. En seguida preguntará el presidente si algún ciudadano tiene que exponer alguna queja relativa a cohecho o soborno para que la elección recaiga en determinada persona; y si la hubiere deberá hacerse justificación pública y verbal en el mismo acto. Siendo cierta la acusación, serán privados de voz activa y pasiva los que hubieren cometido el delito. Los calumniadores sufrirán la misma pena; y de este juicio no se admitirá recurso alguno.

Art. 50. Si se suscitasen dudas sobre si en alguno de los presentes concurren las calidades requeridas para poder votar, la misma junta decidirá en el acto lo que le parezca; y lo que decidiere se ejecutará sin recurso alguno por esta vez y para este solo efecto.

Art. 51. Se procederá inmediatamente al nombramiento de los compromisarios; lo que se hará designando cada ciudadano un número de personas igual al de los compromisarios, para lo que se acercará a la mesa donde se hallen el presidente, los escrutadores y el secretario; y éste las escribirá en una lista a su presencia; y en éste y en los demás actos de elección nadie podrá votarse a sí mismo, bajo la pena de perder el derecho de votar.

Art. 52. Concluido este acto, el presidente, escrutadores y secretario reconocerán las listas, y aquél publicará en alta voz los nombres de los ciudadanos que hayan sido elegidos compromisarios por haber reunido mayor número de votos.

Art. 53. Los compromisarios nombrados se retirarán a un lugar separado antes de disolverse la junta, y conferenciando entre sí, procederán a nombrar el elector o electores de aquella parroquia, y quedarán elegidas la persona o personas que reúnan más de la mitad de votos. En seguida se publicará en la junta el nombramiento.

Art. 54. El secretario extenderá el acta, que con él firmarán el presidente y los compromisarios, y se entregará copia de ella firmada a la persona o personas elegidas, para hacer constar su nombramiento.

Art. 55. Ningún ciudadano podrá excusarse de estos encargos por motivo ni pretexto alguno.

Art. 56. En la junta parroquial ningún ciudadano se presentará con armas.

Art. 57. Verificado el nombramiento de electores, se disolverá inmediatamente la junta, y cualquier otro acto en que intente mezclarse será nulo.

Art. 58. Los ciudadanos que han compuesto la junta se trasladarán a la parroquia, donde se cantará un solemne Te Deum, llevando al elector o electores entre el presidente, los escrutadores y el secretario.

CAPÍTULO IV: *De las juntas electorales de partido.*

Art. 59. Las juntas electorales de partido se compondrán de los electores parroquiales, que se congregarán en la cabeza de cada partido, a fin de nombrar el elector o electores que han de concurrir a la capital de la provincia para elegir los Diputados de Cortes.

Art. 60. Estas juntas se celebrarán siempre, en la Península e islas y posesiones adyacentes, el primer domingo del mes de Noviembre del año anterior al en que han de celebrarse las Cortes.

Art. 61. En las provincias de Ultramar se celebrarán el primer domingo del mes de Enero próximo siguiente al de Diciembre en que se hubieren celebrado las juntas de parroquia.

Art. 62. Para venir en conocimiento del número de electores que haya de nombrar cada partido, se tendrán presentes las siguientes reglas.

Art. 63. El número de electores de partido será triple al de los Diputados que se han de elegir.

Art. 64. Si el número de partidos de la provincia fuere mayor que el de los electores que se requieren por el artículo precedente para el nombramiento de los Diputados que le correspondan, se nombrará, sin embargo, un elector por cada partido.

Art. 65. Si el número de partidos fuere menor que el de los electores que deban nombrarse, cada partido elegirá uno, dos o más, hasta completar el número que se requiera; pero si faltase aún un elector, le nombrará el partido de mayor población; si todavía faltase otro, le nombrará el que le siga en mayor población, y así sucesivamente.

Art. 66. Por lo que queda establecido en los artículos 31, 32 y 33, y en los tres artículos precedentes, el censo determina cuántos Diputados corresponden a cada provincia y cuántos electores a cada uno de sus partidos.

Art. 67. Las juntas electorales de partido serán presididas por el jefe político, o el alcalde primero del pueblo cabeza de partido, a quien se presentarán los electores parroquiales con el documento que acredite su elección, para que sean anotados sus nombres en el libro en que han de extenderse las actas de la junta.

Art. 68. En el día señalado se juntarán los electores de parroquia con el presidente de las Salas consistoriales, a puerta abierta, y comenzarán por nombrar un secretario y dos escrutadores de entre los mismos electores.

Art. 69. En seguida presentarán los electores las certificaciones de su nombramiento para ser examinadas por el secretario y escrutadores, quienes deberán al día siguiente informar si están o no arregladas. Las certificaciones del secretario y escrutadores serán examinadas por una comisión de tres individuos de la junta, que se nombrará al efecto, para que informe también en el siguiente día sobre ellas.

Art. 70. En este día, congregados los electores parroquiales, se leerán los informes sobre las certificaciones; y si se hubiere hallado reparo que oponer a alguna de ellas, o a los electores, por defecto de algunas de las calidades requeridas, la junta resolverá definitivamente y acto continuo lo que le parezca, y lo que resolviere se ejecutará sin recurso.

Art. 71. Concluido este acto, pasarán los electores parroquiales con su presidente a la Iglesia mayor, en donde se cantará una misa solemne de Espíritu Santo por el eclesiástico de mayor dignidad, el que hará un discurso propio de las circunstancias.

Art. 72. Después de este acto religioso, se restituirán a las Casas consistoriales, y ocupando los electores sus asientos sin preferencia alguna, leerá el secretario este capítulo de la Constitución, y en seguida hará el presidente la misma pregunta que se contiene en el art. 49, y se observará todo cuanto en él se previene.

Art. 73. Inmediatamente después se procederá al nombramiento del elector o electores de partido, eligiéndolos de uno en uno, y por escrutinio secreto, mediante cédulas en que esté escrito el nombre de la persona que cada uno elige.

Art. 74. Concluida la votación, el presidente, secretario y escrutadores harán la regulación de los votos, y quedará elegido el que haya reunido, a lo menos, la mitad de los votos y uno más, publicando el presidente cada elección. Si ninguno hubiere tenido la pluralidad absoluta de votos, los dos que hayan tenido el mayor número entrarán en segundo escrutinio, y quedará elegido el que reúna mayor número de votos, En caso de empate decidirá la suerte.

Art. 75. Para ser elector de partido se requiere ser ciudadano que se halle en el ejercicio de sus derechos, mayor de veinticinco años, y vecino y residente en el partido, ya sea del estado seglar, o del eclesiástico secular, pudiendo recaer la elección en los ciudadanos que componen la junta, o en los de fuera de ella.

Art. 76. El secretario extenderá el acta, que con él firmarán el presidente y escrutadores, y se entregará copia de ella, firmada por los mismos, a la persona o personas elegidas para hacer constar su nombramiento. El presidente de esta junta remitirá otra copia, firmada por él y por el secretario, al presidente de la junta de provincia, donde se hará notoria la elección en los papeles públicos.

Art. 77. En las juntas electorales de partido se observará todo lo que se previene para las juntas electorales de parroquia en los artículos 55, 56, 57 y 58.

CAPÍTULO V: De las juntas electorales de provincia.

Art. 78. Las juntas electorales de provincia se compondrán de los electores de todos los partidos de ella, que se congregarán en la capital, a fin de nombrar los Diputados que le correspondan para asistir a las Cortes como representantes de la Nación.

Art. 79. Estas juntas se celebrarán siempre en la Península e islas adyacentes el primer domingo del mes de Diciembre del año anterior a las Cortes.

Art. 80. En las provincias de Ultramar se celebrarán en el domingo segundo del mes de Marzo del mismo año en que se celebraren las juntas de partido.

Art. 81. Serán presididas estas juntas por el jefe político de la Capital de provincia, a quien se presentarán los electores de partido con el documento de su elección, para que sus nombres se anoten en el libro en que han de extenderse las actas de la junta.

Art. 82. En el día señalado se juntarán los electores de partido con el presidente en las Casas consistoriales, o en el edificio que se tenga por más a propósito para un acto tan solemne, a puerta abierta, y comenzarán por nombrar a pluralidad de votos un secretario y dos escrutadores de entre los mismos electores.

Art. 83. Si a una provincia no le cupiere más que un Diputado, concurrirán, a lo menos, cinco electores para su nombramiento, distribuyendo este número entre los partidos en que estuviere dividida, o formando partido para este solo efecto.

Art. 84. Se leerán los cuatro capítulos de esta Constitución que tratan de las elecciones. Después se leerán las certificaciones de las actas de las elecciones hechas en las cabezas de partido, remitidas por los respectivos presidentes, y asimismo presentarán los electores las certificaciones de su nombramiento, para ser examinadas por el secretario y escrutadores, quienes deberán al día siguiente informar si están o no arregladas. Las certificaciones del secretario y escrutadores serán examinadas por una comisión de tres individuos de la junta, que se nombrarán al efecto, para que informen también sobre ellas en el siguiente día.

Art. 85. Juntos en él los electores de partido, se leerán los informes sobre las certificaciones, y si se hubiere hallado reparo que oponer a alguna de ellas, o a los electores por defecto de alguna de las calidades requeridas, la junta resolverá definitivamente y acto continuo lo que le parezca, y lo que resolviere se ejecutará sin recurso.

Art. 86. En seguida se dirigirán los electores de partido, con su presidente, a la catedral o iglesia mayor, en donde se cantará una misa solemne de Espíritu Santo, y el Obispo, o en su defecto el eclesiástico de mayor dignidad, hará un discurso propio de las circunstancias.

Art. 87. Concluido este acto religioso, volverán al lugar de donde salieron, y a puerta a abierta, ocupando los electores sus asientos sin preferencia alguna, hará el presidente la misma pregunta que se contiene en el artículo 49, y se observará cuanto en él se previene.

Art. 88. Se procederá en seguida por los electores que se hallen presentes a la elección del Diputado o Diputados, y se elegirán de uno en uno, acercándose a la mesa donde se halle el presidente, los escrutadores y el secretario, y éste escribirá en una lista, a su presencia, el nombre de la persona que cada uno elige. El secretario y los escrutadores serán los primeros que voten.

Art. 89. Concluida la votación, el presidente, secretario y escrutadores harán la regulación de los votos, y quedará elegido aquel que haya reunido, a lo menos, la mitad de los votos y uno más. Si ninguno hubiere reunido la pluralidad absoluta de votos, los dos que hayan tenido el mayor número entrarán en segundo escrutinio, y quedará elegido el que reúna la pluralidad. En caso de empate decidirá la suerte, y hecha la elección de cada uno, la publicará el presidente.

Art. 90. Después de la elección de Diputados se procederá a la de suplentes, por el mismo método y forma, y su número será en cada provincia la tercera parte de los Diputados que le correspondan. Si a alguna provincia no le tocare elegir más que uno o dos Diputados, elegirá sin embargo, un Diputado suplente. Estos concurrirán a las Cortes siempre que se verifique la muerte del propietario, o su imposibilidad, a juicio de las mismas, en cualquier tiempo que uno u otro accidente se verifique después de la elección.

Art. 91. Para ser Diputado a Cortes se requiere ser ciudadano que está en el ejercicio de sus derechos, mayor de veinticinco años, y que haya nacido en la provincia o esté avecindado en ella con residencia, a lo menos, de siete años, bien sea del estado seglar o del eclesiástico secular; pudiendo recaer la elección en los ciudadanos que componen la junta, o en los de fuera de ella.

Art. 92. Se requiere, además para ser elegido Diputado de Cortes, tener una renta anual proporcionada, procedente de bienes propios.

Art. 93. Suspéndese la disposición del artículo precedente hasta que las Cortes que en adelante han de celebrarse declaren haber llegado ya el tiempo de que pueda tener efecto, señalando la cuota de la renta y la calidad de los bienes de que haya de provenir; y lo que entonces resolvieren se tendrá por constitucional, como si aquí se hallara expresado.

Art. 94. Si sucediere que una misma persona sea elegida por la provincia de su naturaleza y por la que está avecindada, subsistirá la elección por razón de la vecindad, y por la provincia de su naturaleza vendrá a las Cortes el suplente a quien corresponda.

Art. 95. Los Secretarios del Despacho, los Consejeros de Estado y los que sirven empleos de la Casa Real no podrán ser elegidos Diputados de Cortes.

Art. 96. Tampoco podrá ser elegido Diputado de Cortes ningún extranjero, aunque haya obtenido de las Cortes carta de ciudadano.

Art. 97. Ningún empleado público nombrado por el Gobierno podrá ser elegido Diputado de Cortes por la provincia en que ejerce su cargo.

Art. 98. El secretario extenderá el acta de las elecciones, que con él firmarán el presidente y todos los electores.

Art. 99. En seguida otorgarán todos los electores sin excusa alguna, a todos y cada uno de los Diputados, poderes amplios, según la fórmula siguiente, entregándose a cada Diputado su correspondiente poder para presentarse en las Cortes.

Art. 100. Los poderes estarán concebidos en estos términos: "En la ciudad o villa de …..a ….. días del mes de ….. del año de ….., en las salas de ….., hallándose congregados los señores (aquí se pondrán los nombres del presidente y de los electores de partido que forman la junta electoral de la provincia), dijeron ante mí, el infrascrito escribano y testigos al efecto convocados, que habiéndose procedido, con arreglo a la Constitución política de la Monarquía española, al nombramiento de los electores parroquiales y de partido con todas las solemnidades prescritas por la misma Constitución, como constaba de las certificaciones que originales obraban en el expediente, reunidos los expresados electores de los partidos de la provincia de ….. en el día de ….. del mes de ….. del presente año, habían hecho el nombramiento de los Diputados que en nombre y 10 representación de esta provincia han de concurrir a las Cortes, y que fueron electos por Diputados para ellas por esta provincia los Sres. N.N.N., como resulta del acta extendida y firmada por N.N.; que en su consecuencia les otorgan poderes amplios a todos juntos, y a cada uno de por sí, para cumplir y desempeñar las augustas funciones de su encargo, y para que con los demás Diputados de Cortes, como representantes de la Nación española, puedan acordar y resolver cuanto entendieren conducente al bien general de ella, en uso de las facultades que la Constitución determina, y dentro de los límites que la misma prescribe, sin poder derogar, alterar o variar en manera alguna ninguno de sus artículos bajo ningún pretexto, y que los otorgantes se obligan por sí mismos y a nombre de todos los vecinos de esta provincia, en virtud de las facultades que les son concedidas como electores nombrados para este acto, a tener por válido, y obedecer y cumplir cuanto como tales Diputados de Cortes hicieren, y se resolviere por éstas con arreglo a la Constitución política de la Monarquía española. Así lo expresaron y otorgaron, hallándose presentes como testigos N.N., que con los señores otorgantes lo firmaron: de que doy fe".

Art. 101.   El presidente, escrutadores y secretario remitirán inmediatamente copia firmada por los mismos del acta de las elecciones a la Diputación permanente de las Cortes, y harán que se publiquen las elecciones por medio de la imprenta, remitiendo un ejemplar a cada pueblo de la provincia.

Art. 102.   Para la indemnización de los Diputados se les asistirá por sus respectivas provincias con las dietas que las Cortes, en el segundo año de cada Diputación general, señalaren para la Diputación que le ha de suceder, y a los Diputados de Ultramar se les abonará, además, lo que parezca necesario, a juicio de sus respectivas provincias, para los gastos de viaje de ida y vuelta.

Art. 103.   Se observará en las juntas electorales de provincia todo lo que se prescribe en los artículos 55, 56, 57 y 58, a excepción de lo que previene el art. 328.

CAPÍTULO VI: De la celebración de las Cortes.

Art. 104.   Se juntarán las Cortes todos los años en la capital del reino, en edificio destinado a este solo objeto.

Art. 105.   Cuando tuvieren por conveniente trasladarse a otro lugar, podrán hacerlo, con tal que sea a pueblo que no diste de la capital más que doce leguas, y que convengan en la traslación las dos terceras partes de los Diputados presentes.

Art. 106.   Las sesiones de las Cortes en cada año durarán tres meses consecutivos, dando principio el día 1º, del mes de Marzo.

Art. 107. Las Cortes podrán prorrogar sus sesiones cuando más por otro mes, en sólo dos casos: primero, a petición del Rey; segundo, si las Cortes lo creyeren necesario por una resolución de las dos terceras partes de los Diputados.

Art. 108. Los Diputados se renovarán en su totalidad cada dos años.

Art. 109. Si la guerra o la ocupación de alguna parte del territorio de la Monarquía por el enemigo impidieren que se presenten a tiempo todos o algunos de los Diputados de una o más provincias, serán suplidos los que falten por los anteriores Diputados de las respectivas provincias, sorteando entre sí hasta completar el número que les corresponda.

Art. 110. Los Diputados no podrán volver a ser elegidos, sino mediando otra Diputación.

Art. 111. Al llegar los Diputados a la capital se presentarán a la Diputación permanente de Cortes, la que hará sentar sus nombres, y el de la provincia que los ha elegido, en un registro de la Secretaría de las mismas Cortes.

Art. 112. En el año de la renovación de los Diputados se celebrará, el día 15 de Febrero, a puerta abierta, la primera junta preparatoria, haciendo de Presidente el que lo sea de la Diputación permanente, y de Secretarios y escrutadores los que nombre la misma Diputación de entre los restantes individuos que la componen.

Art. 113. En esta primera junta presentarán todos los Diputados sus poderes, y se nombrarán a pluralidad de votos dos Comisiones, una de cinco individuos, para que examine los poderes de todos los Diputados, y otra de tres, para que examine los de estos cinco individuos de la Comisión.

Art. 114. El día 20 del mismo Febrero se celebrará también, a puerta abierta, la segunda junta preparatoria, en la que las dos Comisiones informarán sobre la legitimidad de los poderes, habiendo tenido presentes las copias de las actas de las elecciones provinciales.

Art. 115. En esta junta, y en las demás que sean necesarias hasta el día 25, se resolverán definitivamente, y a pluralidad de votos, las dudas que se susciten sobre la legitimidad de los poderes y calidades de los Diputados.

Art. 116. En el año siguiente al de la renovación de los Diputados, se tendrá la primera junta preparatoria el día 20 de Febrero, y hasta el 25 las que se crean necesarias para resolver, en el modo y forma que se ha expresado en los tres artículos precedentes, sobre la legitimidad de los poderes de los Diputados que de nuevo se presenten.

Art. 117. En todos los años, el día 25 de Febrero, se celebrará la última junta preparatoria, en la que se hará por todos los Diputados, poniendo la mano sobre los Santos Evangelios, el juramento siguiente:
—¿Juráis defender y conservar la religión Católica, Apostólica, Romana, sin admitir otra alguna en el Reino?
—R. Sí juro.
—¿Juráis guardar y hacer guardar religiosamente la Constitución política de la Monarquía española, sancionada por las Cortes generales y extraordinarias de la Nación en el año de 1812?
—R. Sí juro.
—¿Juráis haberos bien y fielmente en el cargo que la Nación os ha encomendado, mirando en todo por el bien y prosperidad de la misma Nación?
—R. Sí juro.
—Si así lo hiciereis, Dios os lo premie, y si no, os lo demande.

Art. 118. En seguida se procederá a elegir de entre los mismos Diputados, por escrutinio secreto y a pluralidad absoluta de votos, un Presidente, un Vicepresidente y cuatro Secretarios, con lo que se tendrán por constituidas y formadas las Cortes, y la Diputación permanente cesará en todas sus funciones.

Art. 119. Se nombrará en el mismo día una diputación de 22 individuos, y dos de los Secretarios, para que pase a dar parte el Rey de hallarse constituidas las Cortes, y del Presidente que han elegido, a fin de que manifieste si asistirá a la apertura de las Cortes que se celebrará el día 1º. De Marzo.

Art. 120. Si el Rey se hallare fuera de la capital, se le hará esta participación por escrito, y el Rey contestará del mismo modo. Art.

121. El Rey asistirá por sí mismo a la apertura de las Cortes, y si tuviere impedimento, la hará el Presidente el día señalado, sin que por ningún motivo pueda diferirse para otro. Las mismas formalidades se observarán para el acto de cerrarse las Cortes.

Art. 122. En la sala de las Cortes entrará el Rey sin guardia, y sólo le acompañarán las personas que determine el ceremonial para el recibimiento y despedida del Rey que se prescriba en el reglamento del gobierno interior de las Cortes.

Art. 123. El Rey hará un discurso, en el que propondrá a las Cortes lo que crea conveniente, y al que el Presidente contestará en términos generales. Si no asistiere el Rey, remitirá su discurso al Presidente para que por éste se lea en las Cortes.

Art. 124. Las Cortes no podrán deliberar en la presencia del Rey.

Art.125. En los casos en que los Secretarios del Despacho hagan a las Cortes algunas propuestas a nombre del Rey, asistirán a las discusiones cuándo y del modo que las Cortes determinen, y hablarán en ellas; pero no podrán estar presentes a la votación.

Art. 126. Las sesiones de las Cortes serán públicas, y sólo en los casos que exijan reserva podrá celebrarse sesión secreta.

Art. 127. En las discusiones de las Cortes, y en todo lo demás que pertenezca a su gobierno y orden interior, se observará el reglamento que se forme por estas Cortes generales y extraordinarias, sin perjuicio de las reformas que las sucesivas tuvieren por conveniente hacer en él.

Art. 128. Los Diputados serán inviolables por sus opiniones, y en ningún tiempo ni caso, ni por ninguna autoridad, podrán ser reconvenidos por ellas. En las causas criminales que contra ellos se intentaren, no podrán ser juzgados sino por el Tribunal de Cortes en el modo y forma que se prescriba en el reglamento del gobierno interior de las mismas. Durante las sesiones de las Cortes, y un mes después, los Diputados no podrán ser demandados civilmente, ni ejecutados por deudas.

Art. 129. Durante el tiempo de su Diputación, contado para este efecto desde que el nombramiento conste en la permanente de Cortes, no podrán los Diputados admitir para sí, ni solicitar para otro, empleo alguno de provisión del Rey, ni aun ascenso, como no sea de escala en su respectiva carrera.

Art. 130. Del mismo modo no podrán, durante el tiempo de su diputación, y un año después del último acto de sus funciones, obtener para sí, ni solicitar para otro, pensión ni condecoración alguna que sea también de provisión del Rey.

CAPÍTULO VII: De las facultades de las Cortes

Art. 131. Las facultades de las Cortes son:

Primera. Proponer y decretar las leyes, e interpretarlas y derogarlas en caso necesario.

Segunda. Recibir el juramento al Rey, al Príncipe de Asturias y a la Regencia, como se previene en sus lugares.

Tercera. Resolver cualquiera duda, de hecho o de derecho, que ocurra en orden a la sucesión a la Corona.

Cuarta. Elegir Regencia o Regente del Reino cuando lo previene la Constitución, y señalar las limitaciones con que la Regencia o el Regente han de ejercer la autoridad Real.

Quinta. Hacer el reconocimiento público del Príncipe de Asturias.

Sexta. Nombrar tutor al Rey menor, cuando lo previene la Constitución.

Séptima. Aprobar antes de su ratificación los tratados de alianza ofensiva, los de subsidios y los especiales de comercio.

Octava. Conceder o negar la admisión de tropas extranjeras en el Reino.

Novena. Decretar la creación y supresión de plazas en los Tribunales que establece la Constitución, e igualmente la creación y supresión de los oficios públicos.

Décima. Fijar todos los años, a propuesta del Rey, las fuerzas de tierra y de mar, determinando las que se hayan de tener en pie en tiempo de paz, y su aumento en tiempo de guerra.

Undécima. Dar ordenanzas al ejército, armada y milicia nacional en todos los ramos que los constituyen. Duodécima. Fijar los gastos de la administración pública.

Decimotercera. Establecer anualmente las contribuciones e impuestos.

Decimocuarta. Tomar caudales a préstamo en casos de necesidad sobre el crédito de la Nación.

Decimoquinta. Aprobar el repartimiento de las contribuciones entre las provincias.

Decimosexta. Examinar y aprobar las cuentas de la inversión de los caudales públicos.

Decimoséptima. Establecer las aduanas y aranceles de derechos.

Decimoctava. Disponer lo conveniente para la administración, conservación y enajenación de los bienes nacionales.

Decimanona. Determinar el valor, pero, ley, tipo y denominación de las monedas. Vigésima. Adoptar el sistema que se juzgue más cómodo y justo de pesos y medidas.

Vigesimaprima. Promover y fomentar toda especie de industria, y remover los obstáculos que la entorpezcan.

Vigesimasegunda. Establecer el plan general de enseñanza pública en toda la Monarquía, y aprobar el que se forme para la educación del Príncipe de Asturias.

Vigesimatercia. Aprobar los reglamentos generales para la policía y sanidad del Reino.

Vigesimacuarta. Proteger la libertad política de la imprenta.

Vigesimaquinta. Hacer efectiva la responsabilidad de los Secretarios del Despacho y demás empleados públicos.

Vigesimasexta. Por último, pertenece a las Cortes dar o negar su consentimiento en todos aquellos casos y actos para los que se previene en la Constitución ser necesario.

CAPÍTULO VIII: De la formación de las leyes y de la sanción Real

Art. 132. Todos Diputado tiene la facultad de proponer a las Cortes los proyectos de ley, haciéndolo por escrito, y exponiendo las razones en que se funde.

Art. 133. Dos días, a lo menos, después de presentado y leído el proyecto de ley, se leerá por segunda vez, y las Cortes deliberarán si se admite o no a discusión.

Art. 134. Admitido a discusión, si la gravedad del asunto requiriese, a juicio de las Cortes, que pase previamente a una Comisión, se ejecutará así.

Art. 135. Cuatro días, a lo menos, después de admitido a discusión el proyecto, se leerá tercera vez, y se podrá señalar día para abrir la discusión.

Art. 136. Llegado el día señalado para la discusión, abrazará ésta el proyecto en su totalidad, y en cada uno de sus artículos.

Art. 137. Las Cortes decidirán cuándo la materia está suficientemente discutida, y decidido que lo está, se resolverá si ha lugar o no a la votación.

Art. 138. Decidido que ha lugar a la votación, se procederá a ella inmediatamente, admitiendo o desechando en todo o en parte el proyecto, o variándole y modificándole, según las observaciones que se hayan hecho en la discusión.

Art. 139. La votación se hará a pluralidad absoluta de votos, y para proceder a ella, será necesario que se hallen presentes, a lo menos, la mitad y uno más de la totalidad de los Diputados que deben componer las Cortes.

Art. 140. Si las Cortes desecharen un proyecto de ley en cualquier estado de su examen, o resolvieren que no debe procederse a la votación, no podrá volver a proponerse en el mismo año.

Art. 141. Si hubiere sido adoptado, se extenderá por duplicado en forma de ley, y se leerá en las Cortes; hecho lo cual, y firmados ambos originales por el Presidente y dos Secretarios, serán presentados inmediatamente al Rey por una Diputación.

Art. 142. El Rey tiene la sanción de las leyes.

Art. 143. Da el Rey la sanción por esta fórmula, firmada de su mano: "Publíquese como ley".

Art. 144. Niega el Rey la sanción por esta fórmula igualmente firmada de su mano: "Vuelva a las Cortes"; acompañado al mismo tiempo una exposición de las razones que ha tenido para negarla.

Art. 145. Tendrá el Rey treinta días para usar de esta prerrogativa: si dentro de ellos no hubiere dado o negado la sanción, por el mismo hecho se entenderá que la ha dado, y la dará en efecto.

Art. 146. Dada o negada la sanción por el Rey, devolverá a las Cortes uno de los originales con la fórmula respectiva, para darse cuenta en ellas. Este original se conservará en el archivo de las Cortes, y el duplicado quedará en poder del Rey.

Art. 147. Si el Rey negare la sanción, no se volverá a tratar del mismo asunto en las Cortes de aquel año; pero podrá hacerse en las del siguiente.

Art. 148. Si en las Cortes del siguiente año fuere de nuevo propuesto, admitido y aprobado el mismo proyecto, presentado que sea al Rey, podrá dar la sanción, o negarla segunda vez en los términos de los artículos 143 y 144, y en el último caso, no se tratará del mismo asunto en aquel año.

Art. 149. Si de nuevo fuere por tercera vez propuesto, admitido y aprobado el mismo proyecto en las Cortes del siguiente año, por el mismo hecho se entiende que el Rey da la sanción, y presentándosele, la dará en efecto por medio de la fórmula expresada en el art. 143.

Art. 150. Si antes de que expire el término de treinta días en que el Rey ha de dar o negar la sanción, llegare el día en que las Cortes han de terminar sus sesiones, el Rey la dará o negará en los ocho primeros de las sesiones de las siguientes Cortes, y si este término pasare sin haberla dado, por esto mismo se entenderá dada, y la dará en efecto en la forma prescrita; pero si el Rey negare la sanción, podrán estas Cortes tratar del mismo proyecto.

Art. 151. Aunque después de haber negado el Rey la sanción a un proyecto de ley se pasen alguno o algunos años sin que se proponga el mismo proyecto, como vuelva a suscitarse en el tiempo de la misma diputación, que le adoptó por la primera vez, o en el de las dos diputaciones que inmediatamente la subsigan, se entenderá siempre el mismo proyecto para los efectos de la sanción del Rey, de que tratan los tres artículos precedentes; pero si en la duración de las tres diputaciones expresadas no volviere a proponerse, aunque después se reproduzca en los propios términos, se tendrá por proyecto nuevo para los efectos indicados.

Art. 152. Si la segunda o tercera vez que se propone el proyecto dentro del término que prefija el artículo precedente, fuere desechado por las Cortes, en cualquier tiempo que se reproduzca después, se tendrá por nuevo proyecto.

Art. 153. Las leyes se derogan con las mismas formalidades y por los mismos trámites que se establecen.

CAPÍTULO IX: *De la promulgación de las leyes*

Art. 154. Publicada la ley en las Cortes, se dará de ello aviso al Rey, para que se proceda inmediatamente a su promulgación solemne.

Art. 155. El Rey, para promulgar las leyes, usará de la fórmula siguiente:
N. (el nombre del Rey) por la gracia de Dios y por la Constitución de la Monarquía española, Rey de las Españas, a todos los que las presentes vieren y entendieren; sabed: Que las Cortes han decretado, y Nos sancionamos lo siguiente: (Aquí el texto literal de la

ley.) por tanto, mandamos a todos los tribunales, justicias, jefes, gobernadores y demás autoridades, así civiles como militares y eclesiásticas, de cualquiera clase y dignidad, que guarden y hagan guardar, cumplir y ejecutar la presente ley en todas sus partes. Tendréislo entendido para su cumplimiento, y dispondréis se imprima, publique y circule. (Va dirigida al Secretario del Despacho respectivo.)

Art. 156. Todas las leyes se circularán de mandato del Rey por los respectivos Secretarios del Despacho directamente a todos y cada uno de los Tribunales Supremos y de las provincias, y demás jefes y autoridades superiores, que las circularán a las subalternas.

CAPÍTULO X: De la Diputación permanente de Cortes

Art. 157. Antes de separarse las Cortes nombrarán una diputación que se llamará Diputación permanente de Cortes, compuesta de siete individuos de su seno, tres de las provincias de Europa y tres de las de Ultramar, y el séptimo saldrá por suerte entre un Diputado de Europa y otro de Ultramar.

Art. 158. Al mismo tiempo nombrarán las Cortes dos suplentes para esta diputación, uno de Europa y otro de Ultramar.

Art. 159. La Diputación permanente durará de unas Cortes ordinarias a otras.

Art. 160. Las facultades de esta diputación son:
Primera. Velar sobre la observancia de la Constitución y de las leyes, para dar cuenta a las próximas Cortes de las infracciones que hayan notado.
Segunda. Convocar a Cortes extraordinarias en los casos prescritos por la Constitución.
Tercera. Desempeñar las funciones que se señalan en los artículos 111 y 112.
Cuarta. Pasar aviso a los Diputados suplentes para que concurran en lugar de los propietarios; y si ocurriere el fallecimiento o imposibilidad absoluta de propietarios y suplentes de una provincia,

comunicar las correspondientes órdenes a la misma, para que proceda a nueva elección.

CAPÍTULO XI: De las Cortes extraordinarias

Art. 161. Las Cortes extraordinarias se compondrán de los mismos Diputados que forman las ordinarias durante los dos años de su diputación.

Art. 162. La Diputación permanente de Cortes las convocará con señalamiento el día en los tres casos siguientes:
Primero. Cuando vacare la Corona.
Segundo. Cuando el Rey se imposibilitare de cualquiera modo para el gobierno, o quiera abdicar la Corona en el sucesor; estando autorizada en el primer caso la diputación para tomar todas las medidas que estime convenientes, a fin de asegurarse de la inhabilidad del Rey.
Tercero. Cuando en circunstancias críticas y por negocios arduos tuviere el Rey por conveniente que se congreguen, y lo participare así a la Diputación permanente de Cortes.

Art. 163. Las Cortes extraordinarias no entenderán sino en el objeto para que han sido convocadas.

Art. 164. Las sesiones de las Cortes extraordinarias comenzarán y se terminarán con las mismas formalidades que las ordinarias.

Art. 165. La celebración de las Cortes extraordinarias no estorbará la elección de nuevos Diputados en el tiempo prescrito.

Art. 166. Si las Cortes extraordinarias no hubieren concluido sus sesiones en el día señalado para la reunión de las ordinarias, cesarán las primeras en sus funciones, y las ordinarias continuarán el negocio para que aquéllas fueron convocadas.

Art. 167. La Diputación permanente de Cortes continuará en las funciones que le están señaladas en los artículos 111 y 112, en el caso comprendido en el artículo precedente.

TÍTULO IV: DEL REY

CAPÍTULO I: De inviolabilidad del Rey y de su autoridad

Art. 168. La persona del Rey es sagrada e inviolable, y no está sujeta a responsabilidad.

Art. 169. El Rey tendrá el tratamiento de Majestad Católica.

Art. 170. La potestad de hacer ejecutar las leyes reside exclusivamente en el Rey, y su autoridad de extiende a todo cuanto conduce a la conservación del orden público en lo interior, y a la seguridad del Estado en lo exterior, conforme a la Constitución y a las leyes.

Art. 171. Además de la prerrogativa que compete al Rey de sancionar las leyes y promulgarlas, le corresponden como principales las facultades siguientes:

Primera. Expedir los decretos, reglamentos e instrucciones que crea conducentes para la ejecución de las leyes.

Segunda. Cuidar de que en todo el reino se administre pronta y cumplidamente la justicia.

Tercera. Declarar la guerra, y hacer y ratificar la paz, dando después cuenta documentada a las Cortes.

Cuarta. Nombrar los magistrados de todos los tribunales civiles y criminales, a propuesta del Consejo de Estado.

Quinta. Proveer todos los empleos civiles y militares.

Sexta. Presentar para todos los obispados y para todas las dignidades y beneficios eclesiásticos de real patronato, a propuesta del Consejo de Estado.

Séptima. Conceder honores y distinciones de toda clase, con arreglo a las leyes.

Octava. Mandar los ejércitos y armadas y nombrar los generales.

Novena. Disponer de la fuerza armada, distribuyéndola como más convenga.

Décima. Dirigir las relaciones diplomáticas y comerciales con las demás potencias, y nombrar los embajadores, ministros y cónsules.

Undécima. Cuidar de la fabricación de la moneda, en la que se pondrá su busto y su nombre.

Duodécima. Decretar la inversión de los fondos destinados a cada uno de los ramos de la administración pública.

Decimatercia. Indultar a los delincuentes, con arreglo a las leyes.

Decimacuarta. Hacer a las Cortes las propuestas de leyes o de reformas que crea conducentes al bien de la Nación, para que deliberen en la forma prescrita.

Decimaquinta. Conceder el pase, o retener los decretos conciliares y bulas pontificias con el consentimiento de las Cortes, si contienen disposiciones generales, oyendo al Consejo de Estado, si versan sobre negocios particulares o gubernativos, y si contienen puntos contenciosos, pasando su conocimiento y decisión al Supremo Tribunal de justicia para que resuelva con arreglo a las leyes.

Decimasexta. Nombrar y separar libremente los Secretarios de Estado y del Despacho.

Art. 172.   Las restricciones de la autoridad del Rey son las siguientes:

Primera. No puede el Rey impedir, bajo ningún pretexto, la celebración de las Cortes en las épocas y casos señalados por la Constitución, ni suspenderlas ni disolverlas, ni en manera alguna embarazar sus sesiones y deliberaciones. Los que le aconsejasen o auxiliasen en cualquier tentativa para estos actos, son declarados traidores y serán perseguidos como tales.

Segunda. No puede el Rey ausentarse del Reino sin consentimiento de las Cortes, y si lo hiciere, se entiende que ha abdicado la Corona.

Tercera. No puede el Rey enajenar, ceder, renunciar, o en cualquiera manera traspasar a otro la autoridad real, ni alguna de sus prerrogativas. Si por cualquiera causa quisiere abdicar el trono en el inmediato sucesor, no lo podrá hacer sin el consentimiento de las Cortes.

Cuarta. No puede el Rey enajenar, ceder o permutar provincia, ciudad, villa o lugar, ni parte alguna, por pequeña que sea, del territorio español.

Quinta. No puede el Rey hacer alianza ofensiva, ni tratado especial de comercio con ninguna potencia extranjera, sin el consentimiento de las Cortes.

Sexta. No puede tampoco obligarse por ningún tratado a dar

subsidios a ninguna potencia extranjera sin el consentimiento de las Cortes.

Séptima. No puede el Rey ceder ni enajenar los bienes nacionales sin consentimiento de las Cortes.

Octava. No puede el Rey imponer por sí, directa ni indirectamente, contribuciones, ni hacer pedidos bajo cualquier nombre o para cualquier objeto que sea, sino que siempre los han de decretar las Cortes.

Novena. No puede el Rey conceder privilegio exclusivo a persona ni corporación alguna.

Décima. No puede el Rey tomar la propiedad de ningún particular ni corporación, ni turbarle en la posesión, uso y aprovechamiento de ella, y si en algún caso fuere necesario para un objeto de conocida utilidad común tomar la propiedad de un particular, no lo podrá hacer sin que al mismo tiempo sea indemnizado y se le dé el buen cambio a bien vista de hombres buenos.

Undécima. No puede el Rey privar a ningún individuo de su libertad, ni imponerle por sí pena alguna. El Secretario del Despacho que firme la orden, y el Juez que la ejecute, serán responsables a la Nación, y castigados como reos de atentado contra la libertad individual. Sólo en caso de que el bien y seguridad del Estado exijan el arresto de alguna persona, podrá el Rey expedir órdenes al efecto; pero con la condición de que dentro de cuarenta y ocho horas deberá hacerla entregar a disposición del tribunal o juez competente.

Duodécima. El Rey, antes de contraer matrimonio, dará parte a las Cortes, para obtener su consentimiento, y si no lo hiciere, entiéndese que abdica la Corona.

Art. 173. El Rey, en su advenimiento al trono, y si fuere menor, cuando entre a gobernar el Reino, prestará juramento ante las Cortes bajo la fórmula siguiente:

"N. (aquí su nombre), por la gracia de Dios y la Constitución de la Monarquía española, Rey de las Españas; juro por Dios y por los Santos Evangelios que defenderé y conservaré la religión Católica, Apostólica, Romana, sin permitir otra alguna en el Reino; que guardaré y haré guardar la Constitución política y leyes de la Monarquía española, no mirando en cuanto hiciere sino al bien y provecho de ella; que no enajenaré, cederé ni desmembraré parte alguna del Reino; que no exigiré jamás cantidad alguna de frutos, dinero ni otra cosa, sino las que hubieren decretado las Cortes; que no tomaré jamás a nadie su propiedad, y que respetaré sobre todo la libertad política de la Nación y la personal de cada individuo; y si en lo que he jurado, o parte de ello, lo contrario hiciere, no debo ser obedecido, antes aquello en que contraviniere, sea nulo y de ningún valor. Así, Dios me ayude y sea en mi defensa, y si no, me lo demande."

CAPÍTULO II: *De la sucesión a la corona*

Art. 174. El Reino de las Españas es indivisible, y sólo se sucederá en el trono perpetuamente desde la promulgación de la Constitución por el orden regular de primogenitura y representación entre los descendientes legítimos, varones y hembras, de las líneas que se expresarán.

Art. 175. No pueden ser Reyes de las Españas sino los que sean hijos legítimos habidos en constante y legítimo matrimonio.

Art. 176. En el mismo grado y línea los varones prefieren a las hembras, y siempre el mayor al menor; pero las hembras de mejor línea, o de mejor grado en la misma línea, prefieren a los varones de línea o grado posterior.

Art. 177. El hijo o hija del primogénito del Rey, en el caso de morir su padre sin haber entrado en la sucesión del Reino, prefiere a los tíos, y sucede inmediatamente al abuelo por derecho de representación.

A rt. 178. Mientras no se extingue la línea en que está radicada la sucesión, no entra la inmediata.

Art. 179. El Rey de las Españas es el Señor Don Fernando VII de Borbón, que actualmente reina.

Art. 180. A falta del Señor Don Fernando VII de Borbón, sucederán sus descendientes legítimos, así varones como hembras; a falta de éstos, sucederán sus hermanos, y tíos hermanos de su padre, así varones como hembras, y los descendientes legítimos de éstos por el orden que queda prevenido, guardando en todos el derecho de representación y la preferencia de las líneas anteriores a las posteriores.

Art. 181. Las Cortes deberán excluir de la sucesión aquella persona o personas que sean incapaces para gobernar, o hayan hecho cosa por que merezcan perder la Corona.

Art. 182. Si llegaren a extinguirse todas las líneas que aquí se señalan, las Cortes harán nuevos llamamientos, como vean que más importa a la Nación, siguiendo siempre el orden y reglas de suceder aquí establecidas.

Art. 183. Cuando la Corona haya de recaer inmediatamente o haya recaído en hembra, no podrá ésta elegir marido sin consentimiento de las Cortes, y si lo contrario hiciere, se entiende que abdica la Corona.

Art. 184. En el caso en que llegue a reinar una hembra, su marido no tendrá autoridad ninguna respecto del Reino, ni parte alguna en el Gobierno.

CAPÍTULO III: *De la menor edad del Rey, y de la Regencia*

Art. 185. El Rey es menor de edad hasta los diez y ocho años cumplidos.

Art. 186. Durante la menor edad del Rey será gobernado el Reino por una Regencia.

Art. 187. Lo será igualmente cuando el Rey se halle imposibilitado de ejercer su autoridad por cualquier causa física o moral.

Art. 188. Si el impedimento del Rey pasare de dos años, y el sucesor inmediato fuere mayor de diez y ocho, las Cortes podrán nombrarle Regente del Reino en lugar de la Regencia.

Art. 189. En los casos en que vacare la Corona, siendo el Príncipe de Asturias menor de edad, hasta que se junten las Cortes extraordinarias, si no se hallaren reunidas las ordinarias, la Regencia provisional se compondrá de la Reina madre, si la hubiere, de dos Diputados de la Diputación permanente de las Cortes, los más antiguos por orden de su elección en la diputación, y de dos Consejeros del Consejo de Estado, los más antiguos, a saber: el decano y el que le siga, si no hubiere Reina madre, entrará en la Regencia el Consejero de Estado tercero en antigüedad.

Art. 190. La Regencia provisional será presidida por la Reina madre, si la hubiere, y, en su defecto, por el individuo de la Diputación permanente de Cortes que sea primer nombrado en ella.

Art. 191. La Regencia provisional no despachará otros negocios que los que no admitan dilación, y no removerá ni nombrará empleados sino interinamente.

Art. 192. Reunidas las Cortes extraordinarias, nombrarán una Regencia, compuesta de tres o cinco personas.

Art. 193. Para poder ser individuo de la Regencia se requiere ser ciudadano en el ejercicio de sus derechos, quedando excluidos los extranjeros, aunque tengan carta de ciudadanos.

Art. 194. La Regencia será presidida por aquel de sus individuos que las Cortes designaren, tocando a éstas establecer, en caso necesario, si ha de haber o no turno en la presidencia, y en qué términos.

Art. 195. La Regencia ejercerá la autoridad del Rey en los términos que estimen las Cortes.

Art. 196. Una y otra Regencia prestarán juramento según la fórmula prescrita en el artículo 173, añadiendo la cláusula de que serán fieles al Rey, y la Regencia permanente añadirá, además, que observará las condiciones que le hubieren impuesto las Cortes para el ejercicio de su autoridad, y que cuando llegue el Rey a ser mayor, o cese la imposibilidad, le entregará el Gobierno del Reino, bajo la pena, si un momento lo dilata, de ser sus individuos habidos y castigados como traidor es.

Art. 197. Todos los actos de la Regencia se publicarán en nombre del Rey.

Art. 198. Será tutor del Rey menor la persona que el Rey difunto hubiere nombrado en su testamento. Si no lo hubiere nombrado, será tutora la Reina madre, mientras permanezca viuda. En su defecto, será nombrado el tutor por las Cortes. En el primero y tercer caso, el tutor deberá ser natural del Reino.

Art. 199. La Regencia cuidará de que la educación del Rey menor sea la más conveniente al grande objeto de su alta dignidad, y que se desempeñe conforme al plan que aprobaren las Cortes.

Art. 200. Estas señalarán el sueldo que hayan de gozar los individuos de la Regencia.

CAPÍTULO IV: De la familia Real y del reconocimiento del Príncipe de Asturias

Art. 201. El hijo primogénito del Rey se titulará Príncipe de Asturias.

Art. 202. Los demás hijos e hijas del Rey serán y se llamarán Infantes de las Españas.

Art. 203. Asimismo serán y se llamarán Infantes de las Españas los hijos e hijas del Príncipe de Asturias.

Art. 204. A estas personas precisamente estará limitada la calidad de Infante de las Españas, sin que pueda extenderse a otras.

Art. 205. Los Infantes de las Españas gozarán de las distinciones y honores que han tenido hasta aquí, y podrán ser nombrados para toda clase de destinos, exceptuados los de judicatura y la diputación de Cortes.

Art. 206. El Príncipe de Asturias no podrá salir del Reino sin consentimiento de las Cortes, y si saliere sin él, quedará por el mismo hecho excluido del llamamiento a la Corona.

Art. 207. Lo mismo se entenderá, permaneciendo fuera del Reino por más tiempo que el reflejado en el permiso, si requerido para que vuelva, no lo verificare dentro del término que las Cortes señalen.

Art. 208. El Príncipe de Asturias, los Infantes e Infantas y sus hijos y descendientes que sean súbditos del Rey, no podrán contraer matrimonio sin su consentimiento y el de las Cortes, bajo la pena de ser excluido del llamamiento a la Corona.

Art. 209. De las partidas de nacimiento, matrimonio y muerte de todas las personas de la familia Real, se remitirá una copia auténtica a las Cortes, y en su defecto a la Diputación permanente, para que se custodie en su archivo.

Art. 210. El Príncipe de Asturias será reconocido por las Cortes con las formalidades que prevendrá el reglamento del Gobierno interior de ellas.

Art. 211. Este reconocimiento se hará en las primeras Cortes que se celebren después de su nacimiento.

Art. 212. El Príncipe de Asturias, llegando a la edad de catorce años, prestará juramento ante las Cortes bajo la fórmula siguiente:
"N. (aquí el nombre), Príncipe de Asturias, juro por Dios y por los Santos Evangelios, que defenderé y conservaré la religión Católica, Apostólica, Romana, sin permitir otra alguna en el Reino; que guardaré la Constitución política de la Monarquía española, y que seré fiel y obediente al Rey. Así, Dios me ayude."

CAPÍTULO V: De la dotación de la familia Real

Art. 213. Las Cortes señalarán al Rey la dotación anual de su casa, que sea correspondiente a la alta dignidad de su persona.

Art. 214. Pertenecen al Rey todos los Palacios Reales que han disfrutado sus predecesores, y las Cortes señalarán los terrenos que tengan por conveniente reservar para el recreo de su persona.

Art. 215. Al Príncipe de Asturias, desde el día de su nacimiento, y a los Infantes e Infantas, desde que cumplan siete años de edad, se asignará por las Cortes, para sus alimentos, la cantidad anual correspondiente a su respectiva dignidad.

Art. 216. A las Infantas, para cuando casaren, señalarán las Cortes la cantidad que estimen en calidad de dote, y entregada ésta, cesarán los alimentos anuales.

Art. 217. A los Infantes, si casaren mientras residan en las Españas, se les continuarán los alimentos que les estén asignados, y si casaren y residieren fuera, cesarán los alimentos, y se les entregará por una vez la cantidad que las Cortes señalen.

Art. 218. Las Cortes señalarán los alimentos anuales que hayan de darse a la Reina viuda.

Art. 219. Los sueldos de los individuos de la Regencia se tomarán de la dotación señalada a la casa del Rey.

Art. 220. La dotación de la casa del Rey y los alimentos de su familia, de que hablan los artículos precedentes, se señalarán por las Cortes al principio de cada reinado, y no se podrán alterar durante él.

Art. 221. Todas estas asignaciones son de cuenta de la tesorería nacional, por la que serán satisfechas al administrador que el Rey nombrare, con el cual se entenderán las acciones activas y pasivas que por razón de intereses puedan promoverse.

CAPÍTULO VI: De los Secretarios de Estado y del Despacho

Art. 222. Los Secretarios del Despacho serán siete, a saber: El Secretario del Despacho del Estado. El Secretario del Despacho de la Gobernación del Reino para la Península e islas adyacentes. El Secretario del Despacho de la Gobernación del Reino para Ultramar. El Secretario del Despacho de Gracia y Justicia. El Secretario del Despacho de Hacienda. El Secretario del Despacho de Guerra. El Secretario del Despacho de Marina. Las Cortes sucesivas harán en este sistema de Secretarías del Despacho la variación que la experiencia o las circunstancias exijan.

Art. 223.   Para ser Secretario de Despacho se requiere ser ciudadano en el ejercicio de sus derechos, quedando excluidos los extranjeros, aunque tengan carta de ciudadanos.

Art. 224.   Por un reglamento particular aprobado por las Cortes se señalarán a cada Secretaría los negocios que deban pertenecerle.

Art. 225.   Todas las órdenes del Rey deberán ir firmadas por el Secretario del Despacho del ramo a que el asunto corresponda. Ningún Tribunal ni persona pública dará cumplimiento a la orden que carezca de este requisito.

Art. 226.   Los Secretarios del Despacho serán responsables a las Cortes de las órdenes que autoricen contra la Constitución o las leyes, sin que les sirva de excusa haberlo mandado el Rey.

Art. 227.   Los Secretarios de Despacho formarán los presupuestos anuales de los gastos de la Administración pública, que se estime deban hacerse por su respectivo ramo, y rendirán cuentas de los que se hubieren hecho, en el modo que se expresará.

Art. 228.   Para hacer efectiva la responsabilidad de los Secretarios del Despacho, decretarán ante todas cosas las Cortes que ha lugar a la formación de causa.

Art. 229.   Dado este decreto, quedará suspenso el Secretario del Despacho, y las Cortes remitirán al Tribunal Supremo de Justicia todos los documentos concernientes a la causa que haya de formarse por el mismo Tribunal, quien la sustanciará y decidirá con arreglo a las leyes.

Art. 230. Las Cortes señalarán el sueldo que deban gozar los Secretarios del Despacho durante su encargo.

CAPÍTULO VII: Del Consejo de Estado

Art. 231. Habrá un Consejo de Estado compuesto de cuarenta individuos, que sean ciudadanos en el ejercicio de sus derechos, quedando excluidos los extranjeros, aunque tengan carta de ciudadanos.

Art. 232. Estos serán precisamente en la forma siguiente, a saber: cuatro eclesiásticos, y no más, de conocida y probada ilustración y merecimiento, de los cuales dos serán Obispos; cuatro Grandes de España, y no más, adornados de las virtudes, talento y conocimientos necesarios, y los restantes serán elegidos de entre los sujetos que más se hayan distinguido por su ilustración y conocimientos, o por sus señalados servicios en alguno de los principales ramos de la administración y gobierno del Estado. Las Cortes no podrán proponer para estas plazas a ningún individuo que sea Diputado de Cortes al tiempo de hacerse la elección. De los individuos del Consejo de Estado, doce, a lo menos, serán nacidos en las provincias de Ultramar.

Art. 233. Todos los Consejeros de Estado serán nombrados por el Rey, a propuesta de las Cortes.

Art. 234. Para la formación de este Consejo se dispondrá en las Cortes una lista triple de todas las clases referidas, en la proporción indicada, de la cual el Rey elegirá los cuarenta individuos que han de componer el Consejo de Estado, tomando los eclesiásticos de la lista de su clase, los Grandes de la suya, y así los demás.

Art. 235. Cuando ocurriere alguna vacante en el Consejo de Estado, las Cortes primeras que se celebren presentarán al Rey tres personas de la clase que se hubiere verificado, para que elija la que le pareciere.

Art. 236. El Consejo de Estado es el único Consejo del Rey que oirá su dictamen en los asuntos graves gubernativos, y señaladamente para dar o negar la sanción a las leyes, declarar la guerra y hacer los tratados.

Art. 237. Pertenecerá a este Consejo hacer al Rey la propuesta por ternas para la presentación de todos los beneficios eclesiásticos y para la provisión de las plazas de judicatura.

Art. 238. El Rey formará un reglamento para el gobierno del Consejo de Estado, oyendo previamente al mismo; y se presentará a las Cortes para su aprobación.

Art. 239. Los Consejeros de Estado no podrán ser removidos sin causa justificada ante el Tribunal Supremo de Justicia.

Art. 240. Las Cortes señalarán el sueldo que deban gozar los Consejeros de Estado.

Art. 241. Los Consejeros de Estado, al tomar posesión de sus plazas, harán en manos del Rey juramento de guardar la Constitución, ser fieles al Rey, y aconsejarle lo que entendieren ser conducente al bien de la Nación, sin mira particular ni interés privado.

TÍTULO V: DE LOS TRIBUNALES DE LA ADMINISTRACIÓN DE JUSTICIA EN LO CIVIL Y EN LO CRIMINAL

CAPÍTULO PRIMERO: De los Tribunales

Art. 242. La potestad de aplicar las leyes en las causas civiles y criminales pertenece exclusivamente a los Tribunales.

Art. 243. Ni las Cortes ni el Rey podrán ejercer en ningún caso las funciones judiciales, avocar causas pendientes, ni mandar abrir los juicios fenecidos.

LAS CONSTITUCIONES ESPAÑOLAS. TEXTOS COMPLETOS

Art. 244. Las leyes señalarán el orden y las formalidades del proceso, que serán uniformes en todos los Tribunales, y ni las Cortes ni el Rey podrán dispensarlas.

Art. 245. Los Tribunales no podrán ejercer otras funciones que las de juzgar y hacer que se ejecute lo juzgado.

Art. 246. Tampoco podrán suspender la ejecución de las leyes ni hacer reglamento alguno para la administración de justicia.

Art. 247. Ningún español podrá ser juzgado en causas civiles ni criminales por ninguna Comisión, sino por el tribunal competente, determinado con anterioridad por la ley.

Art. 248. En los negocios comunes, civiles y criminales no habrá más que un solo fuero para toda clase de personas.

Art. 249. Los eclesiásticos continuarán gozando del fuero de su estado, en los términos que prescriben las leyes o que en adelante prescribieren.

Art. 250. Los militares gozarán también de fuero particular, en los términos que previene la ordenanza o en adelante previniere.

Art. 251. Para ser nombrado magistrado o juez se requiere haber nacido en el territorio español, y ser mayor de veinticinco años. Las demás calidades que respectivamente deban éstos tener, serán determinadas por las leyes.

Art. 252. Los magistrados y jueces no podrán ser depuestos en sus destinos, sean temporales o perpetuos, sino por causa legalmente probada y sentenciada, ni suspendidos, sino por acusación legalmente intentada.

Art. 253. Si al Rey llegaren quejas contra algún magistrado, y formado expediente, parecieren fundadas, podrá, oído el Consejo de Estado, suspenderle, haciendo pasar inmediatamente el expediente al Supremo Tribunal de Justicia, para que juzgue con arreglo a las leyes.

Art. 254. Toda falta de observancia de las leyes que arreglan el proceso en lo civil y en lo criminal, hace responsables personalmente a los jueces que la cometieren.

Art. 255. El soborno, el cohecho y la prevaricación de los magistrados y jueces producen acción popular contra los que los cometan.

Art. 256. Las Cortes señalarán a los magistrados y jueces de letras una dotación competente.

Art. 257. La justicia se administrará en nombre del Rey, y las ejecutorias y provisiones de los Tribunales superiores se encabezarán también en su nombre.

Art. 258. El Código civil y criminal y el de comercio serán unos mismos para toda la Monarquía, sin perjuicio de las variaciones que por particulares circunstancias podrán hacer las Cortes.

Art. 259. Habrá en la Corte un Tribunal, que se llamará Supremo Tribunal de Justicia.

Art. 260. Las Cortes determinarán el número de magistrados que han de componerle, y las Salas en que ha de distribuirse.

Art. 261. Toca a este Supremo Tribunal:
Primero. Dirimir todas las competencias de las Audiencias entre sí en todo el territorio español, y las de las Audiencias con los Tribunales especiales, que existan en la Península e islas adyacentes. En Ultramar se dirimirán estas últimas según lo determinaren las leyes.
Segundo. Juzgar a los Secretarios de Estado y del Despacho, cuando las Cortes decretaren haber lugar a la formación de causa.
Tercero. Conocer de todas las causas de separación y suspensión de los consejeros de Estado y de los magistrados de las Audiencias.
Cuarto. Conocer de todas las causas criminales de los Secretarios de Estado y del Despacho, de los consejeros de Estado y de los magistrados de las Audiencias, perteneciendo al jefe político más autorizado la instrucción del proceso para remitirlo a este Tribunal.

Quinto. Conocer de todas las causas criminales que se promovieren contra los individuos de este Supremo Tribunal. Si llegare el caso en que sea necesario hacer efectiva la responsabilidad de este Supremo Tribunal, las Cortes, previa la formalidad establecida en el artículo 228, procederán a nombrar para este fin un Tribunal compuesto de nueve jueces, que serán elegidos por suerte de un número doble.

Sexto. Conocer de la residencia de todo empleado público que esté sujeto a ella por disposición de las leyes.

Séptimo. Conocer de todos los asuntos contenciosos pertenecientes al Real patronato.

Octavo. Conocer de los recursos de fuerza de todos los Tribunales eclesiásticos superiores de la Corte.

Noveno. Conocer de los recursos de nulidad que se interpongan contra las sentencias dadas en última instancia para el preciso efecto de reponer el proceso, devolviéndolo, y hacer efectiva la responsabilidad de que trata el art. 254. Por lo relativo a Ultramar, de estos recursos se conocerá en las Audiencias en la forma que se dirá en su lugar.

Décimo. Oír las dudas de los demás Tribunales sobre la inteligencia de alguna ley, y consultar sobre ellas al Rey con los fundamentos que hubiere, para que promueva la conveniente declaración en las Cortes.

Undécimo. Examinar las listas de las causas civiles y criminales, que deben remitirle las Audiencias para promover la pronta administración de justicia, pasar copia de ellas para el mismo efecto al Gobierno, y disponer su publicación por medio de la imprenta.

Art. 262. Todas las causas civiles y criminales se fenecerán dentro del territorio de cada Audiencia.

Art. 263. Pertenecerá a las Audiencias conocer de todas las causas civiles de los Juzgados inferiores de su demarcación en segunda y tercera instancia, y lo mismo de las criminales, según lo determinen las leyes; y también de las causas de suspensión y separación de los jueces inferiores de su territorio, en el modo que prevengan las leyes, dando cuenta al Rey.

Art. 264. Los magistrados que hubieren fallado en la segunda instancia, no podrán asistir a la vista del mismo pleito en la tercera.

Art. 265. Pertenecerá también a las Audiencias conocer de las competencias entre todos los jueces subalternos de su territorio.

Art. 266. Les pertenecerá asimismo conocer de los recursos de fuerza que se introduzcan, de los Tribunales y autoridades eclesiásticas de su territorio.

Art. 267. Les corresponderá también recibir de todos los jueces subalternos de su territorio avisos puntuales de las causas que se formen por delitos, y listas de las causas civiles y criminales pendientes en su Juzgado, con expresión del estado de unas y otras, a fin de promover la más pronta administración de justicia.

Art. 268. A las Audiencias de Ultramar les corresponderá además el conocer de los recursos de nulidad, debiendo éstos interponerse, en aquellas Audiencias que tengan suficiente número para la formación de tres Salas, en la que no haya conocido de la causa en ninguna instancia. En las Audiencias que no consten de este número de ministros, se interpondrán estos recursos de una a otra de las comprendidas en el distrito de una misma gobernación superior; y en el caso de que en éste no hubiere más que una Audiencia, irán a la más inmediata de otro distrito.

Art. 269. Declarada la nulidad, la Audiencia que ha conocido de ella dará cuenta, con testimonio que contenga los insertos convenientes, al Supremo Tribunal de Justicia, para hacer efectiva la responsabilidad de que trata el art. 254.

Art. 270. Las Audiencias remitirán cada año al Supremo Tribunal de Justicia listas exactas de las causas civiles, y cada seis meses de las criminales, así fenecidas como pendientes, con expresión del estado que éstas tengan, incluyendo las que hayan recibido de los Juzgados inferiores.

Art. 271. Se determinará por leyes y reglamentos especiales el número de los magistrados de las
Audiencias, que no podrán ser menos de siete, la forma de estos Tribunales y el lugar de su residencia.

Art. 272. Cuando llegue el caso de hacerse la conveniente división del territorio español, indicada en el artículo 11, se determinará con respecto a ella el número de Audiencias que han de establecerse, y se les señalará territorio.

Art. 273. Se establecerán partidos proporcionalmente iguales, y en cada cabeza de partido habrá un juez de letras con un Juzgado correspondiente.

Art. 274. Las facultades de estos jueces se limitarán precisamente a lo contencioso, y las leyes determinarán las que han de pertenecerles en la capital y pueblos de su partido, como también hasta de qué cantidad podrán conocer en los negocios civiles sin apelación.

Art. 275. En todos los pueblos se establecerán alcaldes, y las leyes determinarán la extensión de sus facultades, así en lo contencioso como en lo económico.

Art. 276. Todos los jueces de los Tribunales inferiores deberán dar cuenta, a más tardar dentro de tercero día, a su respectiva Audiencia de las causas que se formen por delitos cometidos en su territorio, y después continuarán dando cuenta de su estado en las épocas que la Audiencia les prescriba.

Art. 277. Deberán asimismo remitir a la Audiencia respectiva listas generales cada seis meses de las causas civiles, y cada tres de las criminales, que pendieren en sus Juzgados, con expresión de su estado.

Art. 278. Las leyes decidirán si ha de haber Tribunales especiales para conocer de determinados negocios.

Art. 279. Los magistrados y jueces al tomar posesión de sus plazas, jurarán guardar la Constitución, ser fieles al Rey, observar las leyes y administrar imparcialmente la justicia.

CAPÍTULO II: De la administración de justicia en lo civil

Art. 280. No se podrá privar a ningún español del derecho de terminar sus diferencias por medio de jueces árbitros, elegidos por ambas partes.

Art. 281. La sentencia que dieren los árbitros se ejecutará si las partes, al hacer el compromiso, no se hubieren reservado el derecho de apelar.

Art. 282. El alcalde de cada pueblo ejercerá en él el oficio de conciliador, y el que tenga que demandar por negocios civiles o por injurias, deberá presentarse a él con este objeto.

Art. 283. El alcalde, con dos hombres buenos, nombrados uno por cada parte, oirá al demandante y al demandado, se enterará de las razones en que respectivamente apoyen su intención, y tomará oído el dictamen de los dos asociados, la providencia que le parezca propia para el fin de terminar el litigio sin más progreso, como se terminará, en efecto, si las partes se aquietan con esta decisión extrajudicial.

Art. 284. Sin hacer constar que se ha intentado el medio de la conciliación, no se entablará pleito alguno.

Art. 285. En todo negocio, cualquiera que sea su cuantía, habrá lo más tres instancias y tres sentencias definitivas pronunciadas en ellas. Cuando la tercera instancia se interponga de dos sentencias conformes, el número de jueces que haya de decidirla deberá ser mayor que el que asistió a la vista de la segunda, en la forma que lo disponga la ley. A ésta toca también determinar, atendida la entidad de los negocios y la naturaleza y calidad de los diferentes juicios, qué sentencia ha de ser la que en cada uno deba causar ejecutoria.

CAPÍTULO III: De la administración de justicia en lo criminal

Art. 286. Las leyes arreglarán la administración de justicia en lo criminal de manera que el proceso sea formado con brevedad y sin vicios, a fin de que los delitos sean prontamente castigados.

Art. 287.   Ningún español podrá ser preso sin que preceda información sumaria del hecho por el que merezca, según la ley, ser castigado con pena corporal, y asimismo un mandamiento del juez por escrito, que se le notificará en el acto mismo de la prisión.

Art. 288.   Toda persona deberá obedecer estos mandamientos: cualquiera resistencia será reputada delito grave.

Art. 289.   Cuando hubiere resistencia o se temiere la fuga, se podrá usar de la fuerza para asegurar la persona.

Art. 290.   El arrestado, antes de ser puesto en prisión, será presentado al juez, siempre que no haya cosa que lo estorbe, para que le reciba declaración; mas, si esto no pudiere verificarse, se le conducirá a la cárcel en calidad de detenido, y el juez le recibirá la declaración dentro de las veinticuatro horas.

Art. 291.   La declaración del arrestado será sin juramento, que a nadie ha de tomarse en materias criminales sobre hecho propio.

Art. 292.   Infraganti, todo delincuente puede ser arrestado y todos pueden arrestarle y conducirle a la presencia del juez: presentado o puesto en custodia, se procederá en todo como se previene en los dos artículos precedentes.

Art. 293.   Si se resolviere que al arrestado se le ponga en la cárcel, o que permanezca en ella en calidad de preso, se proveerá auto motivado, y de él se entregará copia al alcaide para que la inserte en el libro de presos, sin cuyo requisito no admitirá el alcaide a ningún preso en calidad de tal, bajo la más estrecha responsabilidad.

Art. 294.   Sólo se hará embargo de bienes cuando se proceda por delitos que llevan consigo responsabilidad pecuniaria, y en proporción a la cantidad a que ésta pueda extenderse.

Art. 295.   No será llevado a la cárcel el que dé fiador en los casos en que la ley no prohíba expresamente que se admita la fianza.

Art. 296. En cualquier estado de la causa que aparezca que no puede imponerse al preso pena corporal, se le pondrá en libertad, dando fianza.

Art. 297. Se dispondrán las cárceles de manera que sirvan para asegurar, y no para molestar a los presos; así, el alcaide tendrá a éstos en buena custodia, y separados los que el juez mande tener sin comunicación; pero nunca en calabozos subterráneos ni malsanos.

Art. 298. La ley determinará la frecuencia con que ha de hacerse la visita de cárceles, y no habrá preso alguno que deje de presentarse a ella bajo ningún pretexto.

Art. 299. El juez y el alcaide que faltaren a lo dispuesto en los artículos precedentes, serán castigados como reos de detención arbitraria, la que será comprendida como delito en el Código criminal.

Art. 300. Dentro de las veinticuatro horas se manifestará al tratado como reo la causa de su prisión, y el nombre de su acusador, si lo hubiere.

Art. 301. Al tomar la confesión al tratado como reo, se le leerán íntegramente todos los documentos y las declaraciones de los testigos, con los nombres de éstos; y si por ellos no los conociere, se le darán cuantas noticias pida para venir en conocimiento de quiénes son.

Art. 302. El proceso, de allí en adelante, será público en el modo y forma que determinen las leyes.

Art. 303. No se usará nunca del tormento ni de los apremios.

Art. 304. Tampoco se impondrá la pena de confiscación de bienes.

Art. 305. Ninguna pena que se imponga, por cualquier delito que sea, ha de ser trascendental por término ninguno a la familia del que la sufre, sino que tendrá todo su efecto precisamente sobre el que la mereció.

Art. 306. No podrá ser allanada la casa de ningún español, sino en los casos que determine la ley para el buen orden y seguridad del Estado.

Art. 307. Si con el tiempo creyeren las Cortes que conviene haya distinción entre los jueces del hecho y del derecho, la establecerán en la forma que juzguen conducente.

Art. 308. Si en circunstancias extraordinarias la seguridad del Estado exigiese, en toda la Monarquía o en parte de ella, la suspensión de algunas de las formalidades prescritas en este capítulo para el arresto de los delincuentes, podrán las Cortes decretarla por un tiempo determinado.

TÍTULO VI: DEL GOBIERNO INTERIOR DE LAS PROVINCIAS Y DE LOS PUEBLOS

CAPÍTULO PRIMERO: De los Ayuntamientos

Art. 309. Para el gobierno interior de los pueblos habrá Ayuntamientos compuestos de alcalde o alcaldes, los regidores y el procurador síndico, y presididos por el jefe político donde lo hubiere, y en su defecto por el alcalde o el primer nombrado entre éstos, si hubiere dos.

Art. 310. Se pondrá Ayuntamiento en los pueblos que no le tengan y en que convenga le haya, no pudiendo dejar de haberle en los que por sí o con su comarca lleguen a mil almas, y también se les señalara término correspondiente.

Art. 311. Las leyes determinarán el número de individuos de cada clase de que han de componerse los Ayuntamientos de los pueblos con respecto a su vecindario.

Art. 312. Los alcaldes, regidores y procuradores síndicos se nombrarán por elección en los pueblos, cesando los regidores y demás que sirvan oficios perpetuos en los Ayuntamientos, cualquiera que sea su título y denominación.

Art. 313. Todos los años, en el mes de Diciembre, se reunirán los ciudadanos de cada pueblo para elegir a pluralidad de votos, con proporción a su vecindario, determinando número de electores que residan en el mismo pueblo y estén en el ejercicio de los derechos de ciudadano.

Art. 314. Los electores nombrarán en el mismo mes, a pluralidad absoluta de votos, el alcalde o alcaldes, regidores y procurador o procuradores síndicos, para que entren a ejercer sus cargos el 1º. de Enero del siguiente año.

Art. 315. Los alcaldes se mudarán todos los años, los regidores por mitad cada año, y lo mismo los procuradores síndicos donde haya dos: si hubiere sólo uno, se mudará todos los años.

Art. 316. El que hubiere ejercido cualquiera de estos cargos no podrá volver a ser elegido para ninguno de ellos sin que pasen, por lo menos, dos años, donde el vecindario lo permita.

Art. 317. Para ser alcalde, regidor o procurador síndico, además de ser ciudadano en el ejercicio de sus derechos, se requiere ser mayor de veinticinco años, con cinco, a lo menos, de vecindad y residencia en el pueblo. Las leyes determinarán las demás calidades que han de tener estos empleados.

Art. 318. No podrá ser alcalde, regidor ni procurador síndico ningún empleado público de nombramiento del Rey que esté en ejercicio, no entendiéndose comprendidos en esta regla los que sirvan en las milicias nacionales.

Art. 319. Todos los empleos municipales referidos serán carga concejil, de que nadie podrá excusarse sin causa legal.

Art. 320. Habrá un secretario en todo Ayuntamiento, elegido por éste a pluralidad absoluta de votos, y dotado de los fondos del común.

Art. 321. Estará a cargo de los Ayuntamientos:
Primero. La policía de salubridad y comodidad.
Segundo. Auxiliar al alcalde en todo lo que pertenezca a la seguridad de las personas y bienes de los vecinos, y a la conservación del orden público.
Tercero. La administración e inversión de los caudales de propios y arbitrios, conforme a las leyes y reglamentos, con el cargo de nombrar depositario bajo responsabilidad de los que le nombran.
Cuarto. Hacer el repartimiento y recaudación de las contribuciones, y remitirlas a la Tesorería respectiva.
Quinto. Cuidar de todas las escuelas de primeras letras y de los demás establecimientos de educación que se paguen de los fondos del común.
Sexto. Cuidar de los hospitales, hospicios, casas de expósitos y demás establecimientos de beneficencia, bajo las reglas que se prescriban.
Séptimo. Cuidar de la construcción y reparación de los caminos, calzadas, puentes y cárceles, de los montes y plantíos del común, y de todas las obras públicas de necesidad, utilidad y ornato.
Octavo. Formar las Ordenanzas municipales del pueblo y presentarlas a las Cortes para su aprobación por medio de la Diputación provincial, que las acompañará con su informe.
Noveno. Promover la agricultura, la industria y el comercio, según la localidad y circunstancias de los pueblos, y cuanto les sea útil y beneficioso.

Art. 322. Si se ofrecieren obras u otros objetos de utilidad común, y por no ser suficientes los caudales de propios, fuere necesario recurrir a arbitrios, no podrán imponerse éstos sino obteniendo por medio de la Diputación provincial la aprobación de las Cortes. En el caso de ser urgente la obra u objeto a que se destinen, podrán los Ayuntamientos usar interinamente de ellos con el consentimiento de la misma Diputación, mientras recae la resolución de las Cortes. Estos arbitrios se administrarán en todo como los caudales de propios.

Art. 323. Los Ayuntamientos desempeñarán todos estos recargos bajo la inspección de la Diputación provincial, a quien rendirán cuenta justificada cada año de los caudales públicos que hayan recaudado e invertido.

CAPÍTULO II: Del gobierno político de las provincias y de las Diputaciones provinciales

Art. 324. El gobierno político de las provincias residirá en el jefe superior, nombrado por el Rey en cada una de ellas.

Art. 325. En cada provincia habrá una Diputación llamada provincial, para promover su prosperidad, presidida por el jefe superior.

Art. 326. Se compondrá esta Diputación del presidente, el intendente y de siete individuos elegidos en la forma que se dirá, sin perjuicio de que las Cortes, en lo sucesivo, varíen este número como lo crean conveniente, o lo exijan las circunstancias, hecha que sea la nueva división de provincias de que trata el art. 11.

Art. 327. La Diputación provincial se renovará cada dos años por mitad, saliendo la primera vez el mayor número, y la segunda el menor, y así sucesivamente.

Art. 328. La elección de estos individuos se hará por los electores de partido al otro día de haber nombrado los Diputados de Cortes, por el mismo orden con que éstos se nombran.

Art. 329. Al mismo tiempo, y en la misma forma, se elegirán tres suplentes para cada Diputación.

Art. 330. Para ser individuo de la Diputación provincial se requiere ser ciudadano en el ejercicio de sus derechos, mayor de veinticinco años, natural o vecino de la provincia, con residencia, a lo menos, de siete años, y que tenga lo suficiente para mantenerse con decencia, y no podrá serlo ninguno de los empleados de nombramiento del Rey de que trata el art. 318.

Art. 331. Para que una misma persona pueda ser elegida segunda vez, deberá haber pasado, a lo menos, el tiempo de cuatro años después de haber cesado en sus funciones.

Art. 332. Cuando el jefe superior de la provincia no pudiere presidir la Diputación, la presidirá el intendente, y, en su defecto, el Vocal que fuere primer nombrado.

Art. 333. La Diputación nombrará un secretario, dotado de los fondos públicos de la provincia.

Art. 334. Tendrá la Diputación en cada año, a lo más, noventa días de sesiones, distribuidas en las épocas que más convenga. En la Península deberán hallarse reunidas las Diputaciones para el 1º. de Marzo, y en Ultramar para el 1º. de junio.

Art. 335. Tocará a estas Diputaciones:
Primero. Intervenir y aprobar el repartimento hecho a los pueblos de las contribuciones que hubieren cabido a la provincia.
Segundo. Velar sobre la buena inversión de los fondos públicos de los pueblos y examinar sus cuentas, para que con su Vº. Bº. recaiga la aprobación superior, cuidando de que en todo se observen las leyes y reglamentos.
Tercero. Cuidar de que se establezcan Ayuntamientos donde corresponda los haya, conforme a lo prevenido en el art. 310.
Cuarto. Si se ofrecieren obras nuevas de utilidad común de la provincia, o la reparación de las antiguas, proponer al Gobierno los arbitrios que crean más convenientes para su ejecución, a fin de obtener el correspondiente permiso de las Cortes. En Ultramar, si la urgencia de las obras públicas no permitiese esperar la resolución de las Cortes, podrá la Diputación, con expreso asenso del Jefe de la provincia, usar, desde luego, de los arbitrios, dando inmediatamente cuenta al Gobierno para la aprobación de las Cortes. Para la recaudación de los arbitrios, la Diputación, bajo su responsabilidad, nombrará depositario, y las cuentas de la inversión, examinadas por la Diputación, se remitirán al Gobierno para que las haga reconocer y glosar y, finalmente, las pase a las Cortes para su aprobación.
Quinto. Promover la educación de la juventud conforme a los planos aprobados, y fomentar la agricultura la industria y el comercio,

protegiendo a los inventores de nuevos descubrimientos en cualquiera de estos ramos.

Sexto. Dar parte al Gobierno de los abusos que noten en la administración de las rentas públicas.

Séptimo. Formar el censo y la estadística de las provincias.

Octavo. Cuidar de que los establecimientos piadosos y de beneficencia llenen su respectivo objeto, proponiendo al Gobierno las reglas que estimen conducentes para la reforma de los abusos que observaren.

Noveno. Dar parte a las Cortes de las infracciones de la Constitución que se noten en la provincia.

Décimo. Las Diputaciones de las provincias de Ultramar velarán sobre la economía, orden y progresos de las misiones para la conversión de los indios infieles, cuyos encargados les darán razón de sus operaciones en este ramo, para que se eviten abusos; todo lo que las Diputaciones pondrán en noticia del Gobierno.

Art. 336. Si alguna Diputación abusare de sus facultades, podrá el Rey suspender a los vocales que la componen, dando parte a las Cortes de esta disposición y de los motivos de ella para la determinación que corresponda; durante la suspensión entrarán en funciones los suplentes.

Art. 337. Todos los individuos de los Ayuntamientos y de las Diputaciones de provincia, al entrar en el ejercicio de sus funciones, prestarán juramento, aquéllos en manos del jefe político, donde le hubiere, o en su defecto del alcalde que fuere primer nombrado, y éstos en las del jefe superior de la provincia, de guardar la Constitución política de la Monarquía española, observar las leyes, ser fieles al Rey y cumplir religiosamente las obligaciones de su cargo.

TÍTULO VII: DE LAS CONTRIBUCIONES

CAPÍTULO Único

Art. 338. Las Cortes establecerán o confirmarán anualmente las contribuciones, sean directas o indirectas, generales, provinciales o municipales, subsistiendo las antiguas, hasta que se publique su derogación o la imposición de otras.

Art. 339. Las contribuciones se repartirán entre todos los españoles con proporción a sus facultades, sin excepción ni privilegio alguno.

Art. 340. Las contribuciones serán proporcionadas a los gastos que se decreten por las Cortes para el servicio público en todos los ramos.

Art. 341. Para que las Cortes puedan fijar los gastos en todos los ramos del servicio público y las contribuciones que deban cubrirlos, el Secretario del Despacho de Hacienda las presentará, luego que estén reunidas, el presupuesto general de los que se estimen precisos, recogiendo de cada uno de los demás Secretarios del Despacho el respectivo a su ramo.

Art. 342. El mismo Secretario del Despacho de Hacienda presentará con el presupuesto de gastos el plan de contribuciones que deban imponerse para llenarlos.

Art. 343. Si al Rey pareciere gravosa o perjudicial alguna contribución, lo manifestará a las Cortes por el Secretario del Despacho de Hacienda, presentando al mismo tiempo la que crea más conveniente sustituir.

Art. 344. Fijada la cuota de la contribución directa, las Cortes aprobarán el repartimiento de ella entre las provincias, a cada una de las cuales se asignará el cupo correspondiente a su riqueza, para lo que el Secretario del Despacho de Hacienda presentará también los presupuestos necesarios.

Art. 345. Habrá una Tesorería general para toda la Nación, a la que tocará disponer de todos los productos de cualquiera renta destinada al servicio del Estado.

Art. 346. Habrá en cada provincia una tesorería, en la que entrarán todos los caudales que en ella se recauden para el Erario público. Estas tesorerías estarán en correspondencia con la general, a cuya disposición tendrán todos sus fondos.

Art. 347. Ningún pago se admitirá en cuenta al Tesorero general, si no se hiciere en virtud de decreto del Rey, refrendado por el Secretario del Despacho de Hacienda, en el que se expresen el gasto a que se destina su importe y el decreto de las Cortes con que éste se autoriza.

Art. 348. Para que la Tesorería general lleve su cuenta con la pureza que corresponde, el cargo y la data deberán ser intervenidos respectivamente por las Contadurías de valores y de distribución de la renta pública.

Art. 349. Una instrucción particular arreglará estas oficinas de manera que sirvan para los fines de su instituto.

Art. 350. Para el examen de todas las cuentas de caudales públicos habrá una Contaduría mayor de cuentas, que se organizará por una ley especial.

Art. 351. La cuenta de la Tesorería general, que comprenderá el rendimiento anual de todas las contribuciones y rentas, y su inversión, luego que reciba la aprobación final de las Cortes, se imprimirá, publicará y circulará a las Diputaciones de provincia y a los Ayuntamientos.

Art. 352. Del mismo modo se imprimirán, publicarán y circularán las cuentas que rindan los Secretarios del Despacho de los gastos hechos en sus respectivos ramos.

Art. 353. El manejo de la Hacienda pública estará siempre independiente de toda otra autoridad que aquella a la que está encomendado.

Art. 354. No habrá aduanas sino en los puertos de mar y en las fronteras; bien que esta disposición no tendrá efecto hasta que las Cortes lo determinen.

Art. 355. La deuda pública reconocida será una de las primeras atenciones de las Cortes, y éstas pondrán el mayor cuidado en que se vaya verificando su progresiva extinción, y siempre el pago de los réditos en la parte que los devengue, arreglando todo lo concerniente a la dirección de este importante ramo, tanto respecto a los arbitrios que se establecieren, los cuales se manejarán con absoluta separación de la Tesorería general, como respecto a las oficinas de cuenta y razón.

TÍTULO VIII: DE LA FUERZA MILITAR NACIONAL

CAPÍTULO PRIMERO: De las tropas de continuo servicio

Art. 356. Habrá una fuerza militar nacional permanente, de tierra y de mar, para la defensa exterior del Estado y la conservación del orden interior.

Art. 357. Las Cortes fijarán anualmente el número de tropas que fueren necesarias, según las circunstancias, y el modo de levantar la que fuere más conveniente.

Art. 358. Las Cortes fijarán asimismo anualmente el número de buques de la marina militar que han de armarse o conservarse armados.

Art. 359. Establecerán las Cortes por medio de las respectivas ordenanzas todo lo relativo a la disciplina, orden de ascensos, sueldos, administración y cuanto corresponda a la buena constitución del ejército y armada.

Art. 360. Se establecerán escuelas militares para la enseñanza e instrucción de todas las diferentes armas del ejército y armada. Art. 361. Ningún español podrá excusarse del servicio militar, cuando y en la forma que fuere llamado por la ley.

CAPÍTULO II: *De las milicias nacionales*

Art. 362. Habrá en cada provincia cuerpos de milicias nacionales, compuestos de habitantes de cada una de ellas, con proporción a su población y circunstancias.

Art. 363. Se arreglará por una ordenanza particular el modo de su formación, su número y especial constitución en todos sus ramos.

Art. 364. El servicio de estas milicias no será continuo, y sólo tendrá lugar cuando las circunstancias lo requieran.

Art. 365. En caso necesario podrá el Rey disponer de esta fuerza dentro de la respectiva provincia; pero no podrá emplearla fuera de ella sin otorgamiento de las Cortes.

TÍTULO IX: DE LA INSTRUCCIÓN PÚBLICA

CAPÍTULO *Único*

Art. 366. En todos los pueblos de la Monarquía se establecerán escuelas de primeras letras, en las que se enseñará a los niños a leer, escribir y contar, y el catecismo de la religión católica, que comprenderá también una breve exposición de las obligaciones civiles.

Art. 367. Asimismo se arreglará y creará el número competente de Universidades y de otros establecimientos de instrucción que se juzguen convenientes para la enseñanza de todas las ciencias, literatura y bellas artes.

Art. 368. El plan general de enseñanza será uniforme en todo el Reino, debiendo explicarse la Constitución política de la Monarquía en todas las Universidades y establecimientos literarios donde se enseñen las ciencias eclesiásticas y políticas.

Art. 369. Habrá una Dirección general de estudios, compuesta de personas de conocida instrucción, a cuyo cargo estará, bajo la autoridad del Gobierno, la inspección de la enseñanza pública. Art.

370. Las Cortes, por medio de planes y estatutos especiales, arreglarán cuanto pertenezca al importante objeto de la instrucción pública.

Art. 371. Todos los españoles tienen libertad de escribir, imprimir y publicar sus ideas políticas sin necesidad de licencia, revisión o aprobación alguna anterior a la publicación, bajo las restricciones y responsabilidad que establezcan las leyes.

TÍTULO X: DE LA OBSERVANCIA DE LA CONSTITUCIÓN, Y MODO DE PROCEDER PARA HACER VARIACIONES EN ELLA

CAPÍTULO Único

Art. 372. Las Cortes, en sus primeras sesiones, tomarán en consideración las infracciones de la Constitución que se les hubieren hecho presentes, para poner el conveniente remedio y hacer efectiva la responsabilidad de los que hubieran contravenido a ella.

Art. 373. Todo español tiene derecho a representar a las Cortes o al Rey para reclamar la observancia de la Constitución.

Art. 374. Toda persona que ejerza cargo público, civil, militar o eclesiástico, prestará juramento, al tomar posesión de su destino, de guardar la Constitución, ser fiel al Rey y desempeñar debidamente su encargo.

Art. 375. Hasta pasados ocho años después de hallarse puesta en práctica la Constitución en todas sus partes, no se podrá proponer alteración, adición ni reforma en ninguno de sus artículos.

Art. 376. Para hacer cualquier alteración, adición o reforma en la Constitución será necesario que la diputación que haya de decretarla definitivamente venga autorizada con poderes especiales para este objeto.

Art. 377. Cualquiera proposición de reforma en algún artículo de la Constitución deberá hacerse por escrito, y ser apoyada y firmada, a lo menos, por veinte Diputados.

Art. 378. La proposición de reforma se leerá por tres veces, con el intervalo de seis días de una a otra lectura, y después de la tercera se deliberará si ha lugar a admitirla a discusión.

Art. 379. Admitida a discusión, se procederá en ella bajo las mismas formalidades y trámites que se prescriben para la formación de las leyes, después de los cuales se propondrá a la votación si ha lugar a tratarse de nuevo en la siguiente diputación general, y para que así quede declarado, deberán convenir las dos terceras partes de los votos.

Art. 380. La diputación general siguiente, previas las mismas formalidades en todas sus partes, podrá declarar en cualquiera de los dos años de sus sesiones, conviniendo en ello las dos terceras partes de votos, que ha lugar al otorgamiento de poderes especiales para hacer la reforma.

Art. 381. Hecha esta declaración, se publicará y comunicará a todas las provincias, y según el tiempo en que se hubiere hecho, determinarán las Cortes si ha de ser la diputación próximamente inmediata o la siguiente a ésta la que ha de traer los poderes especiales.

Art. 382. Estos serán otorgados por las juntas electorales de provincia, añadiendo a los poderes ordinarios la cláusula siguiente:
"Asimismo les otorgan poder especial para hacer en la Constitución la reforma de que trata el decreto de las Cortes, cuyo tenor es el siguiente: (Aquí el decreto literal.) Todo con arreglo a lo prevenido por la misma Constitución. Y se obligan a reconocer y tener por constitucional lo que en su virtud establecieren."

Art. 383. La reforma propuesta se discutirá de nuevo, y si fuere aprobada por las dos terceras partes de Diputados, pasará a ser ley constitucional, y como tal se publicará en las Cortes.

Art. 384. Una diputación presentará el decreto de reforma al Rey para que la haga publicar y circular a todas las autoridades y pueblos de la Monarquía.

Cádiz, 18 de Marzo de 1812.--Vicente Pascual, Diputado por la ciudad de Teruel, presidente.--(Siguen las firmas de los Sres. Diputados)--José María Gutiérrez de Terán, Diputado por Nueva España, secretario.—José Antonio Navarrete, Diputado por el Perú, secretario.—José de Zorraquin, Diputado por Madrid, secretario.— Joaquín Díaz Caneja, Diputado por León, secretario."

Por tanto, mandamos a todos los españoles nuestros súbditos, de cualquiera clase y condición que sean, que hayan y guarden la Constitución inserta, como ley fundamental de la Monarquía, y mandamos asimismo a todos los Tribunales, Justicias, Jefes, Gobernadores y demás Autoridades, así civiles como militares y eclesiásticos, de cualquiera clase y dignidad, que guarden y hagan guardar, cumplir y ejecutar la misma Constitución en todas sus partes. Tendréislo entendido y dispondréis lo necesario a su cumplimiento, haciéndolo imprimir, publicar y circular.—Joaquín de Mosquera y Figueroa, presidente.—Juan Villavicencio.—Ignacio Rodríguez de Rivas.—El Conde del Abisbal. En Cádiz a 19 de Marzo de 1812.— A. D. Ignacio de la Pezuela.

Estatuto Real, 1834

EXPOSICIÓN DEL CONSEJO DE MINISTROS A S. M. LA REINA GOBERNADORA

SEÑORA: Los infrascriptos Secretarios de Estado y del Despacho tenemos la honra de llamar en este día la atención de V. M. hacia el punto más importante para la firmeza y esplendor del Trono, y para la suerte futura de la Nación. A V. M. está reservada la gloria de restaurar nuestras antiguas leyes fundamentales, cuyo desuso ha causado tantos males por el espacio de tres siglos, y cuyo restablecimiento por la augusta mano de V. M. será el más próspero presagio para el reinado de su excelsa Hija.

No sin razón establecieron nuestros mayores, con arreglo a los códigos más antiguos, y siguiendo una costumbre inveterada que se pierde en la cuna de la Monarquía, que al advenimiento al Trono de un Monarca, jurase éste ante las Cortes del Reino las leyes fundamentales del Estado, al propio tiempo que recibía de sus súbditos el debido homenaje de fidelidad y obediencia: acto augusto, solemne, que sellaba, por decirlo así, la alianza del Trono con los pueblos; invocando como testigo y juez y vengador al que tiene en su mano el destino de los Reyes y de las Naciones.

Con no menos previsión y sabiduría se tuvo como fuero y costumbre de España que, cuando el nuevo Príncipe fuese menor, se celebrase igualmente aquel solemne acto; para que los guardadores del Rey niño jurasen, no sólo velar con lealtad y celo en custodia de tan sagrado depósito, sino observar fielmente las leyes, no enajenando ni departiendo el Señorío, y antes bien mirando en todas cosas por el pro comunal de los Reinos.

Aún prescindiendo de la justicia y conveniencia de cumplir al principio de un nuevo reinado con obligación tan expresa, es una máxima fundamental de la legislación española, sancionada por una serie de gloriosos Príncipes, y atestiguada inviolablemente por el trascurso de los siglos, que "Sobre los tales fechos grandes y arduos se hayan de ayuntar Cortes, y se faga con consejo de los tres Estados de nuestros Reinos, según que lo ficieron los Reyes nuestros progenitores", como decía en una ley famosa el Señor Don Juan II: siendo cosa asentada, de que se hallan en nuestras crónicas y anales muchos y muy señalados testimonios, que este concurso legal de voluntades y de esfuerzos, lejos de enflaquecer a la Potestad Soberana, le sirvieron de firmísimo apoyo en circunstancias graves.

Fue también principio inconcuso del derecho público de España que no pudiesen imponerse contribuciones, pechos ni tributos, sin previo consentimiento de las Cortes del Reino: institución admirable, que preserva a los pueblos de abusos y demasías; al paso que facilita a la Corona más recursos y medios para manifestar a las demás naciones su fuerza y poderío, y para atender sin estrechez ni angustia a las necesidades del Estado.

Verdad es que ambas leyes (cuya observancia hubiera preservado al Trono de azares que lloramos, y a la Nación de tantas pérdidas y desventuras) se vieron suprimidas subrepticiamente en la última Recopilación de nuestras leyes; pero tan poderoso es el influjo de la costumbre, y tan arraigada estaba en el ánimo de los españoles la antigua creencia de que se requería en varios casos el concurso de las Cortes del Reino, que quedó como fórmula para dar fuerza y vigor a las leyes, cuando se promulgaban sin aquel requisito, al expresar que fuesen válidas, como si hubiesen sido publicadas en Cortes.

De cuyo origen procede igualmente el haberse conservado, como un mero recuerdo de la institución abolida, la Diputación de los Reinos, compuesta de un corto número de Regidores enviados por las ciudades y villas de voto en Cortes, para vigilar el cumplimiento de las condiciones y pactos estipulados con la Corona al tiempo de la concesión de millones.

Si en todas épocas y circunstancias se reputaron las Cortes del Reino como una institución esencial para el buen régimen de la Monarquía, más vivamente se echó de ver la necesidad de convocarlas durante la minoría de los Príncipes, en que la potestad Real, aun cuando no se vea desconocida ni disputada, adquiere más robustez y fuerzas rodeándose de los Procuradores de la Nación.

Y si así lo ha acreditado la experiencia aun en aquellos tiempos bonancibles en que no amagaban ni el más leve peligro al bajel del Estado, ¿qué diremos, Señora, en la ocasión presente, en que un Príncipe de la estirpe Real (dolor causa decirlo) intenta arrebatar el cetro a la Hija de su propio Hermano, y promueve la guerra civil, como preludio de la usurpación? Mas por lo mismo que las Cortes del Reino, convocadas de intento por el augusto Esposo de V. M., reconocieron y juraron como heredera de su Trono, a falta de hijo varón, a su augusta Primogénita; por lo mismo que, apenas ocurrido el fallecimiento del Señor Don Fernando VII (Q.E.E.G.) aclamó la nación como Reina legítima de España a la que deriva su derecho de las antiguas leyes, de las costumbres patrias, del previo juramento de los pueblos, y de la explícita voluntad del Monarca; por lo mismo que en medio de la aciaga lucha que han promovido la ingratitud y la perfidia, y que alimentan la miseria y la ignorancia, se ostentan casi todas las provincias del Reino cada día más fieles y sumisas al cetro suave de la Reina nuestra Señora; es no menos justo que político y conveniente quitar hasta el último asomo de esperanza a la facción aleve, que proclama la usurpación para satisfacer sus siniestras pasiones.

Ante las Cortes generales del Reino, con el libro de la ley en la mano, de la manera más solemne de que se halle ejemplo en los fastos de la Monarquía, se expondrá a la faz de la Nación y del mundo la conducta del mal aconsejado Príncipe, que promoviendo la discordia civil y aspirando a usurpar el Trono, provoca más y más cada día las medidas severas que puede emplear legítimamente la Nación para su resguardo y defensa.

La reunión de las Cortes del Reino es el único medio legal, reconocido, sancionado por la costumbre inmemorial en semejantes casos, para acallar pretensiones injustas, quitar armas a los partidos, y pronunciar un fallo irrevocable que sirva de prenda y de fianza a la paz futura del Estado.

Tantas y tan poderosas razones, que fuera inútil desenvolver ante la penetración y sabiduría de V. M., han grabado en nuestro ánimo el íntimo convencimiento de que el medio más eficaz para afirmar en cimientos indestructibles el Trono de la Reina nuestra Señora, a cuya sombra crecen tantas y tan halagüeñas esperanzas, es que se digne V. M. restituir su fuerza y vigor a las leyes fundamentales de la Monarquía, empezando por convocar las Cortes generales del Reino.

Mas ¿de qué manera deberán convocarse? Compuesto este vasto imperio de la agregación sucesiva de tantos y tan distintos Estados, ¿cuál es la forma que habrá de preferirse para que sirva de modelo? ¿Se convocarán las Cortes como en el antiguo Reino de Aragón, como en la provincia de Valencia o como en el Principado de Cataluña? ¿Se elegirán por tipo las de Navarra o se antepondrán las de Castilla? Y aun circunscribiéndonos a este último Reino, ¿qué modo de congregar las Cortes se ha de restablecer ahora, en medio de la indecible variedad que se echa de ver en este punto, según los tiempos, la ocasión y las circunstancias? Inútil empeño sería obstinarse en buscar una pauta constante y segura del modo con que se reunían las Cortes de Castilla, cuando esta materia ha prestado vastísimo campo a las interminables disputas de sabios y eruditos. Ni produciría gran ventaja, aun cuando asequible fuera, el determinar a punto fijo la manera y forma con que se congregaban las antiguas Cortes; porque no debe ser el blanco principal de un Gobierno desenterrar las antiguas instituciones, tales como pudieron convenir a nuestros mayores allá en siglos remotos y en circunstancias diferentes; sino aplicar con discernimiento y cordura los principios fundamentales de la antigua legislación al estado actual de la sociedad, cuyo bienestar es el fin y objeto de todas las instituciones humanas.

Así pues, hemos estimado más oportuno y conveniente, en vez de perdernos sin fruto en un laberinto de conjeturas y probabilidades, caminar en terreno tan espinoso por una senda llana y segura.

Dos puntos capitales nos han servido de guía para dirigir nuestros pasos: que era menester buscar, por entre las varias formas que han tenido nuestras antiguas Cortes, cuál era, por decirlo así, el alma de aquella institución, prescindiendo de accidentes y circunstancias particulares; y de este examen deducimos como consecuencia evidente: que el principio fundamental de nuestras antiguas Cortes había sido el dar influjo en los asuntos graves del Estado a las clases y personas que tenían depositados grandes intereses en el patrimonio común de la sociedad.

Prueba de ello es que, durante los primeros siglos de la Monarquía, no vemos asistir a las Juntas generales del Reino (cualquiera que fuese su denominación y naturaleza), sino a los Prelados y a los Nobles; porque en aquellos tiempos era tal la organización del Estado, que sólo estas dos clases tenían grandes propiedades, derechos, poderío, todo lo que da influjo y necesita protección; y por motivos semejantes se observó lo mismo, con cortísima diferencia, en los demás Estados de Europa.

Mas así que por un concurso afortunado de diferentes causas, empezó a desarrollarse la civilización y cultura, mejorándose insensiblemente la condición del pueblo, fueron creciendo en importancia las clases medias de la sociedad; y después de adquirir libertades y franquicias municipales, aspiraron a su vez a tener también voto en las asambleas generales de la Nación.

Lográronlo en efecto; y antes tal vez en España que en otras monarquías de Europa; y favoreciendo la Potestad Real esta tendencia de los pueblos, que le facilitaba recursos y contrabalanceaba la prepotencia de las clases privilegiadas, se formó en el seno de la Nación un nuevo elemento político, que tuvo, como era natural, sus legítimos Representantes en las Cortes de la Monarquía.

De esta manera, concurriendo al fin común todos los intereses de la sociedad, reunidos bajo el escudo tutelar del Trono, ostentó su vigor y lustre aquella institución saludable: institución que dio al Estado tantos días de prosperidad y de gloria, mientras se mantuvo íntegra en su plena fuerza y robustez; pero que apenas se vio reducida y mutilada, no fue ya suficiente para producir los antiguos bienes, ni para atajar la avenida de males.

Esta gravísima consideración nos ha encaminado naturalmente, a un punto de descanso, en el cual nos ha parecido que debíamos fijarnos, para proceder con acierto. En tiempo del Señor Rey Don Carlos I, se vieron excluidos de las Cortes dos brazos del Estado, el Clero y la Nobleza; pero esta innovación peligrosa, que parecía propia para acrecer el influjo del estamento popular, dejándole apoderado exclusivamente del derecho de votar en las Cortes, produjo un efecto contrario; y desde aquella época en que cesó el justo equilibrio y nivel, necesarios para el buen régimen de la Monarquía, fue bastardeando hasta tal punto la antigua institución de las Cortes, que apenas eran ya en nuestros días una sombra de lo que fueron.

Mas ni el estado progresivo de la Nación, ni el espíritu del siglo en que vivimos, ni las circunstancias en que nos hallamos, consienten que se fie la suerte del Estado a un mero simulacro de Cortes, que habiendo conservado el nombre primitivo, pero distantes de representar los intereses actuales de la sociedad, ni pudieran ofrecer al Trono eficaz cooperación y recursos, ni satisfacer el anhelo de los pueblos con beneficios o esperanzas.

Privados de asistir a las Cortes, no menos que por espacio de tres siglos, dos brazos principales del Estado, reducido el derecho de concurrir a ellas a un corto número de ciudades y villas y vinculado exclusivamente en los cuerpos municipales, cuya índole y naturaleza ha cambiado con el trascurso de los tiempos, no hay ficción legal que sea suficiente a que se reputen unas Cortes tan diminutas y mezquinas como la representación fiel y cumplida de los grandes intereses de la sociedad.

A V. M. es a quien toca (¿ni que empresa más digna del ánimo generoso con que la dotó el cielo?) restablecer en su plenitud y grandeza una institución tan venerable; tomando en lo posible como base y cimiento, para levantar el nuevo edificio, las antiguas Cortes de la Monarquía.

Lejos de aventurar de esta suerte innovaciones arriesgadas, se vuelve a entrar en el camino de la ley, de que nunca se debió salir; se restituyen derechos que no pudieron abolirse, ni enajenarse, ni perderse por la prescripción o el olvido; y asegurando un conducto legítimo a todos los intereses sociales, se acalla con la voz de la Nación el murmullo de los partidos.

Divididas las Cortes en dos brazos o estamentos (sin faltar por eso a su antigua índole, y antes bien amoldándolas a la forma que la experiencia ha recomendado como más conveniente), puede lograrse sin azares ni riesgos el fin importantísimo de aquella institución admirable.

El estamento de Próceres del Reino (como guarda permanente de las leyes fundamentales, interpuesto entre el Trono y los pueblos), comprenderá en su seno a los que se aventajen y descuellen por su elevada dignidad o por su ilustre cuna, por sus servicios y merecimientos, por su saber o sus virtudes: los venerables Pastores de la Iglesia, los Grandes de España, cuyos nombres despiertan el recuerdo de las antiguas glorias de la Nación, los caudillos que en nuestros días han acrecentado el lustre de las armas españolas, los que en el noble desempeño de la magistratura, en la enseñanza de las ciencias, o en otras carreras no menos honrosas, hayan prestado a su patria eminentes servicios, granjeando para sí merecida estima y renombre, hallarán abiertas las puertas de ese ilustre estamento; el cual debe ser esencialmente conservador por la naturaleza de los elementos que le constituyen.

A cuyo fin contribuirá también el que todos los Grandes de España, que reúnan las cualidades requeridas, sean miembros natos del estamento de Próceres del Reino; trasmitiéndose esta dignidad de una en otra generación, como un derecho hereditario. Esta preeminencia, tan conforme al espíritu de la Monarquía, tan tutelar y conservadora, es al mismo tiempo favorable a la verdadera libertad; pues asegurando a una clase, no menos poderosa por sus timbres que por su riqueza, la noble independencia que ha menester en el ejercicio de su elevado ministerio, la acostumbrará a mirar el depósito de las leyes fundamentales como se mira un patrimonio, vinculado en la propia familia.

Todos los Próceres del Reino, excepto los Grandes de España, deberán ser, en nuestro dictamen, de nombramiento Real; pero con ciertos requisitos, que afiancen en lo posible el acierto en los nombramientos, para que no se adultere una institución tan importante, y declarando vitalicia aquella dignidad, a fin de ponerla más a cubierto del temor y de la esperanza.

El número total de Próceres debe quedar también al arbitrio de la autoridad Real, porque no siendo amovibles, ni su mandato revocable, la salud del Estado reclama que la Potestad Regia, como árbitra y moderadora, pueda, por medio de nuevos nombramientos, ejercer un saludable influjo en una corporación tan independiente y poderosa, bien sea para prevenir o templar por aquel medio una colisión demasiado violenta, bien para restablecer el equilibrio entre los varios poderes del Estado.

El estamento de Próceres es tan conveniente y necesario que bajo una u otra forma se halla establecida una institución semejante en todos los Estados representativos; y no sólo en las monarquías templadas, sino en las repúblicas más libres, así antiguas como modernas. Prueba irrecusable, evidente, de que es preciso poner una barrera al empuje y violencia de los elementos populares, para guarecer a la libertad contra el despotismo y la anarquía.

La mera indicación de las bases para la formación del estamento de Próceres del Reino, manifiesta suficientemente así el objeto que nos hemos propuesto como las razones en que nos hemos apoyado; sin que sea conveniente ni oportuno fatigar la augusta atención de V. M. con el prolijo examen de materias controvertibles, que han embargado durante muchos días la solícita atención de vuestros Secretarios del Despacho. Baste decir, Señora, que tenemos el rotundo convencimiento de que si V. M. se digna aprobar la planta que le presentamos para el estamento de Próceres del Reino, no sólo habrá conseguido subsanar una especie de despojo con una reparación solemne, sino que dará nuevo apoyo al Trono de su excelsa Hija y a los legítimos derechos de la Nación.

Diferente en su origen y distinto en su organización y en su objeto, el estamento de Procuradores del Reino está destinado principalmente a representar los intereses materiales de la sociedad y a vigilar en su custodia: de donde se derivan, como de un principio fecundo, muchas consecuencias importantes.

Este estamento es por su misma esencia electivo.

Los individuos que le compongan deben ser elegidos por la Nación, para que de esta suerte sean sus legítimos Procuradores.

Su mandato debe durar el plazo que prefije la ley.

Este plazo no debe ser ni tan sumamente prolongado, que sea fácil olvidar el origen de donde provino el mandato, ni tan breve que agite las pasiones políticas con muy frecuentes elecciones.

No se debe poner limitación ni coto a la facultad de reelegir a los mismos Procuradores; ya porque no es justo restringir sin motivo la libre voluntad de los pueblos; ya porque la experiencia ha acreditado, en diversos tiempos y naciones, que es poco prudente privarse de sujetos de acreditada suficiencia, exponiendo, además, el Estado a una crisis grave y peligrosa, cada vez que se renueve el estamento popular.

¿Mas cómo se verificarán las elecciones? ¿Quiénes deberán tener derecho de ser electores? ¿Y quiénes aptitud legal para ser elegidos? Cuestiones son éstas, Señora, de tanta gravedad y trascendencia, como que de su resolución dependen los efectos provechosos o nocivos de esta institución. Así no es maravilla que vuestros Secretarios del Despacho hayan meditado la materia con mucho pulso y detenimiento, para asentar con probabilidad del acierto las bases convenientes.

Acordaron ante todas cosas proceder de un principio justo en su origen, general en su aplicación, conforme en su desarrollo con la índole de la institución misma: y no siendo compatible con las máximas de la razón ni de la política limitar (como hasta ahora se hizo) a un corto número de pueblos el privilegio de enviar Procuradores a Cortes, estimaron que la base más equitativa era distribuir el número total de Procuradores del Reino entre las varias provincias, con arreglo a su población.

Juzgaron también que siendo tan importante el encargo que se va a fiar a los Procuradores del Reino, sin estar atenidos a ninguna responsabilidad legal ni poder ser reconvenidos en ningún caso por sus opiniones y votos, era conveniente, o por mejor decir, necesario, que la sociedad tomara de antemano cuantas precauciones dictase la prudencia, a fin de no aventurar su propia suerte.

Mas estas prendas y fianzas deben empezar a exigirse de los mismos electores; porque de esta manera se da ya un paso muy adelantado para poder confiar en las buenas calidades de los elegidos.

Aun en las repúblicas antiguas, cuyas sabias instituciones nos ha transmitido la historia, los que ningunos bienes poseían no ejercían derechos políticos; ni puede nación ninguna confiarlos, so pena de pagar tarde o temprano su temeridad e imprudencia, a quien no tenga vínculos que le enlacen con la misma nación.

De ahí es que en todos los países se ha considerado a la propiedad, bajo una u otra forma, como la mejor prenda de buen orden y de sosiego; así como, por el extremo opuesto, cuantos han intentado promover revueltas y partidos, soltando el freno a las pasiones populares, han empleado como instrumento a las turbas de proletarios.

En conformidad con estos principios, hubiéramos deseado que cuantos poseyesen la renta anual correspondiente, ejercieran el derecho de ser electores; pero después de largas controversias, y de tantear en vano diferentes medios que se han practicado en varios tiempos y naciones, nos convencimos plenamente de que rayaba en lo imposible realizar lo que nos habíamos propuesto.

La falta de datos estadísticos y el sistema de contribuciones tan complicado, tan confuso, tan desigual en las diversas provincias, han opuesto un obstáculo insuperable a nuestros deseos, y nos hemos visto precisados a renunciar, a lo menos por esta vez, a la aplicación general y completa del principio que habíamos adoptado.

Por fortuna, el sistema de elecciones es de suyo variable y sujeto a enmiendas y mejoras; y así nos ha parecido preferible comprenderlo en una ley aparte: ya para no darle cierto carácter de perpetuidad, entrelazándolo con disposiciones fundamentales, ya para anunciar, desde luego que irá perfeccionándose insensiblemente con el arreglo de la administración pública y con los consejos de la experiencia.

Lo que parecía necesario, urgente, pues. que el bien del Estado reclamaba la pronta reunión de las Cortes, era establecer un plan de elecciones, igual, justo, sencillo, de fácil aplicación, y que admitiendo como base el ofrecer a la sociedad las convenientes garantías, dejase sancionado para siempre este importantísimo principio.

Estas miras nos han guiado al determinar la ley de elecciones, que someteremos en breve a la augusta aprobación de V. M.: por ella se establece que en cada pueblo cabeza de partido se forme una Junta electoral, compuesta de todos los individuos del Ayuntamiento, inclusos los Síndicos y Diputados, y agregándoseles un número igual de los mayores contribuyentes: método que recientemente se ha ensayado con buen éxito para la renovación de concejales.

Cada una de estas Juntas nombrará dos electores, para que concurran a la capital de la respectiva provincia, pudiendo nombrarlos, no sólo entre los mismos individuos del Ayuntamiento y entre los mayores contribuyentes que hayan concurrido a la elección; sino entre todos los que tengan las condiciones que requiera la ley.

Reunidos en la Capital de Provincia los electores enviados por los diferentes partidos, procederán a nombrar los Procuradores a Cortes, verificándolo por el método y forma que se prefije con el fin de asegurar el buen orden y la libertad de los sufragios.

Este plan de elecciones, si bien no tan perfecto como pudiera desearse en teoría, tiene, a nuestro entender, la inestimable ventaja de ser muy sencillo en la práctica: establece desde luego dos grados de elección, cuyo sistema nos ha parecido preferible a la elección directa, casi impracticable en España, o a multiplicar hasta tal punto los grados de elección, que se desvirtuase la esencia de la institución misma. Se concilia, además, por el medio que hemos preferido, el dejar notable influjo a los Ayuntamientos en la elección de Procuradores a Cortes; al paso que se extiende este derecho a un gran número de ciudades y villas (como lo reclamaban a la par la justicia y la conveniencia), hermanándolo, naturalmente, con el elemento conservador de la propiedad.

Mas como no es posible que subsista ningún Estado, si se saca de su propio lugar cada una de las ruedas que componen la máquina política; de ahí es que proponemos como base esencial que las Juntas electorales, ora sean de partido, ora de provincia, se atengan meramente al objeto de su convocación; declarándose nulo de derecho cuanto hicieren y determinaren fuera de su propio instituto.

Ejerzan libremente los pueblos el derecho importantísimo de nombrar sus apoderados; pero en el momento que lo verifiquen, no recuerden sino que son súbditos; sin lo cual ni sus mismos Procuradores pudieran desempeñar su mandato, ni ejercer su imperio las leyes, ni subsistir ninguna forma de Gobierno, cuanto menos una Monarquía.

Si tanto en la calidad de los electores como en la forma de la elección, se han tomado las oportunas precauciones, a fin de que ofrezcan a la sociedad fundada confianza, ya se deja entender que se habrá procedido aún con más detenimiento y mesura al fijar las calidades necesarias para ser Procurador del Reino. Que tal vez de este, punto, más que de ningún otro, pende que vuelva a echar raíces en nuestro suelo la antigua institución de las Cortes; o que por el contrario se marchite tan pronto, que ni aun sea menester emplear la fuerza para arrancarla.

Las mismas condiciones que se han exigido para ser elector se requieren para ser elegidos; pero en una escala más extensa; como que es tan diferente la importancia de uno y otro encargo. Ni ha debido perderse de vista que la condición y calidades de los Procuradores del Reino, que concurrieren a las Cortes, reflejarán su crédito sobre la misma institución; yéndose formando de esta suerte las costumbres públicas, sin las cuales poco o nada aprovechan las leyes.

Con la misma intención proponemos, como principio fundamental, que ninguno pueda ser Procurador a Cortes sin justificar que disfruta la renta prefijada: no estando tampoco en nuestro arbitrio prescindir de que para desatender durante cierto tiempo los negocios domésticos, y ocuparse en los asuntos del Estado, sin recibir por ello ni sueldo ni retribución, es requisito indispensable poseer algunos bienes, y vivir cuando menos en una decente medianía.

Constituido uno y otro estamento, sólo falta coordinarlos de tal manera que concurran al mismo fin, bajo el amparo de la Potestad Real; la cual se presenta como suprema moderadora, para impedir contrastes violentos entre los brazos del Cuerpo Legislativo y mantener en su fiel la balanza.

Al Rey toca exclusivamente juzgar de la época en que hayan de reunirse las Cortes, según las circunstancias en que se encuentre la Nación, sus legítimos deseos y necesidades.

Le corresponde igualmente suspender las Cortes, aplazando su nueva reunión para cuando lo estimare oportuno.

Podrá por último, como remedio necesario para impedir mayores males, disolver las Cortes del Reino; sin cuyo derecho y prerrogativa habría de acontecer, en un término más o menos lejano, o que la Potestad Real corriese gravísimo riesgo, por no ser parte a contener el ímpetu del estamento popular, o que no teniendo en su mano ningún medio legítimo de defensa, no se creyese segura sino recurriendo a la fuerza y quedando vencedora en el campo.

La facultad de disolver el estamento electivo ofrece el único medio de prevenir violentas crisis, no menos nocivas al buen orden que a la libertad pública; con la notable circunstancia de que, habiéndose de verificar nuevas elecciones en el término que para tales casos hayan prefijado las leyes, lejos de menoscabarse por aquel medio los derechos de la nación, no se hace en realidad sino apelar a ella; encomendándole que (bien sea conformando el mandato a los mismos Procuradores, bien nombrando otros nuevos) manifieste por medio de sus votos cuál es su voluntad.

Mas aun cuando la Corona no estime necesario hacer uso de tal esencial prerrogativa, conviene que haya un plazo, cumplido el cual, expiren por sí mismos los poderes de los mandatarios de la Nación; lográndose de esta suerte someter su conducta a la prueba de las urnas electorales, y proporcionar al Gobierno un medio expedito y legal para consultar de tiempo en tiempo el barómetro de la opinión.

Estando prevenido por nuestras antiguas leyes que no se impongan contribuciones ni tributos sino con acuerdo de las Cortes, bastará que se establezca por base fundamental que no, se puedan imponer dichas cargas por más tiempo que por espacio de dos años; para alejar de esta suerte el recelo de que vuelva a yacer largo tiempo en desuso una institución tan saludable.

La Potestad Real, como que conoce más cumplidamente, por su elevada posición, las necesidades generales del Estado y los medios de satisfacerlas, propondrá las materias que hayan de ventilarse en las Cortes; pero éstas recobrarán el derecho, que por tantos siglos ejercieron, de elevar al Trono respetuosas peticiones, encaminadas al bien de los pueblos.

Para proceder con orden y concierto, sin lo cual se malogran las reformas que parecen más útiles, los Secretarios del Despacho pondrán de manifiesto a las Cortes, así que se hallen éstas congregadas, el estado en que se encuentren los varios ramos de administración pública; sometiendo a su examen y aprobación los presupuestos de gastos y de entradas, antes de decretarse la imposición de contribuciones.

Esta medida asegurará a un tiempo el arreglo en la Hacienda, la confianza en el Gobierno, la fuerza en el Estado: ella sola equivale a un sin número de reformas; porque encierra en su seno el germen benéfico de todas.

La esencia misma del Gobierno, aun prescindiendo de su dignidad, exige que no se vea nunca en el caso de ejecutar de mal grado lo que juzgue oportuno al bien público; por lo tanto ninguna resolución de las Cortes podrá tener efecto, sin que además de haber sido aprobada por ambos estamentos lleve después por sello la augusta sanción del Monarca.

Este concierto de voluntades, tras un debate público y solemne, es el que da a las leyes aquel carácter de imparcialidad y de justicia, que cautiva los ánimos y allana el camino de la obediencia, sin que sea fácil conseguirlo, cuando aparecen hijas de la inestable voluntad de un hombre o del impulso muchas veces arrebatado de una asamblea popular.

Buscar prendas y garantías para afianzar juntamente las prerrogativas del Trono y los fueros de la Nación; contrapesar con acierto los varios poderes del Estado, para mantener entre ellos el debido equilibrio; no considerar en fin los derechos políticos como derivados de principios abstractos y sujetos a vanas teorías, sino como medios prácticos de asegurar la posesión tranquila de los derechos civiles; tal es el grande objeto que nos hemos propuesto, al asentar las bases que tenemos la honra de someter a la augusta aprobación de V. M.

Quiera el cielo, Señora, que el éxito corresponda a nuestra intención y deseos: y que así como un tiempo, cuando para dicha de España ascendió al Trono Isabel de Castilla, puso fin a parcialidades y bandos, planteando saludables reformas y restituyendo su vigor a las leyes, así deba la Nación a V. M. iguales beneficios, que hagan inmortal el reinado de vuestra excelsa Hija.

Aranjuez, 4 de abril de 1834. Señora. A L. R. P. de V. M. Francisco Martínez de la Rosa. Nicolás María Garelly. Antonio Remón Zarco del Valle. José Vázquez Figueroa. José de Imaz. Javier de Burgos.

TÍTULO I: DE LA CONVOCACIÓN DE LAS CORTES GENERALES DEL REINO

Art. 1.   Con arreglo a lo que previene la ley 5ª, título XV, parte 2ª, y las leyes 1ª y 2ª, título VII, libro VI, de la Nueva Recopilación, S.M. la Reina Gobernadora, en nombre de su excelsa hija Doña Isabel II, ha resuelto convocar las Cortes generales del Reino.

Art. 2.   Las Cortes generales se compondrán de los Estamentos: el de Próceres del Reino y el de Procuradores del Reino.

TÍTULO II: DEL ESTAMENTO DE PRÓCERES DEL REINO

Art. 3.   El Estamento de Próceres del Reino se compondrá:

1º. De MM.RR. Arzobispos y reverendos Obispos.

2º. De grandes de España.

3º. De títulos de Castilla.

4º. De un número indeterminado de españoles, elevados en dignidad e ilustres por sus servicios en las varias carreras, y que sean o hayan sido Secretarios del Despacho, Procuradores del Reino, consejeros de Estado, Embajadores o ministros plenipotenciarios, generales de mar o de tierra, o Ministros de los Tribunales Supremos.

5º. De los propietarios territoriales o dueños de fábricas, manufacturas o establecimientos mercantiles que reúnan a su mérito personal y a sus circunstancias relevantes el poseer una renta anual de 60.000 reales y el haber sido anteriormente Procuradores del Reino.

6º. De los que en la enseñanza pública, o cultivando las ciencias o las letras, hayan adquirido gran renombre y celebridad, con tal que disfruten una renta anual de 60.000 reales, ya provenga de bienes propios, ya de sueldo cobrado del Erario.

Art. 4.   Bastará ser Arzobispo u Obispo electo auxiliar para poder ser elegido en clase de tal y tomar asiento en el Estamento de Próceres del Reino.

Art. 5.   Todos los Grandes de España son miembros natos del Estamento de Próceres del Reino, y tomarán asiento en él, con tal que reúnan las condiciones siguientes:
1ª. Tener veinticinco años cumplidos.
2ª. Estar en posesión de la grandeza y tenerla por derecho propio.
3ª. Acreditar que disfruten una renta anual de 200.000 reales.
4ª. No tener sujetos los bienes a ningún género de intervención.
5ª. No hallarse procesado criminalmente.
6ª. No ser súbditos de otra potencia.

Art. 6.   La dignidad de Prócer del Reino es hereditaria en los Grandes de España.

Art. 7.   El Rey elige y nombra los demás Próceres del Reino, cuya dignidad es vitalicia.

Art. 8.   Los títulos de Castilla que fueren nombrados Próceres del Reino, deberán justificar que reúnen las condiciones siguientes:
1ª. Ser mayor de veinticinco años.
2ª. Estar en posesión del título de Castilla, y tenerlo por derecho propio.
3ª. Disfrutar una renta anual de 80.000 reales.
4ª. No tener sujetos los bienes a ningún género de intervención.
5ª. No hallarse procesado criminalmente.
6º. No ser súbditos de otra potencia.

Art. 9.   El número de Próceres del Reino es ilimitado.

Art. 10. La dignidad de Prócer del Reino se pierde únicamente por incapacidad legal, en virtud de sentencia por la que se haya impuesto pena infamatoria.

Art. 11.   El reglamento determinará todo lo concerniente al régimen interior y al modo de deliberar del Estamento de Próceres del Reino.

Art. 12.   El Rey elegirá de entre los Próceres del Reino, cada vez que se congreguen las Cortes, a los que hayan de ejercer durante aquella reunión los cargos de Presidente y Vicepresidente de dicho Estamento.

TÍTULO III: DEL ESTAMENTO DE PROCURADORES DEL REINO

Art. 13.   El Estamento de Procuradores del Reino se compondrá de las personas que se nombren con arreglo a la ley de elecciones.

Art. 14.   Para ser Procurador del Reino se requiere:
1º. Ser natural de estos Reinos o hijo de padres españoles.
2º. Tener treinta años cumplidos.
3º. Estar en posesión de una renta propia anual de 12.000 reales.
4º. Haber nacido en la provincia que de nombre, o haber residido en ella durante los dos últimos años, o poseer en ella algún predio rústico o urbano, o capital de censo que reditúen la mitad de la renta necesaria para ser Procurador del Reino.   En el caso de que un mismo individuo haya sido elegido Procurador a Cortés por más de una provincia, tendrá el derecho de optar entre las que le hubieran nombrado.

Art. 15.   No podrán ser Procuradores del Reino:
1º. Los que se hallen procesados criminalmente.
2º. Los que hayan sido condenados por un Tribunal a pena infamatoria.
3º. Los que tengan alguna incapacidad física notoria y de naturaleza perpetua.
4º. Los negociantes que estén declarados en quiebra o que hayan suspendidos sus pagos.
5º. Los propietarios que tengan intervenidos sus bienes.
6º. Los deudores a los fondos públicos en calidad de segundos contribuyentes.

Art. 16.   Los Procuradores del Reino obrarán con sujeción a los poderes que se les hayan expedido al tiempo de su nombramiento, en los términos que prefije la Real convocatoria.

Art. 17.   La duración de los poderes de los Procuradores del Reino será de tres años, a menos que antes de este plazo haya el Rey disuelto las Cortes.

Art. 18.   Cuando se proceda a nuevas elecciones, bien sea por haber caducado los poderes, bien porque el Rey haya disuelto las Cortes, los que hayan sido últimamente Procuradores del Reino podrán ser reelegidos, con tal que continúen teniendo las condiciones que para ello requieran las leyes.

TÍTULO IV: DE LA REUNIÓN DEL ESTAMENTO DE PROCURADORES DEL REINO

Art. 19.   Los Procuradores del Reino se reunirán en el pueblo designado por la Real convocatoria para celebrarse las Cortes.

Art. 20.   El Reglamento de las Cortes determinará la forma y reglas que hayan de observarse para la presentación y examen de los poderes.

Art. 21.   Luego que estén aprobados los poderes de los Procuradores del Reino, procederán a elegir cinco, de entre ellos mismos, para que el Rey designe los dos que han de ejercer los cargos de Presidente y Vicepresidente.

Art. 22.   El Presidente y Vicepresidente del Estamento de Procuradores del Reino cesarán en sus funciones cuando el Rey suspenda o disuelva las Cortes.

Art. 23.   El reglamento prefijará todo lo concerniente al régimen interior y al modo de deliberar del Estamento de Procuradores del Reino.

TÍTULO V: DISPOSICIONES GENERALES

Art. 24.   Al Rey toca exclusivamente convocar, suspender y disolver las Cortes.

Art. 25.   Las Cortes se reunirán, en virtud de Real convocatoria, en el pueblo y en el día que aquélla señalare.

Art. 26.   El Rey abrirá y cerrará las Cortes, bien en persona, o bien autorizando para ello a los Secretarios del Despacho, por un decreto especial refrendado por el Presidente del Consejo de Ministros.

Art. 27.   Con arreglo a la ley 5ª, título XV, partida 2ª, se convocarán Cortes generales después de la muerte del Rey, para que jure su sucesor la observancia de las leyes, y reciba de las Cortes el debido juramento de fidelidad y obediencia.

Art. 28.   Igualmente se convocarán las Cortes generales del Reino, en virtud de la citada ley, cuando el Príncipe o Princesa que haya heredado la Corona sea menor de edad.

Art. 29.   En el caso expresado en el artículo precedente, los guardadores del Rey niño jurarán en las Cortes velar lealmente en custodia del Príncipe y no violar las leyes del Estado, recibiendo de los Próceres y de los Procuradores del Reino el debido juramento de fidelidad y obediencia.

Art. 30.   Con arreglo a la ley 2ª, título VII, libro VI, de la Nueva Recopilación se convocarán las Cortes del Reino cuando ocurra algún negocio arduo, cuya gravedad, a juicio del Rey, exija consultarlas.

Art. 31.   Las Cortes no podrán deliberar sobre ningún asunto que no se haya sometido expresamente a su examen en virtud de un decreto Real.

Art. 32.   Queda, sin embargo, expedido el derecho que siempre han ejercido las Cortes de elevar peticiones al Rey, haciéndolo del modo y forma que se prefijará en el reglamento.

Art. 33. Para la formación de las leyes se requiere la aprobación de uno y otro Estamento y la sanción del Rey.

Art. 34. Con arreglo a la ley 1ª, título VII, libro VI, de la Nueva Recopilación, no se exigirán tributos ni contribuciones de ninguna clase sin que a propuesta del Rey los hayan votado las Cortes.

Art. 35. Las contribuciones no podrán imponerse, cuando más sino por término de dos años; antes de cuyo plazo deberán votarse de nuevo por las Cortes.

Art. 36. Antes de votar las Cortes las contribuciones que hayan de imponerse, se les presentará por los respectivos Secretarios del Despacho una exposición, en que se manifieste el estado que tengan los varios ramos de la Administración pública, debiendo después el Ministro de Hacienda presentar a las Cortes el presupuesto de gastos y de los medios de satisfacerlos.

Art. 37. El Rey suspenderá las Cortes en virtud de un decreto refrendado por el Presidente del Consejo de Ministros, y en cuanto se lea aquél, se separarán uno y otro Estamento, sin poder volver a reunirse, ni tomar ninguna deliberación ni acuerdo.

Art. 38. En el caso que el Rey suspendiere las Cortes, no volverán éstas a reunirse sino en virtud de una nueva convocatoria.

Art. 39. El día que ésta señalare para volver a reunirse las Cortes, concurrirán a ella los mismos Procuradores del Reino, a menos que se haya cumplido el término de los tres años que deben dudar sus poderes.

Art. 40. Cuando el Rey disuelva las Cortes, habrá de hacerlo en persona o por medio de un decreto, refrendado por el Presidente del Consejo de Ministros.

Art. 41. En uno y otro caso de separarán inmediatamente ambos Estamentos.

Art. 42. Anunciada de orden del Rey la disolución de las Cortes, el Estamento de Próceres del Reino no podrá volver a reunirse ni tomar resolución ni acuerdo, hasta que en virtud de nueva convocatoria vuelvan a juntarse las Cortes.

Art. 43. Cuando de orden del Rey se disuelvan las Cortes, quedan anulados en el mismo acto los poderes de los Procuradores del Reino. Todo lo que hicieren o determinaren después, es nulo de derecho.

Art. 44. Si hubiesen sido disueltas las Cortes, habrán de reunirse otras antes del término de un año.

Art. 45. Siempre que se convoquen Cortes, se convocará a un mismo tiempo a uno y otro Estamento.

Art. 46. No podrá estar reunido un Estamento sin que lo esté igualmente el otro.

Art. 47. Cada Estamento celebrará sus sesiones en recinto separado.

Art. 48. Las sesiones de uno y otro Estamento serán públicas, excepto en los casos que señalare el reglamento.

Art. 49. Así los Próceres como los Procuradores del Reino, serán inviolables por las opiniones y votos que dieren en desempeño de su encargo.

Art. 50. El Reglamento de las Cortes determinará las relaciones de uno y otro Estamento, ya recíprocamente entre sí, ya respecto del Gobierno.

Aranjuez, 10 de Abril de 1834. - Francisco Martínez de la Rosa. - Nicolás María Garelly. - Antonio Remón Zarco del Valle. - José Vázquez Figueroa. - José de Imaz. - Javier de Burgos.

Constitución de la Monarquía Española, 1837

Doña Isabel II, por la gracia de Dios y la Constitución de la Monarquía Española, Reina de las Españas, y en su Real nombre, y durante su menor edad, la Reina Viuda su Madre Doña María Cristina de Borbón, Gobernador del Reino; a todos los que las presentes vieren y entendieren, sabed: Que las Cortes generales han decretado y sancionado, y Nos de conformidad aceptado, lo siguiente: Siendo la voluntad de la Nación revisar, en uso de su soberanía, la Constitución política promulgada en Cádiz el 19 de Marzo de 1812, las Cortes generales, congregadas a este fin, decretan y sancionan la siguiente

CONSTITUCIÓN
DE LA MONARQUÍA ESPAÑOLA

TÍTULO PRIMERO: DE LOS ESPAÑOLES

Art. 1. Son españoles:

Primero. Todas las personas nacidas en los dominios de España.

Segundo. Los hijos de padre o madres españoles, aunque hayan nacido fuera de España.

Tercero. Los extranjeros que hayan obtenido carta de naturaleza.

Cuarto. Los que sin ella hayan ganado vecindad en cualquier pueblo de la Monarquía.

La calidad de español se pierde por adquirir naturaleza en país extranjero y por admitir empleo de otro Gobierno sin licencia del Rey.

Art. 2. Todos los españoles pueden imprimir y publicar libremente sus ideas sin previa censura, con sujeción a las leyes. La calificación de los delitos de imprenta corresponde exclusivamente a los jurados.

Art. 3. Todo español tiene derecho de dirigir peticiones por escrito a las Cortes y al Rey, como determinen las leyes.

Art. 4. Unos mismos Códigos regirán en toda la Monarquía, y en ellos no se establecerá más que un solo fuero para todos los españoles en los juicios comunes, civiles y criminales.

Art. 5. Todos los españoles son admisibles a los empleos y cargos públicos, según su mérito y capacidad.

Art. 6. Todo español está obligado a defender la patria con las armas cuando sea llamado por la ley, y a combatir en proporción de sus haberes para los gastos del Estado.

Art. 7. No puede ser detenido, ni preso, ni separado de su domicilio ningún español, ni allanada su casa, sino en los casos y en la forma que las leyes prescriban.

Art. 8. Si la seguridad del Estado exigiere en circunstancias extraordinarias la suspensión temporal en toda la Monarquía, o en parte de ella, de lo dispuesto en el artículo anterior, se determinará por una ley.

Art. 9. Ningún español puede ser procesado ni sentenciado sino por el juez o tribunal competente, en virtud de leyes anteriores al delito y en la forma que éstas prescriban.

Art. 10. No se impondrá jamás la pena de confiscación de bienes, y ningún español será privado de su propiedad sino por causa justificada de utilidad común, previa la correspondiente indemnización.

Art. 11. La Nación se obliga a mantener el culto y los ministros de la religión católica que profesan los españoles.

TÍTULO II: DE LAS CORTES

Art. 12. La potestad de hacer las leyes reside en las Cortes con el Rey.

Art. 13. Las Cortes se componen de dos Cuerpos Colegisladores, iguales en facultades: el Senado y el Congreso de Diputados.

Título III: Del Senado

Art. 14. El número de los Senadores será igual a las tres quintas partes de los Diputados.

Art. 15. Los Senadores son nombrados por el Rey a propuesta, en lista triple, de los electores que en cada provincia nombran los Diputados a Cortes.

Art. 16. A cada provincia corresponde proponer un número de Senadores proporcional a su población; pero ninguna dejará de tener, por lo menos, un Senador.

Art. 17. Para ser Senador se requiere ser español, mayor de cuarenta años y tener medios de subsistencia y las demás circunstancias que determine la ley electoral.

Art. 18. Todos los españoles en quienes concurran estas calidades, pueden ser propuestos para Senadores por cualquier provincia de la Monarquía.

Art. 19. Cada vez que se haga elección general de Diputados, por haber expirado el término de su encargo, o por haber sido disuelto el Congreso, se renovará por orden de antigüedad la tercera parte de los Senadores, los cuales podrán ser reelegidos.

Art. 20. Los hijos del Rey y del heredero inmediato de la Corona son Senadores a la edad de veinticinco años.

Título IV: Del Congreso de los Diputados

Art. 21. Cada provincia nombrará un Diputado, a lo menos, por cada cincuenta mil almas de su población.

Art. 22. Los Diputados se elegirán por el método directo, y podrán ser reelegidos indefinidamente. Art. 23. Para ser Diputado se requiere ser español del estado seglar, haber cumplido veinticinco años y tener las demás circunstancias que exija la ley electoral. Art. 24. Todo español que tenga estas calidades puede ser nombrado Diputado por cualquier provincia. Art. 25. Los Diputados serán elegidos por tres años.

TÍTULO V: DE LA CELEBRACIÓN Y FACULTADES DE LAS CORTES

Art. 26. Las Cortes se reúnen todos los años. Corresponde al Rey convocarlas, suspender y cerrar sus sesiones y disolver el Congreso de los Diputados; pero con la obligación, en este último caso, de convocar otras Cortes, y reunirlas dentro de tres meses.

Art. 27. Si el Rey dejare de reunir algún año las Cortes antes del 1º. de Diciembre, se juntarán precisamente en este día, y en el caso de que aquel mismo año concluya el encargo de los Diputados se empezarán las elecciones el primer domingo de Octubre para hacer nuevos nombramientos.

Art. 28. Las Cortes se reunirán extraordinariamente luego que vacare la Corona, o que el Rey se imposibilitare de cualquier modo para el gobierno.

Art. 29. Cada uno de los Cuerpos Colegisladores forma el respectivo reglamento para su gobierno interior y examina la legalidad de las elecciones y las calidades de los individuos que le componen.

Art. 30. El Congreso de los Diputados nombra su Presidente, Vicepresidentes y Secretarios.

Art. 31. El Rey nombra para cada legislatura, de entre los mismos Senadores, el Presidente y Vicepresidentes del Senado, y éste elige sus Secretarios.

Art. 32. El Rey abre y cierra las Cortes, en persona o por medio de los Ministros.

Art. 33. No podrá estar reunido uno de los Cuerpos Colegisladores sin que lo esté el otro también, excepto en el caso en que el Senado juzgue a los Ministros.

Art. 34. Los Cuerpos Colegisladores no pueden deliberar juntos ni en presencia del Rey.

Art. 35. Las sesiones del Senado y del Congreso serán públicas, y sólo en los casos que exijan reserva podrá celebrarse sesión secreta.

Art. 36. El Rey y cada uno de los Cuerpos Colegisladores tienen la iniciativa de las leyes.

Art. 37. Las leyes sobre contribuciones y crédito público se presentarán primero al Congreso de los Diputados, y si en el Senado sufrieren alguna alteración que aquél no admita después, pasará a la sanción Real lo que los Diputados aprobaren definitivamente.

Art. 38. Las resoluciones de cada uno de los Cuerpos Colegisladores se toman a pluralidad absoluta de votos; pero para votar las leyes se requiere la presencia de la mitad más uno del número total de los individuos que le componen.

Art. 39. Si uno de los Cuerpos Colegisladores desechare algún proyecto de ley, o le negare el Rey la sanción, no podrá volverse a proponer un proyecto de ley sobre el mismo objeto en aquella legislatura.

Art. 40. Además de la potestad legislativa que ejercen las Cortes con el Rey, les pertenecen las facultades siguientes:
1ª. Recibir al Rey, al sucesor inmediato de la Corona y a la Regencia o Regente del Reino el juramento de guardar la Constitución y las leyes.
2ª. Resolver cualquier duda de hecho o de derecho que ocurra en orden a la sucesión a la Corona.
3ª. Elegir Regente o Regencia del Reino, y nombrar tutor al Rey menor, cuando lo previene la Constitución.
4ª. Hacer efectiva la responsabilidad de los Ministros, los cuales serán acusados por el Congreso, y juzgados por el Senado.

Art. 41. Los Senadores y los Diputados son inviolables por sus opiniones y votos en el ejercicio de su encargo.

Art. 42. Los Senadores y los Diputados no podrán ser procesados ni arrestados durante las sesiones sin permiso del respectivo Cuerpo Colegislador, a no ser hallados infraganti; pero, en este caso, y en el de ser procesados o arrestados cuando estuvieren cerradas las Cortes, se deberá dar cuenta lo más pronto posible al respectivo Cuerpo para su conocimiento y resolución.

Art. 43. Los Diputados y Senadores que admitan del Gobierno, o de la Casa Real, pensión, empleo que no sea de escala en su respectiva carrera, comisión con sueldo, honores o condecoraciones, quedan sujetos a reelección.

TÍTULO VI: DEL REY

Art. 44. La persona del Rey es sagrada e inviolable, y no está sujeta a la responsabilidad. Son responsables los Ministros.

Art. 45. La potestad de hacer ejecutar las leyes reside en el Rey, y su autoridad se extiende a todo cuanto conduce a la conservación del orden público en lo interior y a la seguridad del Estado con lo exterior, conforme a la Constitución y a las leyes.

Art. 46. El Rey sanciona y promulga las leyes.

Art. 47. Además de las prerrogativas que la Constitución señala al Rey, le corresponde:
1°. Expedir los decretos, reglamentos e instrucciones que sean conducentes para la ejecución de las leyes.
2°. Cuidar de que en todo el Reino se administre pronta y cumplidamente la justicia.
3°. Indultar a los delincuentes con arreglo a las leyes.
4°. Declarar la guerra y hacer ratificar la paz, dando después cuenta documentada a las Cortes.
5°. Disponer de la fuerza armada, distribuyéndola como más convenga.

6º. Dirigir las relaciones diplomáticas y comerciales con las demás Potencias.

7º. Cuidar de la fabricación de la moneda, en la que se pondrá su busto y nombre.

8º. Decretar la inversión de los fondos destinados a cada uno de los ramos de la administración pública.

9º. Nombrar todos los empleados públicos y conceder honores y distinciones de todas clases, con arreglo a las leyes.

10. Nombrar y separar libremente los Ministros.

Art. 48. El Rey necesita estar autorizado por una ley especial:

1º. Para enajenar, ceder o permutar cualquiera parte del territorio español.

2º. Para admitir tropas extranjeras en el Reino.

3º. Para ratificar los tratados de alianza ofensiva, los especiales de comercio y los que estipulen dar subsidios a alguna potencia extranjera.

4º. Para ausentarse del Reino.

5º. Para contraer matrimonio y para permitir que lo contraigan las personas que sean súbditos suyos y estén llamadas por la Constitución a suceder en el Trono.

6º. Para abdicar la Corona en su inmediato sucesor.

Art. 49. La dotación del Rey y de su familia se fijará por las Cortes al principio de cada reinado.

TÍTULO VII: De la sucesión de la Corona

Art. 50. La Reina legítima de las Españas es Doña Isabel II de Borbón.

Art. 51. La sucesión en el Trono de las Españas será según el orden regular de primogenitura y representación, prefiriendo siempre la línea anterior a las posteriores: en la misma línea, el grado más próximo al más remoto; en el mismo grado, el varón a la hembra, y en el mismo sexo, la persona de más edad a la de menos.

Art. 52. Extinguidas las líneas de los descendientes legítimos de Doña Isabel II de Borbón, sucederán por el orden que queda establecido, su hermana y los tíos hermanos de su padre, así varones como hembras, y sus legítimos descendientes, si no estuviesen excluidos.

Art. 53. Si se llegaren a extinguirse todas las líneas que señalan, las Cortes harán nuevos llamamientos, como más convenga a la Nación. Art.

54. Las Cortes deberán excluir de la sucesión aquellas personas que sean incapaces para gobernar, o hayan hecho cosa porque merezcan perder el derecho a la Corona.

Art. 55. Cuando reine una hembra, su marido no tendrá parte ninguna en el Gobierno del Reino.

TÍTULO VIII: DE LA MENOR EDAD DEL REY, Y DE LA REGENCIA

Art. 56. El Rey es menor de edad hasta cumplir catorce años.

Art. 57. Cuando el Rey se imposibilitare para ejercer su autoridad, o vacare la Corona siendo de menor edad el inmediato sucesor, nombrarán las Cortes para gobernar el Reino, una Regencia compuesta de una, tres o cinco personas.

Art. 58. Hasta que las Cortes nombren la Regencia, será gobernado el Reino provisionalmente por el padre o la madre del Rey; y, en su defecto, por el Consejo de Ministros.

Art. 59. La Regencia ejercerá toda la autoridad del Rey, en cuyo nombre se publicarán los actos del Gobierno.

Art. 60. Será tutor del Rey menor la persona que en su testamento hubiese nombrado el Rey difunto, siempre que sea español de nacimiento; si no le hubiese nombrado, será tutor el padre o la madre, mientras permanezcan viudos. En su defecto le nombrarán las Cortes; pero no podrán estar reunidos, los encargos de Regente y de tutor del Rey, sino en el padre o la madre de éste.

TÍTULO IX: DE LOS MINISTROS

Art. 61. Todo lo que el Rey mandare o dispusiere en el ejercicio de su autoridad, deberá ser firmado por el Ministro a quien corresponda, y ningún funcionario público dará cumplimiento a lo que carezca de este requisito.

Art. 62. Los Ministros pueden ser Senadores o Diputados, y tomar parte en las discusiones de ambos Cuerpos Colegisladores; pero sólo tendrán voto en aquel a que pertenezcan.

TÍTULO X: DEL PODER JUDICIAL

Art. 63. A los Tribunales y Juzgados pertenece exclusivamente la potestad de aplicar las leyes en los juicios civiles y criminales, sin que puedan ejercer otras funciones que las de juzgar y hacer que se ejecute lo juzgado.

Art. 64. Las leyes determinarán los Tribunales y Juzgados que ha de hacer, la organización de cada uno, sus facultades, el modo de ejercerlas, y las calidades que han de tener sus individuos.

Art. 65. Los juicios en materias criminales serán públicos, en la forma que determinen las leyes.

Art. 66. Ningún magistrado o juez podrá ser depuesto de su destino, temporal o perpetuo, sino por sentencia ejecutoria, ni suspendido sino por auto judicial, o en virtud de orden del Rey, cuando éste, con motivos fundados, le mande juzgar por el Tribunal competente.

Art. 67. Los jueces son responsables personalmente de toda infracción de ley que cometan. Art. 68. La justicia se administra en nombre del Rey.

TÍTULO XI: DE LAS DIPUTACIONES PROVINCIALES Y DE LOS AYUNTAMIENTOS

Art. 69. En cada provincia habrá una Diputación provincial, compuesta del número de individuos que determine la ley, nombrados por los mismos electores que los Diputados a Cortes.

Art. 70. Para el gobierno interior de los pueblos habrá Ayuntamientos, nombrados por los vecinos, a quienes la ley conceda este derecho.

Art. 71. La ley determinará la organización y funciones de las Diputaciones provinciales y de los Ayuntamientos.

TÍTULO XII: DE LAS CONTRIBUCIONES

Art. 72. Todos los años presentará el Gobierno a las Cortes el Presupuesto general de los gastos del Estado para el año siguiente, y el plan de las contribuciones y medios para llenarlos; como asimismo las cuentas de la recaudación e inversión de los caudales públicos para su examen y aprobación.

Art. 73. No podrá imponerse ni cobrarse ninguna contribución ni arbitrio, que no esté autorizado por la ley de Presupuestos u otra especial.

Art. 74. Igual autorización se necesita para disponer de las propiedades del Estado y para tomar caudales a préstamo sobre el crédito de la Nación.

Art. 75. La deuda pública está bajo la salvaguardia especial de la Nación.

TÍTULO XIII: DE LA FUERZA MILITAR NACIONAL

Art. 76. Las Cortes fijarán todos los años, a propuesta del Rey, la fuerza militar permanente de mar y tierra.

Art. 77. Habrá en cada provincia cuerpos de Milicia Nacional, cuya organización y servicio se arreglará por una ley especial; y el Rey podrá, en caso necesario, disponer de esta fuerza dentro de la respectiva provincia; pero no podrá emplearla fuera de ella sin otorgamiento de las Cortes.

ARTÍCULOS ADICIONALES

Art. 1º. Las leyes determinarán la época y el modo, en que se ha de establecer el juicio por jurados para toda clase de delitos.

Art. 2º. Las provincias de Ultramar serán gobernadas por leyes especiales.

Palacio de la Cortes en Madrid a 8 de Junio del año de 1837. Agustín Argüelles, Diputado de la provincia de Madrid, Presidente.—Siguen las firmas de todos los Señores Diputados.—Pío Laborda, Diputado por la provincia de Zaragoza, Secretario.—Mauricio Carlos de Onís, Diputado por la provincia de Salamanca, Secretario.—Miguel Roda, Diputado por la provincia de Granada, Secretario.—José Feliú y Miralles, Diputado por la provincia de Barcelona, Secretario. Real Palacio de Madrid, 17 de Junio de 1837.—Conforme con lo dispuesto en esta Constitución, me adhiero a ella y acepto en nombre de mi augusta hija la Reina Doña Isabel II.—María Cristina, Reina Gobernadora.—Como Secretario del Despacho de Estado y Presidente del Consejo de Ministros, José María Calatrava. Como Secretario de Estado y del Despacho de la Gobernación de la Península, Pío Pita.— Como Secretario de Estado y del Despacho de Gracia y Justicia, José Landero.—Como Secretario de

Estado y del Despacho de Hacienda, y encargado interinamente del de Marina, Comercio y Gobernación de Ultramar, Juan Álvarez y Mendizábal.—Como Secretario de Estado y del Despacho de Guerra, El Conde de Almodóvar. Por tanto, mandamos a todos los españoles súbditos de la Reina nuestra amada Hija, de cualquier clase y condición que sean, que hayan y guarden la Constitución inserta como ley fundamental de la Monarquía, y mandamos asimismo a todos los Tribunales, Justicias, Jefes, Gobernadores y demás autoridades, así civiles como militares y eclesiásticas, de cualquier clase y dignidad, que guarden y hagan guardar, cumplir y ejecutar la expresada Constitución en todas sus partes. Tendréislo entendido, y dispondréis lo necesario para su cumplimiento, haciéndolo imprimir, publicar y circular.— YO LA REINA GOBERNADORA.— En Palacio a 18 de Junio de 1837.—a D. José María Calatrava, Presidente del Consejo de Ministros.

Constitución de la Monarquía Española, 1845

Doña Isabel II, por la gracia de Dios y la Constitución de la Monarquía Española, Reina de las Españas; a todos los que las presentes vieren y entendieren, sabed: Que siendo nuestra voluntad y la de las Cortes del Reino regularizar y poner en consonancia con las necesidades actuales del Estado los antiguos fueron y libertades de estos Reinos, y la intervención que sus Cortes han tenido en todos tiempos en los negocios graves de la Monarquía, modificando al efecto la Constitución promulgada en 18 de Junio de 1837[2], hemos venido, en unión y de acuerdo con las Cortes actualmente reunidas, en decretar y sancionar la siguiente

CONSTITUCIÓN
DE LA MONARQUÍA ESPAÑOLA

TÍTULO PRIMERO: DE LOS ESPAÑOLES

Art. 1°. Son españoles:

1°. Todas las personas nacidas en los dominios de España.

2°. Los hijos de padre o madre españoles, aunque hayan nacido fuera de España.

3°. Los extranjeros que hayan obtenido carta de naturaleza.

4°. Los que sin ella hayan ganado vecindad en cualquier pueblo de la Monarquía.

La calidad de español se pierde por adquirir naturaleza en país extranjero, y por admitir empleo de otro Gobierno sin licencia del Rey.

---

[2] Esta Constitución fue la norma fundamental durante el reinado de Isabel II, estando en vigor hasta la de 1969. Y, si bien formula en este Preámbulo la pretensión de constituir una mera reforma de la de 1837, se trata en realidad de un texto completamente distinto, en el que se pretende reforzar la Monarquía y consolidar la burguesía moderada. Ya no se habla de la soberanía de la nación sino de una soberanía conjunta del Rey y las Cortes (arts. 12 y 35, y el propio Preámbulo, cuando expresamente se refiere a "nuestra voluntad y la de las Cortes del Reino"). Sufrió algunas modificaciones que referiremos y transcribiremos oportunamente.

Una ley determinará los derechos que deberán gozar los extranjeros que obtengan carta de naturaleza o hayan ganado vecindad.

Art. 2º. Todos los españoles puedan imprimir y publicar libremente sus ideas sin previa censura, con sujeción a las leyes.

Art. 3º. Todo español tiene derecho de dirigir peticiones por escrito a las Cortes y al Rey, como determinen las leyes.

Art. 4º. Unos mismos Códigos regirán en toda la Monarquía.

Art. 5º. Todos los españoles son admisibles a los empleos y cargos públicos, según su mérito y capacidad.

Art. 6º. Todo español está obligado a defender la Patria con las armas cuando sea llamado por la ley y a contribuir en proporción de sus haberes para los gastos del Estado.

Art. 7º. No puede ser detenido, ni preso, ni separado de su domicilio ningún español, ni allanada su casa sino en los casos y en la forma que las leyes prescriban.

Art. 8º. Si la seguridad del Estado exigiere en circunstancias extraordinarias la suspensión temporal en toda la Monarquía, o en parte de ella, de lo dispuesto en el artículo anterior, se determinará por una ley.

Art. 9º. Ningún español puede ser procesado ni sentenciado sino por el Juez o Tribunal competente, en virtud de leyes anteriores al delito y en la forma que éstas prescriban.

Art. 10. No se impondrá jamás la pena de confiscación de bienes, y ningún español será privado de su propiedad sino por causa justificada de utilidad común, previa la correspondiente indemnización.

Art. 11. La Religión de la Nación española es la católica, apostólica, romana. El Estado se obliga a mantener el culto y sus ministros.

TÍTULO II: DE LAS CORTES

Art. 12. La potestad de hacer las leyes reside en las Cortes con el Rey.

Art. 13. Las Cortes se componen de los Cuerpos Colegisladores, iguales en facultades: el Senado y el Congreso de los Diputados.

TÍTULO III: DEL SENADO

Art. 14. El número de Senadores es ilimitado: su nombramiento pertenece al Rey.

Art. 15. Sólo podrán ser nombrados Senadores los españoles que, además de tener treinta años cumplidos, pertenezcan a las clases siguientes:

Presidentes de alguno de los Cuerpos Colegisladores.

Senadores o Diputados admitidos tres veces en las Cortes.

Ministros de la Corona. Consejeros de Estado.

Arzobispos.

Obispos.

Grandes de España.

Capitanes generales del Ejército y Armada.

Tenientes generales del Ejército y Armada.

Embajadores.

Ministros plenipotenciarios.

Presidentes de Tribunales Supremos.

Ministros y Fiscales de los mismos.

Los comprendidos en las categorías anteriores deberán además disfrutar 30.000 reales de renta procedente de bienes propios o de sueldos de los empleos que no puedan perderse sino por causa legalmente probada, o de jubilación, retiro o cesantía.

Títulos de Castilla que disfruten 60.000 reales de renta.

Los que paguen con un año de antelación 8.000 reales de contribuciones directas, hayan sido Senadores o Diputados a Cortes, o Diputados provinciales, o Alcaldes en pueblos de 30.000 almas, o Presidentes de Juntas o Tribunales de Comercio.

Las condiciones necesarias para ser nombrado Senador podrán variarse por una ley.

Art. 16. El nombramiento de los Senadores se hará por decretos especiales, y en ellos se expresará el título en que, conforme al artículo anterior, se funde el nombramiento.

Art. 17. El cargo de Senador en vitalicio.

Art. 18. Los hijos del Rey y del heredero inmediato de la Corona son Senadores a la edad de veinticinco años.

Art. 19. Además de las facultades legislativas corresponde al Senado:

1º. Juzgar a los Ministros cuando fueren acusados por el Congreso de los Diputados.

2º. Conocer de los delitos graves contra la persona o dignidad del Rey, o contra la seguridad del Estado, conforme a lo que establezcan las leyes.

3º. Juzgar a los individuos de su seno en los casos y en la forma que determinaran las leyes.

TÍTULO IV: DEL CONGRESO DE LOS DIPUTADOS

Art. 20. El Congreso de los Diputados se compondrá de los que nombren las Juntas electorales en la forma que determine la ley. Se nombrará un Diputado, a lo menos, por cada 50.000 almas de la población.

Art. 21. Los Diputados se elegirán por el método directo, y podrán ser reelegidos indefinidamente.

Art. 22. Para ser Diputado se requiere ser español, del estado seglar, haber cumplido veinticinco años, disfrutar la renta procedente de bienes raíces o pagar por contribuciones directas la cantidad que la ley Electoral exija, y tener las demás circunstancias que en la misma ley se prefijen.

Art. 23.   Todo español que tenga esas calidades puede ser nombrado Diputado por cualquier provincia.

Art. 24.   Los Diputados serán elegidos por cinco años.

Art. 25.   Los Diputados que admitan del Gobierno o de la Casa Real pensión, empleo que no sea de escala en su respectiva carrera, comisión con sueldo, honores o condecoraciones, quedan sujetos a reelección. La disposición anterior no comprende a los Diputados que fueren nombrados Ministros de la Corona.

TÍTULO V: DE LA CELEBRACIÓN Y FACULTADES DE LAS CORTES

Art. 26.   Las Cortes se reúnen todos los años. Corresponde al Rey convocarlas, suspender y cerrar sus sesiones, y disolver el Congreso de los Diputados; pero con la obligación, en este último caso, de convocar otras Cortes y reunirlas dentro de tres meses.

Art. 27.   Las Cortes serán precisamente convocadas luego que vacare la Corona, o cuando el Rey se imposibilitare de cualquier modo para el gobierno.

Art. 28.   Cada uno de los Cuerpos Colegisladores forma el respectivo Reglamento para su gobierno interior, y examina las calidades de los individuos que le componen; el Congreso decide, además, sobre la legalidad de las elecciones de los Diputados.

Art. 29.   El Congreso de los Diputados nombra su Presidente, Vicepresidentes y Secretarios.

Art. 30.   El Rey nombra para cada legislatura, de entre los mismos Senadores, el Presidente y Vicepresidentes del Senado, y éste elige sus Secretarios.

Art. 31.   El Rey abre y cierra las Cortes, en persona o por medio de los Ministros.

Art. 32. No podrá estar reunido uno de los dos Cuerpos Colegisladores sin que también lo esté el otro; exceptuase el caso en que el Senado ejerza funciones judiciales.

Art. 33. Los Cuerpos Colegisladores no pueden deliberar juntos ni en presencia del Rey.

Art. 34. Las Sesiones del Senado y del Congreso serán públicas, y sólo en los casos en que exijan reserva podrá celebrarse sesión secreta.

Art. 35. El Rey, y cada uno de los Cuerpos Colegisladores, tienen la iniciativa de las leyes.

Art. 36. Las leyes sobre contribuciones y crédito público se presentarán primero al Congreso de los Diputados.

Art. 37. Las resoluciones en cada uno de los Cuerpos Colegisladores se toman a pluralidad absoluta de votos; pero para votar las leyes se requiere la presencia de la mitad más uno del número total de los individuos que le componen.

Art. 38. Si uno de los Cuerpos Colegisladores desechare algún proyecto de ley, o le negare el Rey la sanción, no podrá volverse a proponer un proyecto de ley sobre el mismo objeto en aquella legislatura.

Art. 39. Además de la potestad legislativa que ejercen las Cortes con el Rey, les pertenecen las facultades siguientes:
1ª. Recibir al Rey, al sucesor inmediato de la Corona y a la Regencia o Regente del Reino el juramento de guardar la Constitución y las leyes.
2ª. Elegir Regente o Regencia del Reino y nombrar tutor al Rey menor cuando lo previene la Constitución.
3ª. Hacer efectiva la responsabilidad de los Ministros, los cuales serán acusados por el Congreso y juzgados por el Senado.

Art. 40. Los Senadores y los Diputados son inviolables por sus opiniones y votos en el ejercicio de su encargo.

Art. 41. Los Senadores no podrán ser procesados ni arrestados sin previa resolución del Senado sino cuando sean hallados in fraganti, o cuando no esté reunido el Senado; pero en todo caso se dará cuenta a este Cuerpo lo más pronto posible para que determine lo que corresponda. Tampoco podrán los Diputados ser procesados ni arrestados durante las sesiones sin permiso del Congreso, a no ser hallados in fraganti; pero en este caso y en el de ser procesados o arrestados cuando estuvieran cerradas las Cortes, se dará cuenta lo más pronto posible al Congreso para su conocimiento y resolución.

TÍTULO VI: DEL REY

Art. 42. La Persona del Rey es sagrada e inviolable, y no está sujeta a responsabilidad. Son responsables los Ministros.

Art. 43. La potestad de hacer ejecutar las leyes reside en el Rey, y su autoridad se extiende a todo cuanto conduce a la conservación del orden público en lo interior, y a la seguridad del Estado en lo exterior, conforme a la Constitución y a las leyes.

Art. 44. El Rey sanciona y promulga las leyes.

Art. 45. Además de las prerrogativas que la Constitución señala al Rey, le corresponde:
1º. Expedir los decretos, reglamentos e instrucciones que sean conducentes para la ejecución de las leyes.
2º. Cuidar de que todo en el Reino se administre pronta y cumplidamente la justicia.
3º. Indultar a los delincuentes con arreglo a las leyes.
4º. Declarar la guerra y hacer y ratificar la paz, dando después cuenta documentada a las Cortes.
5º. Disponer de la fuerza armada, distribuyéndola como más convenga.
6º. Dirigir las relaciones diplomáticas y comerciales con las demás Potencias.
7º. Cuidar de la fabricación de la moneda, en la que se pondrá su busto y su nombre.

8°. Decretar la inversión de los fondos destinados a cada uno de los ramos de la administración pública.

9°. Nombrar todos los empleados públicos y conocer honores y distinciones de todas clases, con arreglo a las leyes.

10. Nombrar y separar libremente los Ministros.

Art. 46. El Rey necesita estar autorizado por una ley especial:

1°. Para enajenar, ceder o permutar cualquier parte del territorio español.

2°. Para admitir tropas extranjeras en el Reino.

3°. Para rectificar los tratados de alianza ofensiva, los especiales de comercio y los que estipulen dar subsidios a alguna Potencia extranjera.

4°. Para abdicar la Corona en su inmediato sucesor.

Art. 47. El Rey, antes de contraer matrimonio, lo pondrá en conocimiento de las Cortes, a cuya aprobación se someterán las estipulaciones y contratos matrimoniales que deban ser objeto de una ley.

Lo mismo se observará respecto del matrimonio del inmediato sucesor a la Corona.

Ni el Rey ni el inmediato sucesor pueden contraer matrimonio con persona que por ley esté excluida de la sucesión a la Corona.

Art. 48. La dotación del Rey y de su Familia se fijará por las Cortes al principio de cada reinado.

TÍTULO VII: DE LA SUCESIÓN A LA CORONA

Art. 49. La Reina legítima de las Españas es Doña Isabel II de Borbón.

Art. 50. La sucesión en el Trono de las Españas será según el orden regular de primogenitura y representación, prefiriendo siempre la línea anterior a las posteriores; en la misma línea, el grado más próximo al más remoto; en el mismo grado, el varón a la hembra, y en el mismo sexo, la persona de más edad a la de menos.

Art. 51. Extinguidas las líneas de los descendientes legítimos de Doña Isabel II de Borbón, sucederán por el orden que queda establecido su hermana y los tíos hermanos de su padre, así varones como hembras, y sus legítimos descendientes, si no estuviesen excluidos.

Art. 52. Si llegaren a extinguirse todas las líneas que se señalan, se harán por una ley nuevos llamamientos, como más convenga a la Nación.

Art. 53. Cualquier duda de hecho o de derecho que ocurra en orden a la sucesión de la Corona se resolverá por una ley.

Art. 54. Las personas que sean incapaces para gobernar, o hayan hecho cosa por que merezcan perder el derecho a la Corona, serán excluidas de la sucesión de una ley.

Art. 55. Cuando reine una hembra, su marido no tendrá parte ninguna en el gobierno del Reino.

TÍTULO VIII: DE LA MENOR EDAD DEL REY, Y DE LA REGENCIA

Art. 56. El Rey es menor de edad hasta cumplir catorce años.

Art. 57. Cuando el Rey fuere menor de edad, el padre o la madre del Rey, y en su defecto el pariente más próximo a suceder en la Corona, según el orden establecido en la Constitución, entrará, desde luego, a ejercer la Regencia, y la ejercerá todo el tiempo de la menor edad del Rey.

Art. 58. Para que el pariente más próximo ejerza la Regencia, necesita ser español, tener veinte años cumplidos, y no estar excluido de la sucesión de la Corona. El padre o la madre del Rey sólo podrán ejercer la Regencia permaneciendo viudos.

Art. 59. El Regente prestará ante las Cortes el juramento de ser fiel al Rey menor y de guardar la Constitución y las leyes.

Si las Cortes no estuvieren reunidas, el Regente las convocará inmediatamente, y entre tanto prestará el mismo juramento ante el Consejo de Ministros, prometiendo reiterarle ante las Cortes tan luego como se hallen congregadas.

Art. 60.   Si no hubiere ninguna persona a quien corresponda de derecho la Regencia, la nombrarán las Cortes, y se compondrá de una, tres o cinco personas.
Hasta   que   se   haga   este   nombramiento   gobernará provisionalmente el Reino el Consejo de Ministros.

Art. 61.   Cuando el Rey se imposibilitare para ejercer su autoridad, y la imposibilidad fuere reconocida por las Cortes, ejercerá la Regencia durante el impedimento el hijo primogénito del Rey, y a falta de éste, los llamados a la Regencia.

Art. 62.   El Regente, y la Regencia en su caso, ejercerá toda la autoridad del Rey, en cuyo nombre se publicarán los actos del Gobierno.

Art. 63.   Será tutor del Rey menor la persona que en su testamento hubiere nombrado el Rey difunto, siempre que sea español de nacimiento; si no lo hubiese nombrado, será tutor el padre o la madre mientras permanezcan viudos. En su defecto, le nombrarán las Cortes, pero no podrán estar reunidos los encargos de Regente y de tutor sino en el padre o la madre de éste.

TÍTULO IX: DE LOS MINISTROS

Art. 64.   Todo lo que el Rey mandare o dispusiere en el ejercicio de su autoridad, deberá ser firmado por el Ministro a quien corresponda, y ningún funcionario público dará cumplimiento a lo que carezca de este requisito.

Art. 65.   Los Ministros pueden ser Senadores o Diputados y tomar parte en las discusiones de ambos Cuerpos Colegisladores; pero sólo tendrán voto en aquel a que pertenezcan.

Título X: De la Administración de Justicia

Art. 66. A los Tribunales y Juzgados pertenece exclusivamente la potestad de aplicar las leyes en los juicios civiles y criminales; sin que puedan ejercer otras funciones que las de juzgar y hacer que se ejecute lo juzgado.

Art. 67. Las leyes determinarán los Tribunales y Juzgados que ha de haber, la organización de cada uno, sus facultades, el modo de ejercer y las calidades que han de tener sus individuos.

Art. 68. Los juicios en materias criminales serán públicos, en la forma que determinen las leyes.

Art. 69. Ningún magistrado o juez podrá ser depuesto de su destino, temporal o perpetuo, sino por sentencia ejecutoriada; ni suspendido sino por auto judicial, o en virtud de orden del Rey, cuando éste, con motivos fundados, le mande juzgar por el Tribunal competente.

Art. 70. Los jueces son responsables personalmente de toda infracción de ley que cometan.

Art. 71. La justicia se administra en nombre del Rey.

Título XI: De las Diputaciones provinciales y de los Ayuntamientos

Art. 72. En cada provincia habrá una Diputación provincial, elegida en la forma que determine la ley y compuesta del número de individuos que ésta señale.

Art. 73. Habrá en los pueblos Alcaldes y Ayuntamientos. Los Ayuntamientos serán nombrados por los vecinos a quienes la ley confiera este derecho.

Art. 74. La ley determinará la organización y atribuciones de las Diputaciones y de los Ayuntamientos, y la intervención que hayan de tener en ambas Corporaciones los delegados del Gobierno.

TÍTULO XII: DE LAS CONTRIBUCIONES

Art. 75. Todos los años presentará el Gobierno a las Cortes el presupuesto general de los gastos del Estado para el año siguiente y el plan de las contribuciones y medios para llenarlos, como asimismo las cuentas de la recaudación e inversión de los caudales públicos para su examen y aprobación.

Art. 76. No podrá imponerse ni cobrarse ninguna contribución ni arbitrio que no esté autorizado por la ley de Presupuestos u otra especial.

Art. 77. Igual autorización se necesita para disponer de las propiedades del Estado y para tomar caudales a préstamo sobre el crédito de la Nación.

Art. 78. La Deuda pública está bajo la salvaguardia especial de la Nación.

TÍTULO XIII: DE LA FUERZA MILITAR

Art. 79. Las Cortes fijarán, todos los años, a propuesta del Rey, la fuerza militar permanente de mar y tierra.

ARTÍCULO ADICIONAL

Art. 80. Las provincias de Ultramar serán gobernadas por leyes especiales.

Por tanto, mandamos a todos nuestros súbditos de cualquiera clase y condición que sean, que hayan y guarden la presente Constitución como ley fundamental de la Monarquía; y mandamos asimismo a todos los Tribunales, Justicias, Jefes, Gobernadores y demás Autoridades, así civiles como militares y eclesiásticas, de cualquier clase y dignidad, que guarden y hagan guardar, cumplir y ejecutar la expresada Constitución en todas sus partes. En Palacio a 23 de Mayo de 1845. —YO LA REINA. —El Presidente del Consejo de Ministros, Ministro de la Guerra, Ramón María Narváez. —El Ministro de Estado, Francisco Martínez de la Rosa. —El Ministro de Gracia y Justicia, Luis Mayans. —El Ministro de Hacienda, Alejandro Mon. —El Ministro de Marina, Comercio y Gobernación de Ultramar, Francisco Armero. —El Ministro de la Gobernación de la Península, Pedro José Pidal.

* * *

ACTA ADICIONAL A LA CONSTITUCIÓN DE LA MONARQUÍA ESPAÑOLA

Art. 1º. La calificación de los delitos de imprenta corresponde a los Jurados, salvas las excepciones que determinen las leyes.

Art. 2º. Promulgada la ley de que trata el art. 8º. de la Constitución, el territorio a que aquélla se aplique se regirá, durante la suspensión de lo prescrito en el artículo 7º. de la misma Constitución, por la ley de orden público establecida de antemano. Pero ni en una ni en otra ley se podrá autorizar al Gobierno para extrañar del Reino a los españoles, ni para deportarlos ni desterrarlos fuera de la Península.

Art. 3º. La primera creación de Senadores no podrá exceder de 140. Hecha ésta, sólo podrá el Rey nombrar Senadores cuando estén abiertas las Cortes.

Art. 4º. La ley electoral de Diputados a Cortes determinará si éstos han de acreditar o no el pago de contribución o la posesión de renta.

Art. 5º. Aun cuando sea de escala el empleo que admita el Diputado a Cortes, quedará éste sujeto a reelección.

Art. 6º. Durante cada año estarán reunidas las Cortes a lo menos cuatro meses, contados desde el día en que se constituya definitivamente el Congreso.

Art. 7º. Cuando entre los dos Cuerpos Colegisladores no haya conformidad acerca de la ley anual de presupuestos, regirá en el año correspondiente la ley de presupuestos del año anterior.

Art. 8º. Sin previa autorización del Congreso no se podrá dictar sentencia contra los Diputados a quienes se refiere el art. 41 de la Constitución.

Art. 9º. Además de los casos enumerados en el artículo 46 de la Constitución, el Rey necesitará estar autorizado por una ley especial: 1º. Para conceder indultos generales y amnistías. 2º. Para enajenar en todo o en parte el patrimonio de la Corona.

Art. 10. También necesitará el Rey estar autorizado por una ley especial para contraer matrimonio y para permitir que le contraigan los que sean súbditos suyos y estén llamados por la Constitución a sucederle en la Corona.

Art. 11. Habrá un Consejo de Estado, al cual oirá el Rey en los casos que determinen las leyes.

Art. 12. La ley orgánica de Tribunales determinará los casos y la forma en que gubernativa o disciplinariamente podrá el Rey trasladar, jubilar y declarar cesantes a los magistrados y jueces.

Art. 13. El Rey sólo podrá nombrar alcaldes en los pueblos que tengan 40.000 almas, y en los demás ejercerá en los nombramientos de los alcaldes la intervención que determine la ley.

Art. 14. Las listas electorales para Diputados a Cortes serán permanentes. Las calidades de los electores se examinarán en todas las instancias en juicio público y contradictorio.

Art. 15. Dentro de los ocho días siguientes a la apertura de las Cortes, el Gobierno presentará al Congreso las cuentas del penúltimo año y el presupuesto para el año próximo venidero.

Art. 16. Las Cortes deliberarán sobre la ley a que se refiere el artículo 79 de la Constitución, antes de deliberar sobre la ley de Presupuestos.

Dado en Palacio a 15 de Septiembre de 1856. —Está rubricado de la Real mano. —El Presidente del Consejo de Ministros, Leopoldo O'Donnell.

***

LEY DE 17 DE JULIO DE 1857 DE REFORMA DE LA CONSTITUCIÓN DE 1845[3]

Doña Isabel II, por la gracia de Dios [...] a todos los que las presentes vieren y entendieren, sabed: Que las Cortes han decretado y Nos sancionado la siguiente reforma de los artículos 14, 15, 16, 17, 18 y 28 de la Constitución.

Art. 14. El Senado se compondrá: De los hijos del Rey y del sucesor inmediato de la Corona, que hayan cumplido veinticinco años. De los Arzobispos y del Patriarca de las Indias. De los Presidentes de los Tribunales Supremos de Justicia y de Guerra y

---

[3] Esta Ley, sería derogada por otra de 20 de Abril de 1864 que, restableciendo de nuevo, íntegramente, la Constitución en su único artículo, contenía además la siguiente:

DISPOSICIÓN TRANSITORIA. Serán admitidos como Senadores los Grandes de España por derecho propio que no sean súbditos de otra potencia y que a la promulgación de esta ley posean la renta de 200.000 reales, procedentes de bienes inmuebles o de derechos que gocen de la misma consideración con tal que lo pidan en el término de un año.

En la misma forma y solicitándolo dentro del mismo plazo, tendrán derecho a ser admitidos como Senadores los Grandes que no hayan cumplido la edad de treinta años; pero deberán probar después de cumplirla y antes de tomar asiento en el Senado, que conservan todas las cualidades anteriormente expresadas.

Marina. De los Capitanes generales del Ejército y Armada. De los Grandes de España por derecho propio, que no sean súbditos de otra potencia y que acrediten tener la renta de 200.000 reales, procedentes de bienes   inmuebles o de derechos que gocen de la misma consideración legal. De un número limitado de Senadores nombrados por el Rey.

Art. 15. Sólo podrán ser nombrados Senadores los españoles que pertenezcan o hayan pertenecido a las clases siguientes: Presidente del Congreso de los Diputados; Diputados admitidos cuatro veces en las Cortes y que hayan ejercido la diputación durante ocho años; Ministros de la Corona; Obispos; Grandes de España; Tenientes generales del Ejército y Armada, después de dos años de nombramiento; Embajadores, después de dos años de servicio efectivo, y Ministros plenipotenciarios, después de cuatro; Vicepresidentes del Consejo Real; Ministros y Fiscales de los Tribunales Supremos y Consejeros reales, después de dos años de ejercicio. Los comprendidos en las categorías anteriores deberán, además, disfrutar 30.000 reales, de renta, procedentes de bienes propios o de sueldos de los empleos que no puedan perderse sino por causa legalmente probada, o de jubilación, retiro o cesantía. Títulos de Castilla que disfruten 100.000 reales de renta. Los que paguen con cuatro años de antelación 20.000 reales de contribuciones directas y hayan sido además Senadores, o Diputados o Diputados Provinciales.

El nombramiento de Senadores se hará por decretos especiales, y en ellos se expresará siempre el título en que, conforme a lo dispuesto en este artículo, se funde el nombramiento.

Las condiciones necesarias para ser nombrado Senador podrán variarse por una ley.

Art. 16. Para tomar asiento en el Senado se necesita ser español, tener treinta años cumplidos, no estar procesado criminalmente ni inhabilitado en el ejercicio de sus derechos políticos, y no tener sus bienes intervenidos.

Art. 17. La dignidad de Senador en los Grandes de España que acrediten tener la renta y requisitos expresados en el art. 14, es hereditaria. En todos los demás casos es vitalicia.

Art. 18. A fin de perpetuar la dignidad de Senador en sus familias, los Grandes de España podrán constituir vinculaciones sobre sus bienes en la forma y en la cantidad que se determinará por una ley especial.

Art. 28. Cada uno de los Cuerpos Colegisladores examina las calidades de los individuos que le componen; el Congreso decide además sobre la legalidad de las elecciones de los Diputados. Los Reglamentos del Senado y del Congreso serán objeto de una ley.

Por tanto, mandamos, etc. Dado en Palacio a 17 de Julio de 1857.

Constitución democrática de la Nación
Española, 1869

La Nación española, y en su nombre las Cortes Constituyentes elegidas por sufragio universal, deseando afianzar la justicia, la libertad y la seguridad, y proveer al bien de cuantos vivan en España, decretan y sancionan la siguiente

CONSTITUCIÓN

TÍTULO PRIMERO: DE LOS ESPAÑOLES Y SUS DERECHOS

Artículo 1º.   Son españoles:

1º.   Todas las personas nacidas en territorio español.

2º.   Los hijos de padre o madre españoles, aunque hayan nacido fuera de España.

3º.   Los extranjeros que hayan obtenido carta de naturaleza.

4º.   Los que, sin ella, hayan ganado vecindad en cualquier pueblo del territorio español. La calidad de español se adquiere, se conserva y se pierde con arreglo a lo que determinen las leyes.

Art. 2º.   Ningún español ni extranjero podrá ser detenido ni preso sino por causa de delito.

Art. 3º.   Podo detenido será puesto en libertad o entregado a la Autoridad judicial dentro de las veinticuatro horas siguientes al acto de la detención. Toda detención se dejará sin efecto o elevará a prisión dentro de las setenta y dos horas de haber sido entregado el detenido al juez competente. La providencia que se dictare se notificará al interesado dentro del mismo plazo.

Art. 4º.   Ningún español podrá ser preso sino en virtud de mandamiento de juez competente. El auto por el cual se haya dictado el mandamiento, se ratificará o repondrá, oído el presunto reo, dentro de las setenta y dos horas siguientes al acto de la prisión.

Art. 5º.   Nadie podrá entrar en el domicilio de un español, o extranjero residente en España, sin su consentimiento, excepto en los casos urgentes de incendio, inundación u otro peligro análogo, o de agresión ilegítima procedente de dentro, o para auxiliar a persona que desde allí pida socorro. Fuera de estos casos, la entrada en el domicilio de un español, o extranjero residente en España, y el registro de sus papeles o efectos, sólo podrán decretarse por el Juez competente y ejecutarse de día. El registro de papeles y efectos tendrá siempre lugar a presencia del interesado o de un individuo de su familia, y, en su defecto, de dos testigos vecinos del mismo pueblo. Sin embargo, cuando un delincuente, hallado in fraganti y perseguido por la Autoridad o sus agentes, se refugiare en su domicilio, podrán éstos penetrar en él, sólo para el acto de la aprehensión. Si se refugiare en domicilio ajeno, procederá requerimiento al dueño de éste.

Art. 6º. Ningún español podrá ser compelido a mudar de domicilio o de residencia sino en virtud de sentencia ejecutoria.

Art. 7º. En ningún caso podrá detenerse ni abrirse por la Autoridad gubernativa la correspondencia confiada al correo, ni tampoco detenerse la telegráfica. Pero en virtud de auto de juez competente podrán detenerse una y otra correspondencia, y también abrirse en presencia del procesado la que se le dirija por correo.

Art. 8º.   Todo auto de prisión, de registro de morada, o de detención de la correspondencia escrita o telegráfica, será motivado. Cuando el auto carezca de este requisito, o cuando los motivos en que se haya fundado se declaren en juicio ilegítimo o notoriamente insuficientes, la persona que hubiere sido presa, o cuya prisión no se hubiere ratificado dentro del plazo señalado en el art. 4º., o cuyo domicilio hubiere sido allanado, o cuya correspondencia hubiere sido detenida, tendrá derecho a reclamar del juez que haya dictado el auto una indemnización proporcionada al daño causado, pero nunca inferior a 500 pesetas. Los agentes de la Autoridad pública estarán asimismo sujetos a la indemnización que regule el juez, cuando reciban en prisión a cualquiera persona sin mandamiento en que se inserte el auto motivado, o cuando la retengan sin que dicho auto haya sido ratificado dentro del término legal.

Art. 9°.   La Autoridad gubernativa que infrinja lo prescrito en los artículos 2°., 3°., 4°. y 5°., incurrirá según los casos, en delito de detención arbitraria o de allanamiento de morada, y quedará además sujeta a la indemnización prescrita en el párrafo segundo del artículo anterior.

Art. 10.   Tendrá asimismo derecho a indemnización regulada por el juez, todo detenido que dentro del término señalado en el art. 3°. no haya sido entregado a la Autoridad judicial. Si el juez, dentro del término prescrito en dicho artículo, no elevare a prisión la detención, estará obligado para con el detenido a la indemnización que establece el art. 8°.

Art. 11.   Ningún español podrá ser procesado ni sentenciado sino por el juez o tribunal a quien, en virtud de leyes anteriores al delito, competa el conocimiento, y en la forma que éstas prescriban. No podrán crearse tribunales extraordinarios ni comisiones especiales para conocer de ningún delito.

Art. 12.   Toda persona detenida o presa sin las formalidades legales, o fuera de los casos previstos en esta Constitución, será puesta en libertad a petición suya o de cualquier español. La ley determinará la forma de proceder sumariamente en este caso, así como las penas personales y pecuniarias en que haya de incurrir el que ordenare, ejecutare o hiciere ejecutar la detención o prisión legal.

Art. 13.   Nadie podrá ser privado temporal o perpetuamente de sus bienes y derechos, ni turbado en la posesión de ellos, sino en virtud de sentencia judicial. Los funcionarios públicos que bajo cualquier pretexto infrinjan esta prescripción serán personalmente responsables del daño causado. Quedando exceptuados de ella los casos de incendio o de inundación u otros urgentes análogos, en que por la ocupación se haya de excusar un peligro al propietario o poseedor, o evitar o atenuar el mal que se temiere o hubiere sobrevenido.

Art. 14. Nadie podrá ser expropiado de sus bienes sino por causa de utilidad común y en virtud de mandamiento judicial, que no se ejecutará sin previa indemnización regulada por el juez con intervención del interesado.

Art. 15. Nadie está obligado a pagar contribución que no haya sido votada por las Cortes, o por las Corporaciones populares legalmente autorizadas para imponerla, y cuya cobranza no se haga en la forma prescrita por la ley.

Todo funcionario público que intente exigir o exija el pago de una contribución sin los requisitos prescritos en este artículo, incurrirá en el delito de excepción legal.

Art. 16. Ningún español que se halle en el pleno goce de sus derechos civiles podrá ser privado del derecho de votar en las elecciones de Senadores, Diputados a Cortes, Diputados provinciales y Concejales.

Art. 17. Tampoco podrá ser privado ningún español: Del derecho de emitir libremente sus ideas y opiniones, ya de palabra, ya por escrito, valiéndose de la imprenta o de otro procedimiento semejante. Del derecho de reunirse pacíficamente. Del derecho de asociarse para todos los fines de la vida humana que no sean contrarios a la moral pública. Y, por último, del derecho de dirigir peticiones individual o colectivamente a las Cortes, al Rey y a las Autoridades.

Art. 18. Toda reunión pública estará sujeta a las disposiciones generales de policía. Las reuniones al aire libre y las manifestaciones políticas sólo podrán celebrarse de día.

Art. 19. A toda Asociación cuyos individuos delinquieren por los medios que la misma les proporcione, podrá imponérseles la pena de disolución. La autoridad gubernativa podrá suspender la Asociación que delinca, sometiendo *incontinenti* a los reos al Juez competente. Toda Asociación cuyo objeto o cuyos medios comprometan la seguridad del Estado, podrá ser disuelta por una ley.

Art. 20. El derecho de petición no podrá ejercerse colectivamente por ninguna clase de fuerza armada. Tampoco podrán ejercerlo individualmente los que formen parte de una fuerza armada, sino con arreglo a las leyes de su instituto, en cuanto tenga relación con éste.

Art. 21. La Nación se obliga a mantener el culto y los ministros de la religión católica. El ejercicio público o privado de cualquier otro culto queda garantido a todos los extranjeros residentes en España, sin más limitaciones que las reglas universales de la moral y del derecho. Si algunos españoles profesaren otra religión que la católica, es aplicable a los mismos todo lo dispuesto en el párrafo anterior.

Art. 22. No se establecerá ni por las leyes, ni por las Autoridades, disposición alguna preventiva que se refiera al ejercicio de los derechos definidos en este título. Tampoco podrán establecerse la censura, el depósito ni el editor responsable para los periódicos.

Art. 23. Los delitos que se cometan con ocasión del ejercicio de los derechos consignados en este título, serán penados por los tribunales con arreglo a las leyes comunes.

Art. 24. Todo español podrá fundar y mantener establecimientos de instrucción o de educación, sin previa licencia, salva la inspección de la Autoridad competente por razones de higiene y moralidad.

Art. 25. Todo extranjero podrá establecerse libremente en territorio español, ejercer en él su industria, o dedicarse a cualquiera profesión para cuyo desempeño no exijan las leyes títulos de aptitud expedidos por las Autoridades españolas.

Art. 26. A ningún español que esté en el pleno goce de sus derechos civiles podrá impedirse salir libremente del territorio, ni trasladar su residencia y haberes a país extranjero, salvas las obligaciones de contribuir al servicio militar o al mantenimiento de las cargas públicas.

Art. 27. Todos los españoles son admisibles a los empleos y cargos públicos según su mérito y capacidad.

La obtención y el desempeño de estos empleos y cargos, así como la adquisición y el ejercicio de los derechos civiles y políticos, son independientes de la religión que profesen los españoles. El extranjero que no estuviere naturalizado no podrá ejercer en España cargo alguno que tenga aneja autoridad o jurisdicción.

Art. 28. Todo español está obligado a defender la Patria con las armas cuando sea llamado por la ley, y a contribuir a los gastos del Estado en proporción de sus haberes.

Art. 29. La enumeración de los derechos consignados en este título no implica la prohibición de cualquiera otro no consignado expresamente.

Art. 30. No será necesaria la previa autorización para procesar ante los tribunales ordinarios a los funcionarios públicos, cualquiera que sea el delito que cometieren. El mandato del superior no eximirá de responsabilidad en los casos de infracción manifiesta, clara y terminante de una prescripción constitucional. En lo demás, sólo eximirá a los agentes que no ejerzan autoridad.

Art. 31. Las garantías consignadas en los artículos 2º., 5º., y 6º., y párrafos 1º., 2º. y 3º. del 17, no podrán suspenderse en toda la Monarquía ni en parte de ella, sino temporalmente y por medio de una ley, cuando así lo exija la seguridad del Estado en circunstancias extraordinarias. Promulgada aquélla, el territorio a que se aplicare se regirá, durante la suspensión, por la ley de Orden público establecida de antemano. Pero ni en una ni en otra ley se podrán suspender más garantías que las consignadas en el primer párrafo de este artículo, ni autorizar al Gobierno para extrañar del Reino, ni deportar a los españoles, ni para desterrarlos a distancia de más de 250 kilómetros de su domicilio. En ningún caso los Jefes militares o civiles podrán establecer otra penalidad que la prescrita previamente por la ley.

TÍTULO II: DE LOS PODERES PÚBLICOS

Art. 32.   La soberanía reside esencialmente en la Nación, de la cual emanan todos los poderes.

Art. 33.   La forma de gobierno de la Nación Española es la Monarquía.

Art. 34.   La potestad de hacer las leyes reside en las Cortes. El Rey sanciona y promulga las leyes.

Art. 35.   El Poder ejecutivo reside en el Rey, que lo ejerce por medio de sus Ministros.

Art. 36.   Los Tribunales ejercen el poder judicial.

Art. 37.   La gestión de los intereses peculiares de los pueblos y de las provincias corresponde respectivamente a los Ayuntamientos y Diputaciones provinciales, con arreglo a las leyes.

TÍTULO III: DEL PODER LEGISLATIVO

Art. 38.   Las Cortes se componen de dos Cuerpos Colegisladores, a saber: Senado y Congreso. Ambos Cuerpos son iguales en facultades, excepto en los casos previstos en la Constitución.

Art. 39.   El Congreso se renovará totalmente cada tres años. El Senado se renovará por cuartas partes cada tres años.

Art. 40.   Los Senadores y Diputados representarán a toda la Nación, y no exclusivamente a los electores que los nombraren.

Art. 41.   Ningún Senador ni Diputado podrá admitir de sus electores mandato alguno imperativo.

Sección primera. De la celebración y facultades de las Cortes.

Art. 42.   Las Cortes se reúnen todos los años. Corresponde al Rey convocarlas, suspender y cerrar sus sesiones, y disolver uno de los Cuerpos Colegisladores, o ambos a la vez.

Art. 43.   Las Cortes estarán reunidas a lo menos cuatro meses cada año, sin incluir en este tiempo el que se invierta en su constitución. El Rey las convocará, a más tardar, para el día 1º. de Febrero.

Art. 44.   Las Cortes se reunirán necesariamente luego que vacare la Corona o que el Rey se imposibilitare de cualquier modo para el gobierno del Estado.

Art. 45.   Cada uno de los Cuerpos Colegisladores tendrá las facultades siguientes: 1ª.   Formar el respectivo Reglamento para su gobierno interior. 2ª. Examinar la legalidad de las elecciones y la aptitud legal de los individuos que lo compongan; y 3ª. Nombrar, al constituirse, su Presidente, Vicepresidentes y Secretarios. Mientras el Congreso no sea disuelto, su Presidente, Vicepresidentes y Secretarios, continuarán ejerciendo sus cargos durante las tres legislaturas. El Presidente, Vicepresidentes y Secretarios del Senado se renovarán siempre que haya elección general de dichos cargos en el Congreso.

Art. 46.   No podrá estar reunido uno de los Cuerpos Colegisladores sin que lo esté también el otro, excepto el caso en que el Senado se constituya en Tribunal.

Art. 47.   Los Cuerpos Colegisladores no pueden deliberar juntos, ni en presencia del Rey.

Art. 48.   Las sesiones del Senado y las del Congreso serán públicas, excepto en los casos que necesariamente exijan reserva.

Art. 49.   Ningún proyecto podrá llegar a ser ley sin que antes sea votado en los dos Cuerpos Colegisladores. Si no hubiera absoluta conformidad entre ambos, se procederá con arreglo a la ley que fija sus relaciones.

Art. 50. Los proyectos de ley sobre contribuciones, crédito público y fuerza militar se presentarán al Congreso antes que al Senado; y si éste hiciere en ellos alguna alteración que aquél no admita, prevalecerá la resolución del Congreso.

Art. 51. Las resoluciones de las Cortes se tomarán a pluralidad de votos. Para votar las leyes se requiere en cada uno de los Cuerpos Colegisladores la presencia de la mitad más uno del número total de los individuos que tengan aprobadas sus actas.

Art. 52. Ningún proyecto de ley puede aprobarse por las Cortes sino después de haber sido votado, artículo por artículo, en cada uno de los Cuerpos Colegisladores. Exceptuándose los Códigos o leyes que por su mucha extensión no se presten a la discusión por artículos; pero, aun en este caso, los respectivos proyectos se someterán íntegros a las Cortes.

Art. 53. Ambos Cuerpos Colegisladores tienen derecho el censura, y cada uno de sus individuos el de interpelación.

Art. 54. La iniciativa de las leyes corresponde al Rey y a cada uno de los Cuerpos Colegisladores.

Art. 55. No se podrán presentar en persona, individual ni colectivamente, peticiones a las Cortes.

Tampoco podrán celebrarse, cuando las Cortes estén abiertas, reuniones al aire libre en los alrededores del Palacio de ninguno de los Cuerpos Colegisladores.

Art. 56. Los Senadores y los Diputados no podrán ser procesados ni detenidos cuando estén abiertas las Cortes, sin permiso del respectivo Cuerpo Colegislador, a no ser hallados in fraganti. Así en este caso, como en el de ser procesados o arrestados mientras estuvieren cerradas las Cortes, se dará cuenta al Cuerpo a que pertenezcan, tan luego como se reúna. Cuando se hubiere dictado sentencia contra un Senador o Diputado en proceso seguido sin el permiso a que se refiere el párrafo anterior, la sentencia no podrá llevarse a efecto hasta que autorice su ejecución el Cuerpo a que pertenezca el procesado.

Art. 57.   Los Senadores y Diputados son inviolables por las opiniones y votos que emitan en el ejercicio de su cargo.

Art. 58.   Además de la potestad legislativa, corresponde a las Cortes:

1º.   Recibir al Rey, al sucesor inmediato de la Corona y a la Regencia el juramento de guardar la Constitución y las leyes.

2º.   Resolver cualquiera duda de hecho o de derecho que ocurra en orden a la sucesión de la Corona.

3º.   Elegir la Regencia del Reino y nombrar el tutor del Rey menor cuando lo previene la Constitución.

4º.   Hacer efectiva la responsabilidad de los Ministros; y

5º.   Nombrar y separar libremente los Ministros del Tribunal de Cuentas del Reino, sin que el nombramiento pueda recaer en ningún Senador ni Diputado.

Art. 59.   El Senador o Diputado que acepte del Gobierno o de la Casa Real pensión, empleo, comisión con sueldo, honores o condecoraciones, se entenderá que renuncia a su cargo. Exceptúase de esta disposición el empleo de Ministro de la Corona.

Sección segunda. Del Senado.

Art. 60.   Los Senadores se elegirán por provincias. Al efecto, cada distrito municipal elegirá por sufragio universal un número de compromisarios igual a la sexta parte del de Concejales que deban componer su Ayuntamiento. Los distritos municipales donde el número de Concejales no llegue a seis, elegirán, sin embargo, un compromisario. Los compromisarios así elegidos se asociarán a la Diputación provincial respectiva, constituyendo con ella la Junta electoral. Cada una de estas Juntas elegirá, a pluralidad absoluta de votos, cuatro Senadores.

Art. 61.   Cualquiera que sea en adelante la división territorial, nunca se alterará el número total de Senadores que, con arreglo a lo prescrito en esta Constitución, resulta de la demarcación actual de provincias.

Art. 62.   Para ser elegido Senador se necesita:
1°.   Ser español.
2°.   Tener cuarenta años de edad.
3°.   Gozar de todos los derechos civiles; y
4°.   Reunir algunas de las siguientes condiciones:
Ser o haber sido Presidente del Congreso.
Diputado electo en tres elecciones generales, o una vez para Cortes Constituyentes.
Ministro de la Corona.
Presidente del Consejo de Estado, de los Tribunales Supremos, del Consejo Supremo de la Guerra y del Tribunal de Cuentas del Reino.
Capitán general de Ejército o Almirante.
Teniente general o Vicealmirante. Embajador.
Consejero de Estado.
Magistrado de los Tribunales Supremos, individuo del Consejo Supremo de la Guerra y del Almirantazgo, Ministro del Tribunal de Cuentas del Reino o Ministro plenipotenciario durante dos años.
Arzobispo u Obispo.
Rector dc Univcrsidad de la Clase de Catedráticos.
Catedrático de término, con dos años de ejercicio.
Presidente o Director de las Academias Española, de la Historia, de Nobles Artes, de Ciencias Exactas, Físicas y Naturales, de Ciencias Morales y Políticas, y de Ciencias Médicas.
Inspector general de los Cuerpos de ingenieros civiles.
Diputado provincial cuatro veces.
Alcalde dos veces en pueblos de más de 30.000 almas.

Art. 63.   Serán además elegibles los 50 mayores contribuyentes por contribución territorial, y los 20 mayores por subsidio industrial y comercial, de cada provincia.

Art. 64.   El Senado se renovará por cuartas partes, con arreglo a la Ley Electoral, cada vez que se hagan elecciones generales de

Diputados. La renovación será total cuando el Rey disuelva el Senado.

Sección tercera. Del Congreso.

Art. 65. El Congreso se compondrá de un Diputado al menos por cada 40.000 almas de población, elegido con arreglo a la ley Electoral.

Art. 66. Para ser Diputado se requiere ser español, mayor de edad, y gozar de todos los derechos civiles.

TÍTULO IV: DEL REY

Art. 67. La persona del Rey es inviolable, y no está sujeta a responsabilidad, Son responsables los Ministros.

Art. 68. El Rey nombra y separa libremente sus Ministros,

Art. 69. La potestad de hacer ejecutar las leyes reside en el Rey, y su autoridad de extiende a todo cuanto conduce a la conservación del orden público en lo interior y a la seguridad del Estado en lo exterior, conforme a la Constitución y a las leyes.

Art. 70. El Rey dispone de las fuerzas de mar y tierra, declara la guerra, y hace y ratifica la paz; dando después cuenta documentada a las Cortes.

Art. 71. Una sola vez en cada legislatura podrá el Rey suspender las Cortes sin el consentimiento de éstas. En todo caso, las Cortes no podrán dejar de estar reunidas el tiempo señalado en el art. 43.

Art. 72. En el caso de disolución de uno o de ambos Cuerpos Colegisladores, el Real decreto contendrá necesariamente la convocatoria de las Cortes para dentro de tres meses.

Art. 73.   Además de las facultades necesarias para la ejecución de las leyes, corresponde al Rey:

1º.   Cuidar de la acuñación de la moneda, en la que se pondrá su busto y nombre.

2º.   Conferir los empleos civiles y militares con arreglo a las leyes.

3º.   Conceder en igual forma honores y distinciones.

4º.   Dirigir las relaciones diplomáticas y comerciales con las demás potencias.

5º.   Cuidar de que en todo el Reino se administre pronta y cumplida justicia; y

6º.   Indultar a los delincuentes, con arreglo a las leyes, salvo lo dispuesto relativamente a los Ministros.

Art. 74.   El Rey necesita estar autorizado por una ley especial:

1º.   Para enajenar, ceder o permutar cualquier parte del territorio español.

2º.   Para incorporar cualquier otro territorio al territorio español.

3º.   Para admitir tropas extranjeras en el Reino.

4º.   Para ratificar los tratados de alianza ofensiva, los especiales de comercio, los que estipulen dar subsidios a una potencia extranjera, y todos aquellos que puedan obligar individualmente a los españoles. En ningún caso los artículos secretos de un tratado podrán derogar los públicos.

5º.   Para conceder amnistías e indultos generales.

6º.   Para contraer matrimonio y para permitir que lo contraigan las personas que sean súbditos suyos y tengan derecho a suceder en la Corona, según la Constitución; y

7º.   Para abdicar la Corona.

Art. 75.   Al Rey corresponde la facultad de hacer reglamentos para el cumplimiento y aplicación de las leyes, previos los requisitos que las mismas señalen.

Art. 76.   La dotación del Rey se fijará al principio de cada reinado.

TÍTULO V: DE LA SUCESIÓN A LA CORONA Y DE LA REGENCIA DEL REINO

Art. 77.   La autoridad Real será hereditaria. La sucesión en el Trono seguirá el orden regular de primogenitura y representación, siendo preferida siempre la línea anterior a las posteriores; en la misma línea, el grado más próximo al más remoto; en el mismo grado, el varón a la hembra, y en el mismo sexo, la persona de más edad a la de menos.

Art. 78.   Si llegare a extinguirse la dinastía que sea llamada a la posesión de la Corona, las Cortes harán nuevos llamamientos, como más convenga a la Nación.

Art. 79.   Cuando falleciere el Rey, el nuevo Rey jurará guardar y hacer guardar la Constitución y las Leyes, del mismo modo y en los mismos términos que las Cortes decreten para el primero que ocupe el Trono conforme a la Constitución. Igual juramento prestará el Príncipe de Asturias cuando cumpla diez y ocho años.

Art. 80.   Las Cortes excluirán de la sucesión a aquellas personas que sean incapaces para gobernar o hayan hecho cosa por que merezcan perder el derecho a la Corona.

Art. 81.   Cuando reine una hembra, su marido no tendrá parte ninguna en el gobierno del Reino.

Art. 82.   El Rey es mayor de edad a los diez y ocho años.

Art. 83.   Cuando el Rey se imposibilitare para ejercer su autoridad, y la imposibilidad fuere reconocida por las Cortes, o vacare la Corona siendo de menor edad el inmediato sucesor, nombrarán las Cortes para gobernar el Reino una Regencia compuesta de una, tres o cinco personas.

Art. 84. Hasta que las Cortes nombren la Regencia, será gobernado el Reino provisionalmente por el padre, o, en su defecto, por la madre del Rey, y en defecto de ambos, por el Consejo de Ministros.

Art. 85. La Regencia ejercerá toda la autoridad del Rey, en cuyo nombre se publicarán los actos del Gobierno. Durante la Regencia no puede hacerse variación alguna en la Constitución.

Art. 86. Será tutor del Rey menor el que le hubiere nombrado en su testamento el Rey difunto. Si éste no le hubiere nombrado, recaerá la tutela en el padre, y, en su defecto, en la madre mientras permanezcan viudos. A falta de tutor testamentario o legítimo, le nombrarán las Cortes. En el primero y tercer caso el tutor ha de ser español de nacimiento. Las Cortes tendrán respecto de la tutela del Rey las mismas facultades que les concede el art. 80 en cuanto a la sucesión a la Corona. Los cargos de Regente y de tutor del Rey no pueden estar reunidos sino en el padre o la madre.

TÍTULO VI: DE LOS MINISTROS

Art. 87. Todo lo que el Rey mandare o dispusiere en el ejercicio de su autoridad, será firmado por el Ministro a quien corresponda. Ningún funcionario público dará cumplimiento a lo que carezca de este requisito.

Art. 88. No podrán asistir a las sesiones de las Cortes los Ministros que no pertenezcan a uno de los Cuerpos Colegisladores.

Art. 89. Los Ministros son responsables ante las Cortes de los delitos que cometan en el ejercicio de sus funciones. Al Congreso corresponde acusarlos y al Senado juzgarlos. Las leyes determinarán los casos de responsabilidad de los Ministros, las penas a que estén sujetos y el modo de proceder contra ellos.

Art. 90. Para que el Rey indulte a los Ministros condenados por el Senado, ha de preceder petición de uno de los Cuerpos Colegisladores.

TÍTULO VII: DEL PODER JUDICIAL

Art. 91.   A los Tribunales corresponde exclusivamente la potestad de aplicar las leyes en los juicios civiles y criminales. La justicia se administra en nombre del Rey. Unos mismos Códigos regirán en toda la Monarquía, sin perjuicio de las variaciones que por particulares circunstancias determinen las leyes. En ellos no se establecerá más que un solo fuero para todos los españoles en los juicios comunes, civiles y criminales.

Art. 92. Los Tribunales no aplicarán los reglamentos generales, provinciales y locales sino en cuanto estén conformes con las leyes.

Art. 93. Se establecerá el juicio por jurados para todos los delitos políticos, y para los comunes que determine la ley.   La ley determinará también las condiciones necesarias para desempeñar el cargo de jurado.

Art. 94.   El Rey nombra los Magistrados y Jueces a propuesta del Consejo de Estado y con arreglo a la ley orgánica de Tribunales. El ingreso en la carrera judicial será por oposición. Sin embargo, el Rey podrá nombrar hasta la cuarta parte de Magistrados de las Audiencias y del Tribunal Supremo sin sujeción a lo dispuesto en el párrafo anterior, ni a las reglas generales de la ley orgánica de Tribunales pero siempre con audiencia del Consejo de Estado y dentro de las categorías que para estos casos establezca la referida ley.

Art. 95. Los Magistrados y Jueces no podrán ser depuestos sino por sentencia ejecutoria o por Real decreto acordado en Consejo de Ministros, previa consulta del Consejo de Estado, y al tenor de lo que se disponga en la mencionada ley orgánica. Tampoco podrán ser trasladados sino por Real decreto expedido con los mismos trámites; pero podrán ser suspendidos por auto de Tribunal competente.

Art. 96.   Los Tribunales, bajo su responsabilidad, no darán posesión a los Magistrados o Jueces que no hubieren sido nombrados con arreglo a la Constitución y a las leyes.

Art. 97. Los ascensos en la carrera judicial se harán a consulta del Consejo de Estado.

Art. 98. Los Jueces son responsables personalmente de toda infracción de ley que cometan, según lo que determine la ley de responsabilidad judicial. Todo español podrá entablar acción pública contra los Jueces o Magistrados por los delitos que cometieren en el ejercicio de su cargo.

TÍTULO VIII: DE LAS DIPUTACIONES PROVINCIALES Y AYUNTAMIENTOS

Art. 99. La organización y atribuciones de las Diputaciones provinciales y Ayuntamientos se regirán por sus respectivas leyes. Estas se ajustarán a los principios siguientes:
1°. Gobierno y dirección de los intereses peculiares de la provincia o del pueblo por las respectivas Corporaciones.
2°. Publicidad por las sesiones de unas y otras dentro de los límites señalados por la ley.
3°. Publicación de los presupuestos, cuentas y acuerdos importantes de las mismas,
4°. Intervención del Rey, y en su caso de las Cortes, para impedir que las Diputaciones provinciales y los Ayuntamientos se extralimiten de sus atribuciones en perjuicio de los intereses generales y permanentes; y
5°. Determinación de sus facultades en materia de impuestos a fin de que los provinciales y municipales no se hallen nunca en oposición con el sistema tributario del Estado.

TÍTULO IV: DE LAS CONTRIBUCIONES Y DE LA FUERZA PÚBLICA

Art. 100. El Gobierno presentará todos los años a las Cortes los presupuestos de gastos y de ingresos, expresando las alteraciones que haya hecho en los del año anterior. Cuando las Cortes se reúnan el 1°. de Febrero, los presupuestos habrán de presentarse al Congreso dentro de los diez días siguientes a su reunión.

Art. 101.   El Gobierno presentará, al mismo tiempo que los presupuestos, el balance del último ejercicio, como arreglo a la ley.

Art. 102. Ningún pago podrá hacerse sino con arreglo a la ley de Presupuestos u otra especial, y por orden del Ministro de Hacienda, en la forma y bajo la responsabilidad que las leyes determinen.

Art. 103.   El Gobierno necesita estar autorizado por una ley para disponer de las propiedades del Estado y para tomar caudales a préstamo sobre el crédito de la Nación.

Art. 104.   La Deuda pública está bajo la salvaguardia de la Nación. No se hará ningún empréstito sin que se voten al mismo tiempo los recursos necesarios para pagar sus intereses.

Art. 105.   Todas las leyes referentes a ingresos, gastos públicos o crédito público se considerarán como parte del presupuesto y se publicarán con este carácter.

Art. 106. Las Cortes fijará todos los años, a propuesta del Rey, las fuerzas militares de mar y tierra. Las leyes que determinen estas fuerzas se votarán antes que la de Presupuestos.

Art. 107.   No puede existir en territorio español fuerza armada permanente que no esté autorizada por una ley.

TÍTULO X: DE LAS PROVINCIAS DE ULTRAMAR

Art. 108.   Las Cortes Constituyentes reformarán el sistema actual de gobierno de las provincias de Ultramar, cuando hayan tomado asiento los Diputados de Cuba o Puerto Rico, para hacer extensivos a las mismas, con las modificaciones que se creyeren necesarias, los derechos consignados en la Constitución.

Art. 109.   El régimen por que se gobiernan las provincias españolas situadas en el Archipiélago filipino será reformado por una ley.

Título XI: De la reforma de la Constitución

Art. 110.   Las Cortes, por sí o a propuesta del Rey, podrán acordar la reforma de la Constitución, señalando al efecto el artículo o artículos que hayan de alterarse.

Art. 111.   Hecha esta declaración, el Rey disolverá el Senado y el Congreso, y convocará nuevas Cortes, que se reunirán dentro de los tres meses siguientes. En la convocatoria se insertará la resolución de las Cortes de que habla el artículo anterior.

Art. 112. Los Cuerpos Colegisladores tendrán el carácter de Constituyentes tan sólo para deliberar acerca de la reforma, continuando después con el de Cortes ordinarias. Mientras las Cortes sean Constituyentes, no podrá ser disuelto ninguno de los Cuerpos Colegisladores.

Disposiciones transitorias

Artículo 1º.   La ley que en virtud de esta Constitución se haga para elegir la persona del Rey y para resolver las cuestiones a que esta elección diere lugar, formará parte de la Constitución.

Art. 2º.   Hasta que promulgada la ley orgánica de Tribunales, tengan cumplido efecto los artículos 94, 95, 96 y 97 de la Constitución, el Poder ejecutivo podrá dictar las disposiciones conducentes a su aplicación en la parte que sea posible.

Palacio de las Cortes en Madrid a 1º. de Junio de 1869.—Nicolás María Rivero, Diputado por Madrid, Presidente.—Manuel de Llano y Persi, Diputado por la circunscripción de Alcalá, Secretario.—El Marqués de Sardoal, Diputado por Motril, Secretario.—Julián Sánchez Ruano, Diputado por Salamanca, Secretario.—Francisco Javier Carratalá, Diputado por Alicante, Secretario

Constitución de la monarquía española de 1876

Don Alfonso XII, por la gracia de Dios Rey constitucional de España. A todos los que las presentes vieren y entendieren, sabed: que en unión y de acuerdo con las Cortes del Reino actualmente reunidas, hemos venido en decretar y sancionar la siguiente

CONSTITUCIÓN DE LA MONARQUÍA ESPAÑOLA

TÍTULO PRIMERO: DE LOS ESPAÑOLES Y SUS DERECHOS

Artículo 1º. Son españoles:

Primero. Las personas nacidas en territorio español.

Segundo. Los hijos de padre o madre españoles, aunque hayan nacido fuera de España.

Tercero. Los extranjeros que hayan obtenido carta de naturaleza.

Cuarto. Los que sin ella hayan ganado vecindad en cualquier pueblo de la Monarquía.

La calidad de español se pierde: por adquirir naturaleza en país extranjero y por admitir empleo de otro Gobierno sin licencia del Rey.

Art. 2º. Los extranjeros podrán establecerse libremente en territorio español, ejercer en él su industria o dedicarse a cualquiera profesión para cuyo desempeño no exijan las leyes títulos de aptitud expedidos por las autoridades españolas. Los que no estuvieren naturalizados, no podrán ejercer en España cargo alguno que tenga aneja autoridad o jurisdicción.

Art. 3º. Todo español está obligado a defender la Patria con las armas, cuando sea llamado por la ley, y a contribuir, en proporción de sus haberes, para los gastos del Estado, de la provincia y del Municipio. Nadie está obligado a pagar contribución que no esté votada por las Cortes o por las Corporaciones legalmente autorizadas para imponerla.

Art. 4º.   Ningún español, ni extranjero, podrá ser detenido sino en los casos y en la forma que las leyes prescriban. Todo detenido será puesto en libertad o entregado a la autoridad judicial dentro de las veinticuatro horas siguientes al acto de la detención. Toda detención se dejará sin efecto o elevará a prisión dentro de las setenta y dos horas de haber sido entregado el detenido al juez competente. La providencia que se dictare se notificará al interesado dentro del mismo plazo.

Art. 5º.   Ningún español podrá ser preso sino en virtud de mandamiento de juez competente. El auto en que se haya dictado el mandamiento se ratificará o repondrá, oído el presunto reo, dentro de las setenta y dos horas siguientes al acto de la prisión. Toda persona detenida o presa sin las formalidades legales, o fuera de los casos previstos en la Constitución y las leyes, será puesta en libertad a petición suya o de cualquier español. La ley determinará la forma de proceder sumariamente en este caso.

Art. 6º.   Nadie podrá entrar en el domicilio de un español, o extranjero residente en España, sin su consentimiento, excepto en los casos y en la forma expresamente previstos en las leyes. El registro de papeles y efectos se verificará siempre a presencia del interesado o de un individuo de su familia, y en su defecto, de dos testigos vecinos del mismo pueblo.

Art. 7º.   No podrá detenerse ni abrirse por la autoridad gubernativa la correspondencia confiada al correo.

Art. 8º.   Todo auto de prisión, de registro de morada o de detención de la correspondencia, será motivado.

Art. 9º.   Ningún español podrá ser compelido a mudar de domicilio o residencia sino en virtud de mandato de autoridad competente, y en los casos previstos por las leyes.

Art. 10.   No se impondrá jamás la pena de confiscación de bienes, y nadie podrá ser privado de su propiedad sino por autoridad competente y por causa justificada de utilidad pública, previa siempre la correspondiente indemnización. Si no procediere este requisito, los jueces ampararán y en su caso reintegrarán en la posesión al expropiado.

Art. 11.   La religión católica, apostólica, romana, es la del Estado. La Nación se obliga a mantener el culto y sus ministros. Nadie será molestado en el territorio español por sus opiniones religiosas ni por el ejercicio de su respectivo culto, salvo el respeto debido a la moral cristiana. No se permitirán, sin embargo, otras ceremonias ni manifestaciones públicas que las de la religión del Estado.

Art. 12.   Cada cual es libre de elegir su profesión y de aprenderla como mejor le parezca. Todo español podrá fundar y sostener establecimientos de instrucción o de educación con arreglo a las leyes. Al Estado corresponde expedir los títulos profesionales y establecer las condiciones de los que pretendan obtenerlos, y la forma en que han de probar su aptitud. Una ley especial determinará los deberes de los profesores y las reglas a que ha de someterse la enseñanza en los establecimientos de instrucción pública costeados por el Estado, las provincias o los pueblos.

Art. 13.   Todo español tiene derecho: De emitir libremente sus ideas y opiniones, ya de palabra, ya por escrito, valiéndose de la imprenta o de otro procedimiento semejante, sin sujeción a la censura previa. De reunirse pacíficamente. De asociarse para los fines de la vida humana. De dirigir peticiones individual o colectivamente al Rey, a las Cortes y a las autoridades. El derecho de petición no podrá ejercerse por ninguna clase de fuerza armada. Tampoco podrán ejercerlo individualmente los que formen parte de una fuerza armada, sino con arreglo a las leyes de su instituto, en cuanto tenga relación con éste.

Art. 14.   Las leyes dictarán las reglas oportunas para asegurar a los españoles en el respeto recíproco de los derechos que este título les reconoce, sin menoscabo de los derechos de la Nación, ni los atributos esenciales del Poder público. Determinarán asimismo la responsabilidad civil y penal a que han de quedar sujetos, según los casos, los jueces, autoridades y funcionarios de todas las clases que atenten a los derechos enumerados en este título.

Art. 15.   Todos los españoles son admisibles a los empleos y cargos públicos, según su mérito y capacidad.

Art. 16.   Ningún español puede ser procesado ni sentenciado sino por el Juez o Tribunal competente, en virtud de leyes anteriores al delito, y en la forma que éstas prescriban,

Art. 17.   Las garantías expresadas en los artículos 4º., 5º., 6º., y 9º., y párrafos primero, segundo y tercero del 13, no podrán suspenderse en toda la Monarquía, ni en parte de ella, sino temporalmente y por medio de una ley, cuando así lo exija la seguridad del Estado, en circunstancias extraordinarias.   Sólo no estando reunidas las Cortes y siendo el caso grave y de notoria urgencia, podrá el Gobierno, bajo su responsabilidad, acordar la suspensión de garantías a que se refiere el párrafo anterior, sometiendo su acuerdo a la aprobación de aquéllas lo más pronto posible.   Pero en ningún caso se suspenderán más garantías que las expresadas en el primer párrafo de este artículo.   Tampoco los jefes militares o civiles podrán establecer otra penalidad que la prescrita previamente por la ley.

TÍTULO II: DE LAS CORTES

Art. 18.   La potestad de hacer las leyes reside en las Cortes con el Rey.

Art. 19.   Las Cortes se componen de dos Cuerpos Colegisladores, iguales en facultades: el Senado y el Congreso de los Diputados.

TÍTULO III: DEL SENADO

Art. 20. El Senado se compone:
Primero.   De Senadores por derecho propio.
Segundo.   De Senadores vitalicios nombrados por la Corona.
Tercero.   De Senadores elegidos por las Corporaciones del Estado y mayores contribuyentes en la forma que determine la ley.

El número de los Senadores por derecho propio y vitalicios no podrá exceder de 180. Este número será el de los Senadores electivos.

Art. 21.   Son Senadores por derecho propio: Los hijos del Rey y del sucesor inmediato de la Corona, que hayan llegado a la mayor edad.   Los grandes de España que lo fueren por sí, que no sean súbditos de otra Potencia y acrediten tener la renta anual de 60.000 pesetas, procedente de bienes propios, inmuebles, o de derechos que gocen la misma consideración legal.   Los Capitanes generales del Ejército y el Almirante de la Armada.   El Patriarca de las Indias y los Arzobispos.

El Presidente del Consejo de Estado, el del Tribunal Supremo, el del Tribunal de Cuentas del Reino, el del Consejo Supremo de la Guerra, el de la Armada, después de dos años de ejercicio.

Art. 22.   Sólo podrán ser Senadores por nombramiento del Rey o por elección de las Corporaciones del Estado y mayores contribuyentes, los españoles que pertenezcan o hayan pertenecido a una de las siguientes clases:

Primero.   Presidente del Senado o del Congreso de los Diputados.

Segundo.   Diputados que hayan pertenecido a tres Congresos diferentes o que hayan ejercido la Diputación durante ocho legislaturas.

Tercero.   Ministros de la Corona.

Cuarto.   Obispos.

Quinto.   Grandes de España.

Sexto.   Tenientes generales del Ejército y Vicealmirantes de la Armada, después de dos años de su nombramiento.

Séptimo.   Embajadores, después de dos años de servicio efectivo, y ministros plenipotenciarios después de cuatro.

Octavo.   Consejeros de Estado, fiscal del mismo Cuerpo, y ministros y fiscales del Tribunal Supremo y del de Cuentas del Reino, consejeros del Supremo de la Guerra y de la Armada, y decano del Tribunal de las Ordenes Militares, después de dos años de ejercicio.

Noveno.   Presidentes o directores de las Reales Academias Española, de la Historia, de Bellas Artes de San Fernando, de Ciencias Exactas, Físicas y Naturales, de Ciencias Morales y Políticas, y de Medicina.

Décimo. Académicos de número de las Corporaciones mencionadas, que ocupen la primera mitad de la escala de antigüedad en su Cuerpo; inspectores generales de primera clase de los Cuerpos de Ingenieros de Caminos, Minas y Montes; catedráticos de término de las Universidades, siempre que lleven cuatro años de antigüedad en su categoría y de ejercicio dentro de ella. Los comprendidos en las categorías anteriores deberán, además, disfrutar 7.500 pesetas de renta, procedente de bienes propios, o de sueldos de los empleos que no pueden perderse sino por causa legalmente probada o de jubilación, retiro o cesantía.

Undécimo. Los que con dos años de antelación posean una renta anual de 20.000 pesetas o paguen 4.000 pesetas por contribuciones directas al Tesoro público, siempre que además sean títulos del Reino, hayan sido Diputados a Cortes, diputados provinciales o alcaldes en capital de provincia o en pueblos de más de 20.000 almas.

Duodécimo. Los que hayan ejercido alguna vez el cargo de Senador antes de promulgarse esta Constitución. Los que para ser Senadores en cualquier tiempo hubieren acreditado renta podrán probarla para que se les compute, al ingresar como Senadores por derecho propio, con certificación del Registro de la Propiedad que justifique que siguen poseyendo los mismos bienes.

El nombramiento por el Rey de Senadores se hará por decretos especiales, y en ellos se expresará siempre el título en que, conforme a lo dispuesto en este artículo, se funde el nombramiento.

Art. 23. Las condiciones necesarias para ser nombrado o elegido Senador podrán variarse por una ley.

Art. 24. Los Senadores electivos se renovarán por mitad cada cinco años, y en totalidad cuando el Rey disuelva esta parte del Senado.

Art. 25. Los Senadores no podrán admitir empleo, ascenso que no sea de escala cerrada, títulos ni condecoraciones, mientras estuviesen abiertas las Cortes. El Gobierno podrá, sin embargo, conferirles dentro de sus respectivos empleos o categoría, las comisiones que exija el servicio público.

Exceptúase de lo dispuesto en el párrafo primero de este artículo el cargo de Ministro de la Corona.

Art. 26. Para tomar asiento en el Senado se necesita ser español, tener treinta y cinco años cumplidos, no estar procesado criminalmente ni inhabilitado en el ejercicio de sus derechos políticos, y no tener sus bienes intervenidos.

TÍTULO IV: DEL CONGRESO DE LOS DIPUTADOS

Art. 27.   El Congreso de los Diputados se compondrá de los que nombren las Juntas electorales, en la forma que determine la ley. Se nombrará un Diputado a lo menos por cada 50.000 almas de población.

Art. 28. Los Diputados se elegirán y podrán ser reelegidos indefinidamente, por el método que determine la ley.

Art. 29.   Para ser elegido Diputado se requiere ser español, de estado seglar, mayor de edad, y gozar de todos los derechos civiles. La ley determinará con qué clase de funciones es incompatible el cargo de Diputado, y los casos de reelección.

Art. 30.   Los Diputados serán elegidos por cinco años.

Art. 31.   Los Diputados a quienes el Gobierno o la Real Casa confieran pensión, empleo, ascenso que no sea de escala cerrada, comisión con sueldo, honores o condecoraciones, cesarán en su cargo sin necesidad de declaración alguna, si dentro de los quince días inmediatos a su nombramiento no participan al Congreso la renuncia de la gracia. Lo dispuesto en el párrafo anterior no comprende a los Diputados que fueren nombrados Ministros de la Corona.

TÍTULO V: DE LA CELEBRACIÓN Y FACULTADES DE LAS CORTES

Art. 32. Las Cortes se reúnen todos los años. Corresponde al Rey convocarlas, suspender, cerrar sus sesiones y disolver simultánea o separadamente la parte electiva del Senado y el Congreso de los Diputados, con la obligación, en este caso, de convocar y reunir el Cuerpo o Cuerpos disueltos dentro de tres meses.

Art. 33. Las Cortes serán precisamente convocadas luego que vacare la Corona, o cuando el Rey se imposibilitare de cualquier modo para el gobierno.

Art. 34. Cada uno de los Cuerpos Colegisladores forma el respectivo Reglamento para su gobierno interior, y examina, así las calidades de los individuos que le componen, como la legalidad de su elección.

Art. 35. El Congreso de los Diputados nombra su Presidente, Vicepresidentes y Secretarios.

Art. 36. El Rey nombra para cada legislatura, de entre los mismos Senadores, el Presidente y Vicepresidentes del Senado, y éste elige sus Secretarios.

Art. 37. El Rey abre y cierra las Cortes, en persona, o por medio de los Ministros.

Art. 38. No podrá estar reunido uno de los dos Cuerpos Colegisladores sin que también lo esté el otro; exceptuase el caso en que el Senado ejerza funciones judiciales.

Art. 39. Los Cuerpos Colegisladores no pueden deliberar juntos, ni en presencia del Rey.

Art. 40. Las sesiones del Senado y del Congreso serán públicas, y sólo en los casos que exijan reserva podrá celebrarse sesión secreta.

Art. 41. El Rey y cada uno de los Cuerpos Colegisladores tienen la iniciativa de las leyes.

Art. 42.   Las leyes sobre contribuciones y crédito público se presentarán primero al Congreso de los Diputados.

Art. 43.   Las resoluciones en cada uno de los Cuerpos Colegisladores se toman a pluralidad de votos; pero para votar las leyes se requiere la presencia de la mitad más uno del número total de los individuos que lo componen.

Art. 44.   Si uno de los Cuerpos Colegisladores desechara algún proyecto de ley, o le negare el Rey la sanción, no podrá volverse a proponer otro proyecto de ley sobre el mismo objeto en aquella legislatura.

Art. 45.   Además de la potestad legislativa que ejercen las Cortes con el Rey, les pertenecen las facultades siguientes:
    Primera. Recibir al Rey, al sucesor inmediato de la Corona y a la Regencia o Regente del Reino, el juramento de guardar la Constitución y las leyes.
    Segunda. Elegir Regente o Regencia del Reino y nombrar tutor al Rey menor, cuando lo previene la Constitución.
    Tercera.   Hacer efectiva la responsabilidad de los Ministros, los cuales serán acusados por el Congreso y juzgados por el Senado.

Art. 46.   Los Senadores y Diputados son inviolables por sus opiniones y votos en el ejercicio de su cargo.

Art. 47.   Los Senadores no podrán ser procesados ni arrestados sin previa resolución del Senado sino cuando sean hallados in fraganti, o cuando no esté reunido el Senado; pero en todo caso se dará cuenta a este Cuerpo lo más pronto posible para que determine lo que corresponda. Tampoco podrán los Diputados ser procesados ni arrestados durante las sesiones sin permiso del Congreso, a no ser hallados in fraganti; pero en este caso y en el de ser procesados o arrestados cuando estuvieren cerradas las Cortes, se dará cuenta lo más pronto posible al Congreso para su conocimiento y resolución. El Tribunal Supremo conocerá de las causas criminales contra los Senadores y Diputados, en los casos y en la forma que determine la ley.

TÍTULO VI: DEL REY Y SUS MINISTROS

Art. 48.   La persona del Rey es sagrada e inviolable.

Art. 49.   Son responsables los Ministros. Ningún mandato del Rey puede llevarse a efecto si no está refrendado por un Ministro, que por sólo este hecho se hace responsable.

Art. 50.   La potestad de hacer ejecutar las leyes reside en el Rey, y su autoridad se extiende a todo cuanto conduce a la conservación del orden público en lo interior y a la seguridad del Estado en lo exterior, conforme a la Constitución y a las leyes.

Art. 51.   El Rey sanciona y promulga las leyes.

Art. 52. Tiene el mando supremo del Ejército y Armada, y dispone de las fuerzas de mar y tierra.

Art. 53.   Concede los grados, ascensos y recompensas militares con arreglo a las leyes.

Art. 54.   Corresponde además, al Rey:
Primero.   Expedir los decretos, reglamentos e instrucciones que sean conducentes para la ejecución de las leyes.
Segundo. Cuidar de que en todo el Reino se administre pronta y cumplidamente la justicia.
Tercero.   Indultar a los delincuentes con arreglo a las leyes.
Cuarto.   Declarar la guerra y hacer y ratificar la paz, dando después cuenta documentada a las Cortes.
Quinto.   Dirigir las relaciones diplomáticas y comerciales con las demás Potencias.
Sexto.   Cuidar de la acuñación de la moneda, en la que se pondrá su busto y nombre.
Séptimo.   Decretar la inversión de los fondos destinados a cada uno de los ramos de la Administración, dentro de la ley de Presupuestos.
Octavo.   Conferir los empleos civiles, y conceder honores y distinciones de todas clases, con arreglo a las leyes.
Noveno.   Nombrar y separar libremente a los Ministros.

Art. 55.   El Rey necesita estar autorizado por una ley especial:

Primero.   Para enajenar, ceder o permutar cualquiera parte del territorio español.

Segundo.   Para incorporar cualquiera otro territorio al territorio español.

Tercero.   Para admitir tropas extranjeras en el Reino.

Cuarto.   Para ratificar los tratados de alianza ofensiva, los especiales de comercio, los que estipulen dar subsidios a alguna Potencia extranjera y todos aquellos que puedan obligar individualmente a los españoles: En ningún caso los artículos secretos de un tratado podrán derogar los públicos.

Quinto.   Para abdicar la Corona en su inmediato sucesor.

Art. 56.   El Rey, antes de contraer matrimonio, lo pondrá en conocimiento de las Cortes, a cuya aprobación se someterán los contratos y estipulaciones matrimoniales que deban ser objeto de una ley.   Lo mismo se observará respecto del inmediato sucesor a la Corona.   Ni el Rey ni el inmediato sucesor pueden contraer matrimonio con persona que por la ley esté excluida de la sucesión a la Corona.

Art. 57.   La dotación del Rey y de su familia se fijará por las Cortes al principio de cada reinado.

Art. 58.   Los Ministros pueden ser Senadores o Diputados, y tomar parte en las discusiones de ambos Cuerpos Colegisladores; pero sólo tendrán voto en aquel a que pertenezcan.

TÍTULO VII: DE LA SUCESIÓN DE LA CORONA

Art. 59.   El Rey legítimo de España es Don Alfonso XII de Borbón.

Art. 60.   La sucesión al Trono de España seguirá el orden regular de primogenitura y representación, siendo preferida siempre la línea anterior a las posteriores; en la misma línea, el grado más próximo al más remoto; en el mismo grado, el varón a la hembra, y en el mismo sexo, la persona de más edad a la de menos.

Art. 61.   Extinguidas las líneas de los descendientes legítimos de Don Alfonso XII de Borbón, sucederán por el orden que queda establecido sus hermanas, su tía, hermana de su madre, y sus legítimos descendientes, y los de sus tíos, hermanos de D. Fernando VII, si no estuvieren excluídos.

Art. 62.   Si llegaran a extinguirse todas las líneas que se señalan, las Cortes harán nuevos llamamientos, como más convenga a la Nación.

Art. 63.   Cualquiera duda de hecho o de derecho que ocurra en orden a la sucesión de la Corona se resolverá por una ley.

Art. 64.   Las personas que sean incapaces para gobernar, o hayan hecho cosa por que merezcan perder el derecho a la Corona, serán excluidas de la sucesión por una ley.

Art. 65.   Cuando reine una hembra, el Príncipe consorte no tendrá parte ninguna en el gobierno del Reino.

TÍTULO VIII: DE LA MENOR EDAD DEL REY Y DE LA REGENCIA

Art. 66.   El Rey es menor de edad hasta cumplir diez y seis años.

Art. 67.   Cuando el Rey fuere menor de edad, el padre o la madre del Rey y en su defecto el pariente más próximo a suceder en la Corona, según el orden establecido en la Constitución, entrará desde luego a ejercer la Regencia, y la ejercerá todo el tiempo de la menor edad del Rey.

Art. 68.   Para que el pariente más próximo ejerza la Regencia necesita ser español, tener veinte años cumplidos, y no estar excluidos de la sucesión de la Corona. El padre o la madre del Rey sólo podrán ejercer la Regencia permaneciendo viudos.

Art. 69.   El Regente prestará ante las Cortes el juramento de ser fiel al Rey menor y guardar la Constitución y las leyes. Si las Cortes no estuviesen reunidas, el Regente las convocará inmediatamente, y entre tanto prestará el mismo juramento ante el Consejo de Ministros, prometiendo reiterarle ante las Cortes tan luego como se hallen congregadas.

Art. 70.   Si no hubiere ninguna persona a quien corresponda de derecho la Regencia, la nombrarán las Cortes y se compondrá de una, tres o cinco personas.   Hasta que se haga este nombramiento, gobernará provisionalmente el Reino el Consejo de Ministros.

Art. 71.   Cuando el Rey se imposibilitare para ejercer su autoridad, y la imposibilidad fuese reconocida por las Cortes, ejercerá la Regencia, durante el impedimento, el hijo primogénito del Rey, siendo mayor de diez y seis años; en su defecto, el consorte del Rey, y a falta de éste, los llamados a la Regencia.

Art. 72.   El Regente, y la Regencia en su caso, ejercerá toda la autoridad del Rey, en cuyo nombre se publicarán los actos del Gobierno.

Art. 73.   Será tutor del Rey menor la persona que en su testamento hubiere nombrado el Rey difunto, siempre que sea español de nacimiento; si no lo hubiese nombrado, será tutor el padre o la madre, mientras permanezcan viudos. En su defecto, le nombrarán las Cortes; pero no podrán estar reunidos los encargos de Regente y de tutor del Rey sino en el padre o en la madre de éste.

TÍTULO IX: DE LA ADMINISTRACIÓN DE JUSTICIA

Art. 74.   La justicia se administra en nombre del Rey.

Art. 75.   Unos mismos Códigos regirán en toda la Monarquía sin perjuicio de las variaciones que por particulares circunstancias determinen las leyes.   En ellos no se establecerá más que un solo fuero para todos los españoles en los juicios comunes, civiles y criminales.

185

Art. 76. A los Tribunales y Juzgados pertenece exclusivamente la potestad de aplicar las leyes en los juicios civiles y criminales, sin que puedan ejercer otras funciones que las de juzgar y hacer se ejecute lo juzgado.

Art. 77. Una ley especial determinará los casos en que haya de exigirse autorización previa para procesar, ante los Tribunales ordinarios, a las autoridades y sus agentes.

Art. 78. Las leyes determinarán los Tribunales y Juzgados que ha de haber, la organización de cada uno, sus facultades, el modo de ejercerlas y las calidades que han de tener sus individuos.

Art. 79. Los juicios en materias criminales serán públicos, en la forma que determinen las leyes.

Art. 80. Los magistrados y jueces serán inamovibles y no podrán ser depuestos, suspendidos ni trasladados sino en los casos y en la forma que prescriba la ley orgánica de Tribunales.

Art. 81. Los jueces son responsables personalmente de toda infracción de ley que cometan.

TÍTULO X: DE LAS DIPUTACIONES PROVINCIALES Y DE LOS AYUNTAMIENTOS

Art. 82. En cada provincia habrá una Diputación provincial, elegida en la forma que determine la ley y compuesta del número de individuos que ésta señale.

Art. 83. Habrá en los pueblos alcaldes y Ayuntamientos. Los Ayuntamientos serán nombrados por los vecinos a quienes la ley confiera este derecho.

Art. 84.   La organización y atribuciones de las Diputaciones provinciales y Ayuntamientos se regirán por sus respectivas leyes. Estas se ajustarán a los principios siguientes:

Primero.   Gobierno y dirección de los intereses peculiares de la provincia o del pueblo por las respectivas corporaciones.

Segundo.   Publicación de los presupuestos, cuentas y acuerdos de las mismas.

Tercero.   Intervención del Rey, y, en su caso, de las Cortes, para impedir que las Diputaciones provinciales y los Ayuntamientos se extralimiten de sus atribuciones en perjuicio de los intereses generales y permanentes.

Y cuarto.   Determinación de sus facultades en materia de impuestos, a fin de que los provinciales y municipales no se hallen nunca en oposición con el sistema tributario del Estado.

TÍTULO XI: DE LAS CONTRIBUCIONES

Art. 85. Todos los años presentará el Gobierno a las Cortes el presupuesto general de gastos del Estado para el año siguiente y el plan de contribuciones y medios para llenarlos, como asimismo las cuentas de la recaudación e inversión de los caudales públicos, para su examen y aprobación. Si no pudieran ser votados antes del primer día del año económico siguiente, regirán los del anterior, siempre que para él hayan sido discutidos y votados por las Cortes y sancionados por el Rey.

Art. 86.   El Gobierno necesita estar autorizado por una ley para disponer de las propiedades del Estado y tomar caudales a préstamo sobre el crédito de la Nación.

Art. 87.   La Deuda pública está bajo la salvaguardia especial de la Nación.

TÍTULO XII: DE LA FUERZA MILITAR

Art. 88.   Las Cortes fijarán todos los años, a propuesta del Rey, la fuerza militar permanente de mar y tierra.

TÍTULO XIII: DEL GOBIERNO DE LAS PROVINCIAS DE ULTRAMAR

Art. 89.   Las provincias de Ultramar serán gobernadas por leyes especiales; pero el Gobierno queda autorizado para aplicar a las mismas, con las modificaciones que juzgue convenientes y dando cuenta a las Cortes, las leyes promulgadas o que se promulguen para la Península.   Cuba y Puerto Rico serán representadas en las Cortes del Reino en la forma que determine una ley especial, que podrá ser diversa para cada una de las dos provincias.

ARTÍCULO TRANSITORIO

El Gobierno determinará cuándo y en qué forma serán elegidos los representantes a las Cortes de la isla de Cuba   Por tanto: Mandamos a todos nuestros súbditos, de cualquiera clase y condición que sean, que hayan y guarden la presente Constitución como ley fundamental de la Monarquía.   Y mandamos a todos los Tribunales, Justicias, Jefes, Gobernadores y demás Autoridades, así civiles como militares y eclesiásticas de cualquier clase y dignidad, que guarden y hagan guardar, cumplir y ejecutar la expresada Constitución en todas sus partes.

Dado en Palacio a 30 de Junio de 1876.—Yo el Rey. El Presidente del Consejo de Ministros, Ministro interino de Hacienda, Antonio Cánovas del Castillo.—El Ministro de Estado, Fernando Calderón y Collantes.—El Ministro de Gracia y Justicia, Cristóbal Martín de Herrera.—El Ministro de la Guerra, Francisco de Ceballos y Vargas.—El Ministro de Marina, Juan de Antequera.—El Ministro de la Gobernación, Francisco Romero y Robledo.— El Ministro de Fomento, Francisco Queipo de Llano.—El Ministro de Ultramar, Adelardo López de Ayala.

Constitución de la Segunda República, 1931

Como Presidente de las Cortes Constituyentes y en su nombre, declaro solemnemente que éstas, en uso de la soberanía de que están investidas, han decretado y sancionado lo siguiente:

ESPAÑA, EN USO DE SU SOBERANÍA, Y REPRESENTADA POR LAS CORTES CONSTITUYENTES, DECRETA Y SANCIONA ESTA

CONSTITUCIÓN

TÍTULO PRELIMINAR

Disposiciones generales

Artículo primero. España es una República democrática de trabajadores de toda clase, que se organiza en régimen de Libertad y de Justicia.

Los poderes de todos sus órganos emanan del pueblo.

La República constituye un Estado integral, compatible con la autonomía de los Municipios y las Regiones.

La bandera de la República española es roja, amarilla y morada.

Art. 2º. Todos los españoles son iguales ante la ley.

Art. 3º. El Estado español no tiene religión oficial.

Art. 4º. El castellano es el idioma oficial de la República.

Todo español tiene obligación de saberlo y derecho de usarlo, sin perjuicio de los derechos que las leyes del Estado reconozcan a las lenguas de las provincias o regiones.

Salvo lo que se disponga en leyes especiales, a nadie se le podrá exigir el conocimiento ni el uso de ninguna lengua regional.

Art. 5º. La capitalidad de la República se fija en Madrid.

Art. 6°. España renuncia a la guerra como instrumento de política nacional.

Art. 7°. El Estado español acatará las normas universales del Derecho internacional, incorporándolas a su derecho positivo.

TÍTULO PRIMERO: ORGANIZACIÓN NACIONAL

Art. 8°. El estado español, dentro de los límites irreductibles de su territorio actual, estará integrado por Municipios mancomunados en provincias y por las regiones que se constituyan en régimen de autonomía.

Los territorios de soberanía del norte de África se organizarán en régimen autónomo en relación directa con el Poder central.

Art. 9°. Todos los Municipios de la República serán autónomos en las materias de su competencia, y elegirán sus Ayuntamientos por sufragio universal, igual, directo y secreto, salvo cuando funcionen en régimen de Concejo abierto.

Los Alcaldes serán designados siempre por elección directa del pueblo o por el Ayuntamiento.

Art. 10. Las provincias se constituirán por los Municipios mancomunados conforme a una ley que determinará su régimen, sus funciones y la manera de elegir el órgano gestor de sus fines político administrativos.

En su término jurisdiccional entrarán los propios Municipios que actualmente las forman, salvo las modificaciones que autorice la ley, con los requisitos correspondientes.

En las islas Canarias, además, cada isla formará una categoría orgánica provista de un Cabildo insular como Cuerpo gestor de sus intereses peculiares, con funciones y facultades administrativas iguales a las que la ley asigne al de las provincias.

Las islas Baleares podrán optar por un régimen idéntico.

Art. 11. Si una o varias provincias limítrofes, con características históricas, culturales y económicas, comunes, acordaran organizarse en región autónoma para formar un núcleo político administrativo, dentro del Estado español, presentarán su Estatuto con arreglo a lo establecido en el art. 12.

En ese Estatuto podrán recabar para sí, en su totalidad o parcialmente, las atribuciones que se determinen en los artículos 15, 16 y 18 de esta Constitución, sin perjuicio, en el segundo caso, de que puedan recabar todas o parte de las restantes por el mismo procedimiento establecido en este Código fundamental.

La condición de limítrofe no es exigible a los territorios insulares entre sí. Una vez aprobado el Estatuto, será la ley básica de la organización Político administrativa de la región autónoma, y el Estado español la reconocerá y amparará como parte integrante de su ordenamiento jurídico.

Art. 12. Para la aprobación del Estatuto de la región autónoma, se requieren las siguientes condiciones:

a) Que lo proponga la mayoría de sus Ayuntamientos o, cuando menos, aquellos cuyos Municipios comprendan las dos terceras partes del Censo electoral de la región.

b) Que lo acepten, por el procedimiento que señale la ley Electoral, por lo menos las dos terceras partes de los electores inscritos en el Censo de la región. Si el plebiscito fuere negativo, no podrá renovarse la propuesta de autonomía hasta transcurridos cinco años.

c) Que lo aprueben las Cortes.

Los Estatutos regionales serán aprobados por el Congreso siempre que se ajusten al presente Título y no contengan, en caso alguno, preceptos contrarios a la Constitución, y tampoco a las leyes orgánicas del Estado en las materias no transmisibles al poder regional, sin perjuicio de la facultad que a las Cortes reconocen los artículos 15 y 16.

Art. 13. En ningún caso se admite la federación de regiones autónomas.

Art. 14. Son de la exclusiva competencia del Estado español la legislación y la ejecución directa en las materias siguientes:

1ª. Adquisición y pérdida de la nacionalidad y regulación de los derechos y deberes constitucionales.

2ª. Relación entre las iglesias y el Estado y régimen de cultos.

3ª. Representación diplomática y consular y, en general, la del Estado en el exterior;

declaración de guerra; Tratados de paz; régimen de Colonias y Protectorado, y toda clase de relaciones internacionales.

4ª. Defensa de la seguridad pública en los conflictos de carácter suprarregional o extrarregional.

5ª. Pesca marítima.

6ª. Deuda del Estado.

7ª. Ejército, Marina de guerra y Defensa nacional.

8ª. Régimen arancelario, Tratados de Comercio, Aduanas y libre circulación de las mercancías.

9ª. Abanderamiento de buques mercantes, sus derechos y beneficios e iluminación de costas.

10. Régimen de extradición.

11. Jurisdicción del Tribunal Supremo, salvo las atribuciones que se reconozcan a los Poderes regionales.

12. Sistema monetario, emisión fiduciaria y ordenación general bancaria.

13. Régimen general de comunicaciones, líneas aéreas, correos, telégrafos, cables submarinos y radiocomunicación.

14. Aprovechamientos hidráulicos e instalaciones eléctricas cuando las aguas discurran fuera de la región autónoma o el transporte de la energía salga de su término.

15. Defensa sanitaria en cuanto afecte a intereses extrarregionales.

16. Policía de fronteras, inmigración, emigración y extranjería.

17. Hacienda general del Estado.

18. Fiscalización de la producción y el comercio de armas.

Art. 15. Corresponde al Estado español la legislación, y podrá corresponder a las regiones autónomas la ejecución, en la medida de su capacidad política, a juicio de las Cortes, sobre las siguientes materias:

1ª. Legislación penal, social, mercantil y procesal, y en cuanto a la legislación civil, la forma del matrimonio, la ordenación de los registros e hipotecas, las bases de las obligaciones contractuales y la regulación de los Estatutos, personal, real y formal, para coordinar la aplicación y resolver los conflictos entre las distintas legislaciones civiles de España. La ejecución de las leyes sociales será inspeccionada por el Gobierno de la República, para garantizar su estricto cumplimiento y el de los tratados internacionales que afecten a la materia.

2ª. Legislación sobre propiedad intelectual e industrial.

3ª. Eficacia de los comunicados oficiales y documentos públicos.

4ª. Pesas y medidas.

5ª. Régimen minero y bases mínimas sobre montes, agricultura y ganadería, en cuanto afecte a la defensa de la riqueza y a la coordinación de la economía nacional.

6ª. Ferrocarriles, carreteras, canales, teléfonos y puertos de interés general, quedando a salvo para el Estado la reversión y policía de los primeros y la ejecución directa que pueda reservarse. 7ª. Bases mínimas de la legislación sanitaria interior.

8ª. Régimen de seguros generales y sociales.

9ª. Legislación de aguas, caza y pesca fluvial.

10. Régimen de Prensa, Asociaciones, reuniones y espectáculos públicos.

11. Derecho de expropiación, salvo siempre la facultad del Estado para ejecutar por sí sus obras peculiares.

12. Socialización de riquezas naturales y empresas económicas, delimitándose por la legislación la propiedad y las facultades del Estado y de las regiones.

13. Servicios y aviación civil y radiodifusión.

Art. 16. En las materias no comprendidas en los dos artículos anteriores, podrán corresponder a la competencia de las regiones autónomas la legislación exclusiva y la ejecución directa, conforme a lo que dispongan los respectivos Estatutos aprobados por las Cortes.

Art. 17. En las regiones autónomas no se podrá regular ninguna materia con diferencia de trato entre los naturales del país y los demás españoles.

Art. 18. Todas las materias que no estén explícitamente reconocidas en su Estatuto a la región autónoma, se reputarán propias de la competencia del Estado; pero éste podrá distribuir o transmitir las facultades por medio de una ley.

Art. 19. El Estado podrá fijar, por medio de una ley, aquellas bases a que habrán de ajustarse las disposiciones legislativas de las regiones autónomas, cuando así lo exigiera la armonía entre los intereses locales y el interés general de la República.

Corresponde al Tribunal de Garantías Constitucionales la apreciación previa de esta necesidad.

Para la aprobación de esta ley se necesitará el voto favorable de las dos terceras partes de los Diputados que integren las Cortes.

En las materias reguladas por una ley de Bases de la República las regiones podrán estatuir lo pertinente, por ley o por ordenanza.

Art. 20. Las leyes de la República serán ejecutadas en las regiones autónomas por sus autoridades respectivas, excepto aquellas cuya aplicación esté atribuida a órganos especiales o en cuyo texto se disponga lo contrario, siempre conforme a lo establecido en este Título.

El Gobierno de la República podrá dictar Reglamentos para la ejecución de sus leyes, aun en los casos en que esta ejecución corresponda a las autoridades regionales.

Art. 21. El derecho del Estado español prevalece sobre el de las regiones autónomas en todo lo que no esté atribuido a la exclusiva competencia de éstas en sus respectivos Estatutos.

Art. 22. Cualquiera de las provincias que forme una región autónoma o parte de ella podrá renunciar a su régimen y volver al de provincia directamente vinculada al Poder central. Para tomar este acuerdo será necesario que lo proponga la mayoría de sus Ayuntamientos y lo acepten, por lo menos, dos terceras partes de los electorales inscritos en el censo de la provincia.

TÍTULO II: NACIONALIDAD

Art. 23. Son españoles:

1º. Los nacidos, dentro o fuera de España, de padre o madre españoles.

2º. Los nacidos en territorio español de padres extranjeros, siempre que opten por la nacionalidad española en la forma que las leyes determinen.

3º. Los nacidos en España de padres desconocidos.

4º. Los extranjeros que obtengan carta de naturaleza y los que sin ella hayan ganado vecindad en cualquier pueblo de la República, en los términos y condiciones que prescriban las leyes.

La extranjera que case con español conservará su nacionalidad de origen o adquirirá la de su marido, previa opción regulada por las leyes de acuerdo con los Tratados internacionales.

Una ley establecerá el procedimiento que facilite la adquisición de la nacionalidad a las personas de origen español que residan en el Extranjero.

Art. 24. La calidad de español se pierde:

1º. Por entrar al servicio de las armas de una potencia extranjera sin licencia del Estado español, o por aceptar empleo de otro Gobierno que lleve anejo ejercicio de autoridad o jurisdicción.

2º. Por adquirir voluntariamente naturaleza en país extranjero.

A base de una reciprocidad internacional efectiva y mediante los requisitos y trámites que fijará una ley, se concederá ciudadanía a los naturales de Portugal y países hispánicos de América, comprendido el Brasil, cuando así lo soliciten y residan en territorio español, sin que pierdan ni modifiquen su ciudadanía de origen.

En estos mismos países, si sus leyes no lo prohíben, aun cuando no reconozcan el derecho de reciprocidad, podrán naturalizarse los españoles sin perder su nacionalidad de origen.

TÍTULO III: DERECHOS Y DEBERES DE LOS ESPAÑOLES

CAPÍTULO PRIMERO. Garantías individuales y políticas

Art. 25. No podrán ser fundamento de privilegio jurídico: la naturaleza, la filiación, el sexo, la clase social, la riqueza, las ideas políticas ni las creencias religiosas.

El Estado no reconoce distinciones y títulos nobiliarios.

Art. 26. Todas las confesiones religiosas serán consideradas como Asociaciones sometidas a una ley especial.

El Estado, las regiones, las provincias y los Municipios, no mantendrán, favorecerán, ni auxiliarán económicamente a las Iglesias, Asociaciones e Instituciones religiosas.

Una ley especial regulará la total extinción, en un plazo máximo de dos años, del presupuesto del Clero. Quedan disueltas aquellas Órdenes religiosas que estatutariamente impongan, además de los tres votos canónicos, otro especial de obediencia a autoridad distinta de la legítima del Estado. Sus bienes serán nacionalizados y afectados a fines benéficos y docentes.

Las demás Órdenes religiosas se someterán a una ley especial votada por estas Cortes Constituyentes y ajustada a las siguientes bases:

1ª. Disolución de las que, por sus actividades, constituyan un peligro para la seguridad del Estado.

2ª. Inscripción de las que deban subsistir, en un Registro especial dependientes del Ministerio de Justicia.

3ª. Incapacidad de adquirir y conservar, por sí o por persona interpuesta, más bienes que los que, previa justificación, se destinen a su vivienda o al cumplimiento directo de sus fines privativos.

4ª. Prohibición de ejercer la industria, el comercio o la enseñanza.

5ª. Sumisión a todas las leyes tributarias del país.

6ª. Obligación de rendir anualmente cuentas al Estado de la inversión de sus bienes en relación con los fines de la Asociación.

Los bienes de las Órdenes religiosas podrán ser nacionalizados.

Art. 27. La libertad de conciencia y el derecho de profesar y practicar libremente cualquier religión quedan garantizados en el territorio español, salvo el respeto debido a las exigencias de la moral pública.

Los cementerios estarán sometidos exclusivamente a la jurisdicción civil. No podrá haber en ellos separación de recintos por motivos religiosos.

Todas las confesiones podrán ejercer sus cultos privadamente. Las manifestaciones públicas del culto habrán de ser, en cada caso, autorizadas por el Gobierno.

Nadie podrá ser compelido a declarar oficialmente sus creencias religiosas. La condición religiosa no constituirá circunstancia modificativa de la personalidad civil ni política, salvo lo dispuesto en esta Constitución para el nombramiento de Presidente de la República y para ser Presidente del Consejo de Ministros.

Art. 28. Sólo se castigarán los hechos declarados punibles por ley anterior a su perpetración. Nadie será juzgado sino por juez competente y conforme a los trámites legales.

Art. 29. Nadie podrá ser detenido ni preso sino por causa de delito. Todo detenido será puesto en libertad o entregado a la autoridad judicial, dentro de las veinticuatro horas siguientes al acto de la detención.

Toda detención se dejará sin efecto o se elevará a prisión, dentro de las setenta y dos horas de haber sido entregado el detenido al juez competente. La resolución que se dictare será por auto judicial y se notificará al interesado dentro del mismo plazo.

Incurrirán en responsabilidad las autoridades cuyas órdenes motiven infracción de este artículo, y los agentes y funcionarios que las ejecuten, con evidencia de su ilegalidad.

La acción para perseguir estas infracciones será pública, sin necesidad de prestar fianza ni caución de ningún género.

Art. 30. El Estado no podrá suscribir ningún Convenio o Tratado internacional que tenga por objeto la extradición de delincuentes político sociales.

Art. 31. Todo español podrá circular libremente por el territorio nacional y elegir en él su residencia y domicilio, sin que pueda ser compelido a mudarlos a no ser en virtud de sentencia ejecutoria.

El derecho a emigrar o inmigrar queda reconocido y no está sujeto a más limitaciones que las que la ley establezca.

Una ley especial determinará las garantías para la expulsión de los extranjeros del territorio español.

El domicilio de todo español o extranjero residente en España es inviolable.

Nadie podrá entrar en él sino en virtud de mandamiento de juez competente. El registro de papeles y efectos se practicará siempre a presencia del interesado o de una persona de su familia, y, en su defecto, de dos vecinos del mismo pueblo.

Art. 32. Queda garantizada la inviolabilidad de la correspondencia en todas sus formas, a no ser que se dicte auto judicial en contrario.

Art. 33. Toda persona es libre de elegir profesión. Se reconoce la libertad de industria y comercio, salvo las limitaciones que, por motivos económicos y sociales de interés general, impongan las leyes.

Art. 34. Toda persona tiene derecho a emitir libremente sus ideas y opiniones, valiéndose de cualquier medio de difusión, sin sujetarse a la previa censura.

En ningún caso podrá recogerse la edición de libros y periódicos sino en virtud de mandamiento de juez competente. No podrá decretarse la suspensión de ningún periódico, sino por sentencia firme.

Art. 35. Todo español podrá dirigir peticiones, individual y colectivamente, a los Poderes públicos y a las autoridades. Este derecho no podrá ejercerse por ninguna clase de fuerza armada.

Art. 36. Los ciudadanos de uno y de otro sexo, mayores de veintitrés años, tendrán los mismos derechos electorales conforme determinen las leyes.

Art. 37. El Estado podrá exigir de todo ciudadano su prestación personal para servicios civiles o militares, con arreglo a las leyes.

Las Cortes, a propuesta del Gobierno, fijarán todos los años el contingente militar.

Art. 38. Queda reconocido el derecho de reunirse pacíficamente y sin armas.

Una ley especial regulará el derecho de reunión al aire libre y el de manifestación.

Art. 39. Los españoles podrán asociarse o sindicarse libremente para los distintos fines de la vida humana, conforme a las leyes del Estado.

Los Sindicatos y Asociaciones están obligados a inscribirse en el Registro público correspondiente, con arreglo a la ley.

Art. 40. Todos los españoles, sin distinción de sexo, son admisibles a los empleos y cargos públicos según su mérito y capacidad, salvo las incompatibilidades que las leyes señalen.

Art. 41. Los nombramientos, excedencias y jubilaciones de los funcionarios públicos se harán conforme a las leyes. Su inamovilidad se garantiza por la Constitución. La separación del servicio, las suspensiones y los traslados sólo tendrán lugar por causas justificadas previstas en la ley.

No se podrá molestar ni perseguir a ningún funcionario público por sus opiniones políticas, sociales o religiosas.

Si el funcionario público, en el ejercicio de su cargo, infringe sus deberes con perjuicio de tercero, el Estado o la Corporación a quien sirva serán subsidiariamente responsables de los daños y perjuicios consiguientes, conforme determine la ley.

Los funcionarios civiles podrán constituir Asociaciones profesionales que no impliquen injerencia en el servicio público que les estuviere encomendado. Las Asociaciones profesionales de funcionarios se regularán por una ley. Estas Asociaciones podrán recurrir ante los Tribunales contra los acuerdos de la superioridad que vulneren los derechos de los funcionarios.

Art. 42. Los derechos y garantías consignados en los artículos 29, 31, 34, 38 y 39 podrán ser suspendidos total o parcialmente, en todo el territorio nacional o en parte de él, por decreto del Gobierno, cuando así lo exija la seguridad del Estado, en casos de notoria e inminente gravedad.

Si las Cortes estuviesen reunidas, resolverán sobre la suspensión acordada por el Gobierno.

Si estuviesen cerradas, el Gobierno deberá convocarlas para el mismo fin en el plazo máximo de ocho días. A falta de convocatoria se reunirán automáticamente al noveno día. Las Cortes no podrán ser disueltas antes de resolver mientras subsista la suspensión de garantías.

Si estuvieran disueltas, el Gobierno dará inmediata cuanta a la Diputación Permanente establecida en el artículo 62, que resolverá con iguales atribuciones que las Cortes.

El plazo de suspensión de garantías constitucionales no podrá exceder de treinta días. Cualquier prórroga necesitará acuerdo previo de las Cortes o de la Diputación Permanente en su caso.

Durante la suspensión regirá, para el territorio a que se aplique, la ley de Orden público.

En ningún caso podrá el Gobierno extrañar o deportar a los españoles, ni desterrarlos a distancia superior a 250 kilómetros de su domicilio.

CAPÍTULO II. *Familia, economía y cultura*

Art. 43. La familia está bajo la salvaguardia especial del Estado. El matrimonio se funda en la igualdad de derechos para ambos sexos, y podrá disolverse por mutuo disenso o a petición de cualquiera de los cónyuges, con alegación en este caso de justa causa.

Los padres están obligados a alimentar, asistir, educar e instruir a sus hijos. El Estado velará por el cumplimiento de estos deberes y se obliga subsidiariamente a su ejecución.

Los padres tienen para con los hijos habidos fuera del matrimonio los mismos deberes que respecto de los nacidos en él.

Las leyes civiles regularán la investigación de la paternidad.

No podrá consignarse declaración alguna sobre la legitimidad o ilegitimidad de los nacimientos ni sobre el estado civil de los padres, en las actas de inscripción, ni en filiación alguna.

El Estado prestará asistencia a los enfermos y ancianos, y protección a la maternidad y a la infancia, haciendo suya la "Declaración de Ginebra" o tabla de los derechos del niño.

Art. 44. Toda la riqueza del país, sea quien fuere su dueño, está subordinada a los intereses de la economía nacional y afecta al sostenimiento de las cargas públicas, con arreglo a la Constitución y a las leyes.

La propiedad de toda clase de bienes podrá ser objeto de expropiación forzosa por causa de utilidad social mediante adecuada indemnización, a menos que disponga otra cosa una ley aprobada por los votos de la mayoría absoluta de las Cortes.

Con los mismos requisitos la propiedad podrá ser socializada.

Los servicios públicos y las explotaciones que afecten al interés común pueden ser nacionalizados en los casos en que la necesidad social así lo exija.

El Estado podrá intervenir por ley la explotación y coordinación de industrias y empresas cuando así lo exigieran la racionalización de la producción y los intereses de la economía nacional.

En ningún caso se impondrá la pena de confiscación de bienes.

Art. 45. Toda la riqueza artística e histórica del país, sea quien fuere su dueño, constituye tesoro cultural de la Nación y estará bajo la salvaguardia del Estado, que podrá prohibir su exportación y enajenación y decretar las expropiaciones legales que estimare oportunas para su defensa. El Estado organizará un registro de la riqueza artística e histórica, asegurará su celosa custodia y atenderá a su perfecta conservación. El Estado protegerá también los lugares notables por su belleza natural o por su reconocido valor artístico o histórico.

Art. 46. El trabajo, en sus diversas formas, es una obligación social, y gozará de la protección de las leyes.

La República asegurará a todo trabajador las condiciones necesarias de una existencia digna. Su legislación social regulará: los casos de seguro de enfermedad, accidente, paro forzoso, vejez, invalidez y muerte; el trabajo de las mujeres y de los jóvenes y especialmente la protección a la maternidad; la jornada de trabajo y el salario mínimo y familiar; las vacaciones anuales remuneradas; las condiciones del obrero español en el Extranjero; las instituciones de cooperación; la relación económico jurídica de los factores que integran la producción; la participación de los obreros en la dirección, la administración y los beneficios de las empresas, y todo cuanto afecte a la defensa de los trabajadores.

Art. 47. La República protegerá al campesino y a este fin legislará, entre otras materias, sobre el patrimonio familiar inembargable y exento de toda clase de impuestos, crédito agrícola, indemnización por pérdida de las cosechas, cooperativas de producción y consumo, cajas de previsión, escuelas prácticas de agricultura y granjas de experimentación agropecuarias, obras para riego y vías rurales de comunicación.

La República protegerá en términos equivalentes a los pescadores.

Art. 48. El servicio de la cultura es atribución esencial del Estado, y lo prestará mediante instituciones educativas enlazadas por el sistema de la escuela unificada. La enseñanza primaria será gratuita y obligatoria.

Los maestros, profesores y catedráticos de la enseñanza oficial son funcionarios públicos. La libertad de cátedra queda reconocida y garantizada.

La República legislará en el sentido de facilitar a los españoles económicamente necesitados el acceso a todos los grados de enseñanza, a fin de que no se halle

condicionado más que por la aptitud y la votación.

La enseñanza será laica, hará del trabajo el eje de su actividad metodológica y se inspirará en ideales de solidaridad humana.

Se reconoce a las Iglesias el derecho, sujeto a inspección del Estado, de enseñar sus respectivas doctrinas en sus propios establecimientos.

Art. 49. La expedición de títulos académicos y profesionales corresponde exclusivamente al Estado, que establecerá las pruebas y requisitos necesarios para obtenerlos aun en los casos en que los certificados de estudios procedan de centros de enseñanza de las regiones autónomas. Una ley de Instrucción pública determinará la edad escolar para cada grado, la duración de los períodos de escolaridad, el contenido de los planes pedagógicos y las condiciones en que se podrá autorizar la enseñanza en los establecimientos privados.

Art. 50. Las regiones autónomas podrán organizar la enseñanza en sus lenguas respectivas, de acuerdo con las facultades que se concedan en los Estatutos. Es obligatorio el estudio de la lengua castellana, y ésta se usará también como instrumento de enseñanza en todos los Centros de instrucción primaria y secundaria de las regiones autónomas. El Estado podrá mantener o crear en ellas instituciones docentes de todos los grados en el idioma oficial de la República. El Estado ejercerá la suprema inspección en todo el territorio nacional para asegurar el cumplimiento de las disposiciones contenidas en este artículo y en los dos anteriores. El Estado atenderá a la expansión cultural de España estableciendo delegaciones y centros de estudio y enseñanza en el Extranjero y preferentemente en los países hispanoamericanos.

TÍTULO IV: LAS CORTES

Art. 51. La potestad legislativa reside en el pueblo, que la ejerce por medio de las Cortes o Congreso de los Diputados.

Art. 52. El Congreso de los Diputados se compone de los representantes elegidos por sufragio universal, igual, directo y secreto.

Art. 53. Serán elegibles para Diputados todos los ciudadanos de la República mayores de veintitrés años, sin distinción de sexo ni de estado civil, que reúnan las condiciones fijadas por la ley Electoral.
Los Diputados, una vez elegidos, representan a la Nación. La duración legal del mandato será de cuatro años, contados a partir de la fecha en que fueron celebradas las elecciones generales. Al terminar este plazo se renovará totalmente el Congreso. Sesenta días, a lo sumo, después de expirar el mandato o de ser disueltas las Cortes, habrán de verificarse las nuevas elecciones. El Congreso se reunirá a los treinta días, como máximo, después de la elección. Los Diputados serán reelegibles indefinidamente.

Art. 54. La ley determinará los casos de incompatibilidad de los Diputados, así como su retribución.

Art. 55. Los Diputados son inviolables por los votos y opiniones que emitan en el ejercicio de su cargo.

Art. 56. Los Diputados sólo podrán ser detenidos en caso de flagrante delito. La detención será comunicada inmediatamente a la Cámara o a la Diputación Permanente. Si algún juez o Tribunal estimare que debe dictar auto de procesamiento contra un Diputado, lo comunicará así al Congreso, exponiendo los fundamentos que considere pertinentes. Transcurridos sesenta días, a partir de la fecha en que la Cámara hubiere acusado recibo del oficio correspondiente, sin tomar acuerdo respecto del mismo, se entenderá denegado el suplicatorio. Toda detención o procesamiento de un Diputado quedará sin efecto cuando así lo acuerde el Congreso, si está reunido, o la Diputación Permanente cuando las sesiones estuvieren suspendidas o la Cámara disuelta. Tanto el Congreso como la Diputación Permanente, según los casos antes mencionados, podrán acordar que el juez suspenda todo procedimiento hasta la expiración del mandato parlamentario del Diputado objeto de la acción judicial. Los acuerdos de la Diputación Permanente se entenderán revocados si reunido el Congreso no los ratificara expresamente en una de sus veinte primeras sesiones.

Art. 57. El Congreso de los Diputados tendrá facultad para resolver sobre la validez de la elección y la capacidad de sus miembros electos y para adoptar su Reglamento de régimen interior.

Art. 58. Las Cortes se reunirán sin necesidad de convocatoria el primer día hábil de los meses de febrero y octubre de cada año y funcionarán, por lo menos, durante tres meses en el primer período y dos en el segundo.

Art. 59. Las Cortes disueltas se reúnen de pleno derecho y recobran su potestad como Poder legítimo del Estado, desde el momento en que el Presidente no hubiere cumplido, dentro de plazo, la obligación de convocar las nuevas elecciones.

Art. 60. El Gobierno y el Congreso de los Diputados tienen la iniciativa de las leyes.

Art. 61. El Congreso podrá autorizar al Gobierno para que éste legisle por decreto, acordado en Consejo de Ministros, sobre materias reservadas a la competencia del Poder legislativo.

Estas autorizaciones no podrán tener carácter general, y los decretos dictados en virtud de las mismas se ajustarán estrictamente a las bases establecidas por el Congreso para cada materia concreta.

El Congreso podrá reclamar el conocimiento de los decretos así dictados, para enjuiciar sobre su adaptación a las bases establecidas por él.

En ningún caso podrá autorizarse en esta forma, aumento alguno de gastos.

Art. 62. El Congreso designará de su seno una Diputación

Permanente de Cortes, compuesta, como máximo, de 21 representantes de las distintas fracciones políticas, en proporción a su fuerza numérica.

Esta Diputación tendrá por Presidente el que lo sea del Congreso y entenderá:

1º. De los casos de suspensión de garantías constitucionales previstos en el art. 42.

2º. De los casos a que se refiere el artículo 80 de esta Constitución relativos a los decretos-leyes.

3º. De lo concerniente a la detención y procesamiento de los Diputados.

4º. De las demás materias en que el Reglamento de la Cámara le diere atribución.

Art. 63. El Presidente del Consejo y los Ministros tendrán voz en el Congreso, aunque no sea Diputados. No podrán excusar su asistencia a la Cámara cuando sean por ella requeridos.

Art. 64. El Congreso podrá acordar un coto de censura contra el Gobierno o alguno de sus Ministros.

Todo voto de censura deberá ser propuesto, en forma motivada y por escrito, con las firmas de cincuenta Diputados en posesión del cargo.

Esta proposición deberá ser comunicada a todos los Diputados y no podrá ser discutida ni votada hasta pasados cinco días de su presentación.

No se considerará obligado a dimitir el Gobierno ni el Ministro, cuando el voto de censura no fuese aprobado por la mayoría absoluta de los Diputados que constituyan la Cámara.

Las mismas garantías se observarán respecto a cualquier otra proposición que indirectamente implique un voto de censura.

Art. 65. Todos los Convenios internacionales ratificados por España e inscritos en la Sociedad de las Naciones y que tengan carácter de ley internacional, se considerarán parte constitutiva de la legislación española, que habrá de acomodarse a lo que en aquéllos se disponga.

Una vez ratificado un Convenio internacional que afecte a la ordenación jurídica del Estado, el Gobierno presentará, en plazo breve, al Congreso de los Diputados, los proyectos de ley necesarios para la ejecución de sus preceptos.

No podrá dictarse ley alguna en contradicción con dichos Convenios, si no hubieran sido previamente denunciados conforme al procedimiento en ellos establecido.

La iniciativa de la denuncia habrá de ser sancionada por las Cortes.

Art. 66. El pueblo podrá atraer a su decisión mediante "referéndum" las leyes votadas por las Cortes. Bastará, par a ello, que lo solicite el 15 por 100 del Cuerpo electoral.

No serán objeto de este recurso la Constitución, las leyes complementarias de la misma, las de ratificación de Convenios internacionales inscritos en la Sociedad de las Naciones, los Estatutos regionales, ni las leyes tributarias.

El pueblo podrá asimismo, ejerciendo el derecho de iniciativa, presentar a las Cortes una proposición de ley siempre que lo pida, por lo menos, el 15 por 100 de los electores.

Una ley especial regulará el procedimiento y las garantías del "referéndum" y de la iniciativa popular.

TÍTULO V: PRESIDENCIA DE LA REPÚBLICA

Art. 67. El Presidente de la República es el Jefe del Estado y personifica a la Nación.

La ley determinará su dotación y sus honores, que no podrán ser alterados durante el período de su magistratura.

Art. 68. El Presidente de la República será elegido conjuntamente por las Cortes y un número de compromisarios igual al de Diputados.

Los compromisarios serán elegidos por sufragio universal, igual, directo y secreto, conforme al procedimiento que determine la ley. Al Tribunal de Garantías Constitucionales corresponde el examen y aprobación de los poderes de los compromisarios.

Art. 69. Sólo serán elegibles para la Presidencia de la República los ciudadanos españoles mayores de cuarenta años que se hallen en el pleno goce de sus derechos civiles y políticos.

Art. 70. No podrán ser elegibles ni tampoco propuestos para candidatos:

a) Los militares en activo o en la reserva, ni los retirados que no lleven diez años, cuando menos, en dicha situación.

b) Los eclesiásticos, los ministros de las varias confesiones y los religiosos profesos.

c) Los miembros de las familias reinantes o ex reinantes de cualquier país, sea cual fuere el grado de parentesco que les una con el jefe de las mismas.

Art. 71. El mandato del Presidente de la República durará seis años.

El Presidente de la República no podrá ser reelegido hasta transcurridos seis años del término de su anterior mandato.

Art. 72. El Presidente de la República prometerá ante las Cortes, solemnemente reunidas, fidelidad a la República y a la Constitución.

Prestada esta promesa, se considerará iniciado el nuevo período presidencial.

Art. 73. La elección de nuevo Presidente de la República se celebrará treinta días antes de la expiración del mandato presidencial.

Art. 74. En caso de impedimento temporal o ausencia del Presidente de la República, le substituirá en sus funciones el de las Cortes, quien será substituido en las suyas por el Vicepresidente del Congreso. Del mismo modo, el Presidente del Parlamento asumirá las funciones de la Presidencia de la República, si ésta quedara vacante; en tal caso será convocada la elección de nuevo Presidente en el plazo improrrogable de ocho días, conforme a lo establecido en el artículo 68, y se celebrará dentro de los treinta días siguientes a la convocatoria.

A los exclusivos efectos de la elección de Presidente de la República, las Cortes, aun estando disueltas, conservan sus poderes.

Art. 75. El Presidente de la República nombrará y separará libremente al Presidente del Gobierno, y, a propuesta de éste, a los Ministros. Habrá de separarlos necesariamente en el caso de que las Cortes les negaren de modo explícito su confianza.

Art. 76. Corresponde también al Presidente de la República:

a) Declarar la guerra, conforme a los requisitos del artículo siguiente, y firmar la paz.

b) Conferir los empleos civiles y militares y expedir los títulos profesionales, de acuerdo con las leyes y los reglamentos.

c) Autorizar con su firma los decretos, refrendados por el Ministro correspondiente, previo acuerdo del Gobierno, pudiendo el Presidente acordar que los proyectos de decreto se sometan a las Cortes, si creyere que se oponen a alguna de las leyes vigentes.

d) Ordenar las medidas urgentes que exija la defensa de la integridad o la seguridad de la Nación, dando inmediata cuenta a las Cortes.

e) Negociar, firmar y ratificar los Tratados y Convenios internacionales sobre cualquier materia y vigilar su cumplimiento en todo el territorio nacional.

Los Tratados de carácter político, los de comercio, los que supongan gravamen para la Hacienda pública o individualmente para los ciudadanos españoles y, en general, todos aquellos que exijan para su ejecución medidas de orden legislativo, sólo obligarán a la Nación si han sido aprobados por las Cortes.

Los proyectos de Convenio de la organización internacional del Trabajo serán sometidos a las Cortes en el plazo de un año y, en caso de circunstancias excepcionales, de dieciocho meses, a partir de la clausura de la Conferencia en que hayan sido adoptados. Una vez aprobados por el Parlamento, el Presidente de la República subscribirá la ratificación, que será comunicada, para su registro, a la Sociedad de las Naciones.

Los demás Tratados y Convenios internacionales ratificados por España, también deberán ser registrados en la Sociedad de las Naciones, con arreglo al artículo 18 del Pacto de la Sociedad, a los efectos que en él se previenen.

Los Tratados y Convenios secretos y las cláusulas secretas de cualquier Tratado o Convenio no obligarán a la Nación.

Art. 77. El Presidente de la República no podrá firmar declaración alguna de guerra sino en las condiciones prescritas en el Pacto de la Sociedad de las Naciones, y sólo una vez agotados aquellos medios defensivos que no tengan carácter bélico y los procedimientos judiciales o de conciliación y arbitraje establecidos en los convenios internacionales de que España fuere parte, registrados en la Sociedad de las Naciones.

Cuando la Nación estuviera ligada a otros países por Tratados particulares de conciliación y arbitraje, se aplicarán éstos en todo lo que no contradigan los Convenios generales.

Cumplidos los anteriores requisitos, el Presidente de la República habrá de estar autorizado por una ley para firmar la declaración de guerra.

Art. 78. El Presidente de la República no podrá cursar el aviso de que España se retira de la Sociedad de las Naciones sino anunciándolo con la antelación que exige el Pacto de esa Sociedad, y mediante previa autorización de las Cortes, consignada en una ley especial, votada por mayoría absoluta.

Art. 79. El Presidente de la República, a propuesta del Gobierno, expedirá los decretos, reglamentos e instrucciones necesarios para la ejecución de las leyes.

Art. 80. Cuando no se halle reunido el Congreso, el Presidente, a propuesta y por acuerdo unánime del Gobierno y con la aprobación de los dos tercios de la Diputación Permanente, podrá estatuir por decreto sobre materias reservadas a la competencia de las Cortes, en los casos excepcionales que requieran urgente decisión, o cuando lo demande la defensa de la República.

Los decretos así dictados tendrán sólo carácter provisional, y su vigencia estará limitada al tiempo que tarde el Congreso en resolver o legislar sobre la materia.

Art. 81. El Presidente de la República podrá convocar el Congreso con carácter extraordinario siempre que lo estime oportuno.

Podrá suspender las sesiones ordinarias del Congreso en cada legislatura sólo por un mes en el primer período y por quince días en el segundo, siempre que no deje de cumplirse lo preceptuado en el artículo 58.

El Presidente podrá disolver las Cortes hasta dos veces como máximo durante su mandato cuando lo estime necesario, sujetándose a las siguientes condiciones:

a) Por decreto motivado.

b) Acompañando al decreto de disolución la convocatoria de las nuevas elecciones para el plazo máximo de sesenta días.

En el caso de segunda disolución, el primer acto de las nuevas Cortes será examinar y resolver la necesidad del decreto de disolución de las anteriores. El voto desfavorable de la mayoría absoluta de las Cortes llevará aneja la destitución del Presidente.

Art. 82. El Presidente podrá ser destituido antes de que expire su mandato.

La iniciativa de destitución se tomará a propuesta de las tres quintas partes de los miembros que compongan el Congreso, y desde este instante el Presidente no podrá ejercer sus funciones.

En el plazo de ocho días se convocará la elección de compromisarios en la forma prevenida para la elección de Presidente. Los compromisarios reunidos con las Cortes decidirán por mayoría absoluta sobre la propuesta de éstas.

Si la Asamblea votare contra la destitución, quedará disuelto el Congreso. En caso contrario, esta misma Asamblea elegirá el nuevo Presidente.

Art. 83. El Presidente promulgará las leyes sancionadas por el Congreso, dentro del plazo de quince días, contados desde aquel en que la sanción le hubiere sido oficialmente comunicada.

Si la ley se declara urgente por las dos terceras partes de los votos emitidos por el Congreso, el Presidente procederá a su inmediata promulgación.

Antes de promulgar las leyes no declaradas urgentes, el Presidente podrá pedir al Congreso, en mensaje razonado, que las someta a nueva deliberación. Si volvieran a ser aprobadas por una mayoría de dos tercios de votantes, el Presidente quedará obligado a promulgarlas.

Art. 84. Serán nulos y sin fuerza alguna de obligar los actos y mandatos del Presidente que no estén refrendados por un Ministro.

La ejecución de dichos mandatos implicará responsabilidad penal.

Los Ministros que refrenden actos o mandatos del Presidente de la República asumen la plena responsabilidad política y civil y participan de la criminal que de ellos pueda derivarse.

Art. 85. El Presidente de la República es criminalmente responsable de la infracción delictiva de sus obligaciones constitucionales.

El Congreso, por acuerdo de las tres quintas partes de la totalidad de sus miembros, decidirá si procede acusar al Presidente de la República ante el Tribunal de Garantías Constitucionales.

Mantenida la acusación por el Congreso, el Tribunal resolverá si la admite o no. En caso afirmativo, el Presidente quedará, desde luego, destituido, procediéndose a nueva elección, y la causa seguirá sus trámites.

Si la acusación no fuese admitida, el Congreso quedará disuelto y se procederá a nueva convocatoria.

Una ley de carácter constitucional determinará el procedimiento para exigir la responsabilidad criminal del Presidente de la República.

TÍTULO VI: GOBIERNO

Art. 86. El Presidente del Consejo y los Ministros constituyen el Gobierno.

Art. 87. El Presidente del Consejo de Ministros dirige y representa la política general del Gobierno. Le afectan las mismas incompatibilidades establecidas en el artículo 70 para el Presidente de la República.

A los Ministros corresponde la alta dirección y gestión de los servicios públicos asignados a los diferentes departamentos ministeriales.

Art. 88. El Presidente de la República, a propuesta del Presidente del Consejo, podrá nombrar uno o más Ministros sin cartera.

Art. 89. Los miembros del Gobierno tendrán la dotación que determinen las Cortes. Mientras ejerzan sus funciones, no podrán desempeñar profesión alguna, ni intervenir directa o indirectamente en la dirección o gestión de ninguna empresa ni asociación privada.

Art. 90. Corresponde al Consejo de Ministros, principalmente, elaborar los proyectos de ley que haya de someter al Parlamento; dictar decretos; ejercer la potestad reglamentaria, y deliberar sobre todos los asuntos de interés público.

Art. 91. Los miembros del Consejo responden ante el Congreso: solidariamente de la política del Gobierno, e individualmente de su propia gestión ministerial.

Art. 92. El Presidente del Consejo y los Ministros son, también, individualmente responsables, en el orden civil y en el criminal, por las infracciones de la Constitución y de las leyes.

En caso de delito, el Congreso ejercerá la acusación ante el Tribunal de Garantías Constitucionales en la forma que la ley determine.

Art. 93. Una ley especial regulará la creación y el funcionamiento de los órganos asesores y de ordenación económica de la Administración, del Gobierno y de las Cortes.

Entre estos organismos figurará un Cuerpo consultivo supremo de la República en asuntos de Gobierno y Administración, cuya composición, atribuciones y funcionamiento serán regulados por dicha ley.

TÍTULO VII: JUSTICIA

Art. 94. La Justicia se administra en nombre del Estado.

La República asegurará a los litigantes económicamente necesitados la gratuidad de la Justicia.

Los jueces son independientes en su función. Sólo están sometidos a la ley.

Art. 95. La Administración de Justicia comprenderá todas las jurisdicciones existentes, que serán reguladas por las leyes.

La jurisdicción penal militar quedará limitada a los delitos militares, a los servicios de armas y a la disciplina de todos los Institutos armados.

No podrá establecerse fuero alguno por razón de las personas ni de los lugares. Se exceptúa el caso del estado de guerra, con arreglo a la ley de Orden público.

Quedan abolidos todos los Tribunales de honor, tanto civiles como militares.

Art. 96. El presidente del Tribunal Supremo será designado por el Jefe del Estado, a propuesta de una Asamblea constituida en la forma que determine la ley.

El cargo de presidente del Tribunal Supremo sólo requerirá: ser español, mayor de cuarenta años y licenciado en Derecho.

Le comprenderán las incapacidades e incompatibilidades establecidas para los demás funcionarios judiciales.

El ejercicio de su magistratura durará diez años.

Art. 97. El presidente del Tribunal Supremo tendrá además de sus facultades propias, las siguientes:

a) Preparar y proponer al Ministro y a la Comisión Parlamentaria de Justicia, leyes de reforma judicial y de los Códigos de procedimiento.

b) Proponer al Ministro, de acuerdo con la Sala de gobierno y los asesores jurídicos que la ley designe, entre elementos que no ejerzan la Abogacía, los ascensos y traslados de jueces, magistrados y funcionarios fiscales.

El presidente del Tribunal Supremo y el Fiscal general de la República estarán agregados, de modo permanente, con voz y voto, a la Comisión parlamentaria de Justicia, sin que ello implique asiento en la Cámara.

Art. 98. Los jueces y magistrados no podrán ser jubilados, separados ni suspendidos en sus funciones, ni trasladados de sus puestos, sino con sujeción a las leyes, que contendrán las garantías necesarias para que sea efectiva la independencia de los Tribunales.

Art. 99. La responsabilidad civil y criminal en que puedan incurrir los jueces, magistrados y fiscales en el ejercicio de sus funciones o con ocasión de ellas, será exigible ante el Tribunal Supremo con intervención de un Jurado especial, cuya designación, capacidad e independencia regulará la ley. Se exceptúa la responsabilidad civil y criminal de los jueces y fiscales municipales que no pertenezcan a la carrera judicial.

La responsabilidad criminal del presidente y los magistrados del Tribunal Supremo y del Fiscal de la República será exigida por el Tribunal de Garantías Constitucionales.

Art. 100. Cuando un Tribunal de Justicia haya de aplicar una ley que estime contraria a la Constitución, suspenderá el procedimiento y se dirigirá en consulta al Tribunal de Garantías Constitucionales.

Art. 101. La ley establecerá recursos contra la ilegalidad de los actos o disposiciones emanadas de la Administración en el ejercicio de su potestad reglamentaria, y contra los actos discrecionales de la misma, constitutivos de exceso o desviación de poder.

Art. 102. Las amnistías sólo podrán ser acordadas por el Parlamento. No se concederán indultos generales. El Tribunal Supremo otorgará los individuales a propuesta del sentenciador, del fiscal de la Junta de Prisiones o a petición de parte.

En los delitos de extrema gravedad, podrá indultar el Presidente de la República, previo informe del Tribunal Supremo y a propuesta del Gobierno responsable.

Art. 103. El pueblo participará en la Administración de Justicia mediante la institución del Jurado, cuya organización y funcionamiento serán objeto de una ley especial.

Art. 104. El Ministerio Fiscal velará por el exacto cumplimiento de las leyes y por el interés social.

Constituirá un solo Cuerpo y tendrá las mismas garantías de independencia que la Administración de Justicia.

Art. 105. La ley organizará Tribunales de urgencia para hacer efectivo el derecho de amparo de las garantías individuales.

Art. 106. Todo español tiene derecho a ser indemnizado de los perjuicios que se le irroguen por error judicial o delito de los funcionarios judiciales en el ejercicio de sus cargos, conforme determinen las leyes.

El Estado será subsidiariamente responsable de estas indemnizaciones.

TÍTULO VIII HACIENDA PÚBLICA

Art. 107. La formación del proyecto de Presupuestos corresponde al Gobierno; su aprobación a las Cortes. El Gobierno presentará a éstas, en la primera quincena de Octubre de cada año, el proyecto de Presupuestos generales del Estado para el ejercicio económico siguiente.

La vigencia del Presupuesto será de un año.

Si no pudiera ser votado antes del primer día del año económico siguiente se prorrogará por trimestres la vigencia del último Presupuesto, sin que estas prórrogas puedan exceder de cuatro.

Art. 108. Las Cortes no podrán presentar enmienda sobre aumento de créditos a ningún artículo ni capítulo del proyecto de Presupuesto, a no ser con la firma de la décima parte de sus miembros. Su aprobación requerirá el voto favorable de la mayoría absoluta del Congreso.

Art. 109. Para cada año económico no podrá haber sino un solo Presupuesto, y en él serán incluidos, tanto en ingresos como en gastos, los de carácter ordinario.

En caso de necesidad perentoria, a juicio de la mayoría absoluta del Congreso, podrá autorizarse un Presupuesto extraordinario.

Las cuentas del Estado se rendirán anualmente y, censuradas por el Tribunal de Cuentas de la República, éste, sin perjuicio de la efectividad de sus acuerdos, comunicará a las Cortes las infracciones o responsabilidades ministeriales en que a su juicio se hubiere incurrido.

Art. 110. El Presupuesto general será ejecutivo por el solo voto de las Cortes, y no requerirá, para su vigencia, la promulgación del Jefe del Estado.

Art. 111. El Presupuesto fijará la Deuda flotante que el Gobierno podrá emitir dentro del año económico y que quedará extinguida durante la vida legal del Presupuesto.

Art. 112. Salvo lo dispuesto en el artículo anterior, toda ley que autorice al Gobierno para tomar caudales a préstamo, habrá de contener las condiciones de éste, incluso el tipo nominal de interés, y, en su caso, de la amortización de la Deuda.

Las autorización es al Gobierno en este respecto si limitarán, cuando así lo estimen oportuno las Cortes, a las condiciones y al tipo de negociación.

Art. 113. El Presupuesto no podrá contener ninguna autorización que permita al Gobierno sobrepasar en el gasto la cifra absoluta en él consignada, salvo caso de guerra. En consecuencia, no podrán existir los créditos llamados ampliables.

Art. 114. Los créditos consignados en el estado de gastos representan las cantidades máximas asignadas a cada servicio, que no podrán ser alteradas ni rebasadas por el Gobierno. Por excepción, cuando las Cortes no estuvieren reunidas, podrá el Gobierno conceder, bajo su responsabilidad, créditos o suplementos de crédito para cualquiera de los siguientes casos:

a) Guerra o evitación de la misma.

b) Perturbaciones graves de orden público o inminente peligro de ellas.

c) Calamidades públicas.

d) Compromisos internacionales.

Las leyes especiales determinarán la tramitación de estos créditos.

Art. 115. Nadie estará obligado a pagar contribución que no esté votada por las Cortes o por las Corporaciones legalmente autorizadas para imponerla.

La exacción de contribuciones, impuestos y tasas y la realización de ventas y operaciones de crédito, se entenderán autorizadas con arreglo a las leyes en vigor, pero no podrán exigirse ni realizarse sin su previa autorización en el estado de ingresos del Presupuesto.

No obstante, se entenderán autorizadas las operaciones administrativas previas, ordenadas en las leyes.

Art. 116. La ley de Presupuestos, cuando se considere necesaria, contendrá solamente las normas aplicables a la ejecución del Presupuesto a que se refiera.

Sus preceptos sólo regirán durante la vigencia del Presupuesto mismo.

Art. 117. El Gobierno necesita estar autorizado por una ley para disponer de las propiedades del Estado y para tomar caudales a préstamo sobre el crédito de la Nación.

Toda operación que infrinja este precepto será nula y no obligará al Estado a su amortización ni al pago de intereses.

Art. 118. La Deuda pública está bajo la salvaguardia del Estado. Los créditos necesarios para satisfacer el pago de intereses y capitales se entenderán siempre incluidos en el estado de gastos del Presupuesto y no podrán ser objeto de discusión mientras se ajusten estrictamente a las leyes que autorizaron la emisión. De idénticas garantías disfrutará, en general, toda operación que implique, directa o indirectamente, responsabilidad económica del Tesoro, siempre que se dé el mismo supuesto.

Art. 119. Toda ley que instituya alguna Caja de amortización, se ajustará a las siguientes normas:

1ª. Otorgará a la Caja la plena autonomía de gestión.

2ª. Designará concreta y específicamente los recursos con que sea dotada. Ni los recursos ni los capitales de la Caja podrán ser aplicados a ningún otro fin del Estado.

3ª. Fijará la Deuda o Deudas cuya amortización se le confíe.

El presupuesto anual de la Caja necesitará para ser ejecutivo la aprobación del Ministro de Hacienda. Las cuentas se someterán al Tribunal de Cuentas de la República. Del resultado de esta censura conocerán las Cortes.

Art. 120. El Tribunal de Cuentas de la República es el órgano fiscalizador de la gestión económica. Dependerá directamente de las Cortes y ejercerá sus funciones por delegación de ellas en el conocimiento y aprobación final de las cuentas del Estado.

Una ley especial regulará su organización, competencia y funciones.

Sus conflictos con otros organismos serán sometidos a la resolución del Tribunal de Garantías Constitucionales.

TÍTULO IX: GARANTÍAS Y REFORMA DE LA CONSTITUCIÓN

Art. 121. Se establece, con jurisdicción en todo el territorio de la República, un Tribunal de Garantías Constitucionales, que tendrá competencia para conocer de:

a) El recurso de inconstitucionalidad de las leyes.

b) El recurso de amparo de garantías individuales, cuando hubiere sido ineficaz la reclamación ante otras autoridades.

c) Los conflictos de competencia legislativa y cuantos surjan entre el Estado y las Regiones autónomas y los de éstas entre sí.

d) El examen y aprobación de los poderes de los compromisarios que juntamente con las Cortes eligen al Presidente de la República.

e) La responsabilidad criminal del Jefe del Estado, del Presidente del Consejo y de los Ministros.

f) La responsabilidad criminal del presidente y los magistrados del Tribunal Supremo y del Fiscal de la República.

Art. 122. Compondrán este Tribunal:

Un presidente designado por el Parlamento, sea o no Diputado.

El presidente del alto Cuerpo consultivo de la República a que se refiere el artículo 93.

El Presidente del Tribunal de Cuentas de la República.

Dos Diputados libremente elegidos por las Cortes.

Un representante por cada una de las Regiones españolas, elegido en la forma que determine la ley.

Dos miembros nombrados electivamente por todos los Colegios de Abogados de la República.

Cuatro profesores de la Facultad de Derecho, designados por el mismo procedimiento entre todas las de España.

Art. 123. Son competentes para acudir ante el Tribunal de

Garantías Constitucionales:

1º. El Ministerio Fiscal.

2º. Los jueces y tribunales en el caso del artículo 100.

3º. El Gobierno de la República.

4º. Las Regiones españolas.

5º. Toda persona individual o colectiva, aunque no hubiera sido directamente agraviada.

Art. 124. Una ley orgánica especial, votada por estas Cortes, establecerá las inmunidades y prerrogativas de los miembros del Tribunal y la extensión y efectos de los recursos a que se refiere el artículo 121.

Art. 125. La Constitución podrá ser reformada:

a) A propuesta del Gobierno.

b) A propuesta de la cuarta parte de los miembros del Parlamento.

En cualquiera de estos casos, la propuesta señalará concretamente el artículo o los artículos que hayan de suprimirse, reformarse o adicionarse; seguirá los trámites de una ley y requerirá el voto, acorde con la reforma, de las dos terceras partes de los Diputados en el ejercicio del cargo, durante los cuatro primeros años de vida constitucional, y la mayoría absoluta en lo sucesivo.

Acordada en estos términos la necesidad de la reforma, quedará automáticamente disuelto el Congreso y será convocada nueva elección para dentro del término de sesenta días.

La Cámara así elegida, en funciones de Asamblea Constituyente, decidirá sobre la reforma propuesta, y actuará luego como Cortes ordinarias.

DISPOSICIONES TRANSITORIAS

Primera.-. Las actuales Cortes Constituyentes elegirán, en votación secreta, el primer Presidente de la República. Para su proclamación deberá obtener la mayoría absoluta de votos de los Diputados en el ejercicio del cargo. Si ninguno de los candidatos obtuviese la mayoría absoluta de votos, se procederá a nueva votación y será proclamado el que reúna mayor número de sufragios.

Segunda.- La ley de 26 de Agosto próximo pasado, en la que se determina la competencia de la Comisión de responsabilidades, tendrá carácter constitucional transitorio hasta que concluya la misión que le fue encomendada; y la de 21 de Octubre conservará su vigencia asimismo constitucional mientras subsistan las actuales Cortes Constituyentes, si antes no la derogan éstas expresamente.

Por tanto, en representación de las Cortes Constituyentes, mando a todos los españoles, autoridades y particulares, que guarden y hagan guardar la presente Constitución, como norma fundamental de la República. Palacio de las Cortes Constituyentes a nueve de Diciembre de mil novecientos treinta y uno. —El Presidente, Julián Besteiro.

Constitución de 1978

DON JUAN CARLOS I, REY DE ESPAÑA, A TODOS LOS QUE LA PRESENTE VIEREN Y ENTENDIEREN,

SABED: QUE LAS CORTES HAN APROBADO Y EL PUEBLO ESPAÑOL RATIFICADO LA SIGUIENTE CONSTITUCIÓN:

PREÁMBULO

La Nación española, deseando establecer la justicia, la libertad y la seguridad y promover el bien de cuantos la integran, en uso de su soberanía, proclama su voluntad de:

Garantizar la convivencia democrática dentro de la Constitución y de las leyes conforme a un orden económico y social justo.

Consolidar un Estado de Derecho que asegure el imperio de la ley como expresión de la voluntad popular.

Proteger a todos los españoles y pueblos de España en el ejercicio de los derechos humanos, sus culturas y tradiciones, lenguas e instituciones.

Promover el progreso de la cultura y de la economía para asegurar a todos una digna calidad de vida.

Establecer una sociedad democrática avanzada, y

Colaborar en el fortalecimiento de unas relaciones pacíficas y de eficaz cooperación entre todos los pueblos de la Tierra.

En consecuencia, las Cortes aprueban y el pueblo español ratifica la siguiente

CONSTITUCIÓN

TÍTULO PRELIMINAR

Artículo 1. 1. España se constituye en un Estado social y democrático de Derecho, que propugna como valores superiores de su ordenamiento jurídico la libertad, la justicia, la igualdad y el pluralismo político.

2. La soberanía nacional reside en el pueblo español, del que emanan los poderes del Estado.

3. La forma política del Estado español es la Monarquía parlamentaria.

Art. 2.- La Constitución se fundamenta en la indisoluble unidad de la Nación española, patria común e indivisible de todos los españoles, y reconoce y garantiza el derecho a la autonomía de las nacionalidades y regiones que la integran y la solidaridad entre todas ellas.

Art. 3.- 1. El castellano es la lengua española oficial del Estado. Todos los españoles tienen el deber de conocerla y el derecho a usarla.

2. Las demás lenguas españolas serán también oficiales en las respectivas Comunidades Autónomas de acuerdo con sus Estatutos.

3. La riqueza de las distintas modalidades lingüísticas de España es un patrimonio cultural que será objeto de especial respeto y protección.

Art. 4.- 1. La bandera de España está formada por tres franjas horizontales, roja, amarilla y roja, siendo la amarilla de doble anchura que cada una de las rojas.

2. Los Estatutos podrán reconocer banderas y enseñas propias de las Comunidades Autónomas. Estas se utilizarán junto a la bandera de España en sus edificios públicos y en sus actos oficiales.

Art. 5.- La capital del Estado es la villa de Madrid.

Art. 6.- Los partidos políticos expresan el pluralismo político, concurren a la formación y manifestación de la voluntad popular y son instrumento fundamental para la participación política. Su creación y el ejercicio de su actividad son libres dentro del respeto a la Constitución y a la ley. Su estructura interna y funcionamiento deberán ser democráticos.

Art. 7.- Los sindicatos de trabajadores y las asociaciones empresariales contribuyen a la defensa y promoción de los intereses económicos y sociales que les son propios. Su creación y el ejercicio de su actividad son libres dentro del respeto a la Constitución y a la ley. Su estructura interna y funcionamiento deberán ser democráticos.

Art. 8.- 1. Las Fuerzas Armadas, constituidas por el Ejército de Tierra, la Armada y el Ejército del Aire, tienen como misión garantizar la soberanía e independencia de España, defender su integridad territorial y el ordenamiento constitucional.

2. Una ley orgánica regulará las bases de la organización militar conforme a los principios de la presente Constitución.

Art. 9.- 1. Los ciudadanos y los poderes públicos están sujetos a la Constitución y al resto del ordenamiento jurídico.

2. Corresponde a los poderes públicos promover las condiciones para que la libertad y la igualdad del individuo y de los grupos en que se integra sean reales y efectivas; remover los obstáculos que impidan o dificulten su plenitud y facilitar la participación de todos los ciudadanos en la vida política, económica, cultural y social.

3. La Constitución garantiza el principio de legalidad, la jerarquía normativa, la publicidad de las normas, la irretroactividad de las disposiciones sancionadoras no favorables o restrictivas de derechos individuales, la seguridad jurídica, la responsabilidad y la interdicción de la arbitrariedad de los poderes públicos.

TÍTULO I: DE LOS DERECHOS Y DEBERES FUNDAMENTALES

Art. 10.- 1. La dignidad de la persona, los derechos inviolables que le son inherentes, el libre desarrollo de la personalidad, el respeto a la ley y a los derechos de los demás son fundamento del orden político y de la paz social.

2. Las normas relativas a los derechos fundamentales y a las libertades que la Constitución reconoce se interpretarán de conformidad con la Declaración Universal de Derechos Humanos y los tratados y acuerdos internacionales sobre las mismas materias ratificados por España.

CAPÍTULO PRIMERO: De los españoles y los extranjeros

Art. 11.- 1. La nacionalidad española se adquiere, se conserva y se pierde de acuerdo con lo establecido por la ley.

2. Ningún español de origen podrá ser privado de su nacionalidad.

3. El Estado podrá concertar tratados de doble nacionalidad con los países iberoamericanos o con aquellos que hayan tenido o tengan

una particular vinculación con España. En estos mismos países, aun cuando no reconozcan a sus ciudadanos un derecho recíproco, podrán naturalizarse los españoles sin perder su nacionalidad de origen.

Art. 12.- Los españoles son mayores de edad a los dieciocho años.

Art. 13.- 1. Los extranjeros gozarán en España de las libertades públicas que garantiza el presente Título en los términos que establezcan los tratados y la ley.

2. Solamente los españoles serán titulares de los derechos reconocidos en el artículo 23, salvo lo que, atendiendo a criterios de reciprocidad, pueda establecerse por tratado o ley para el derecho de sufragio activo y pasivo en las elecciones municipales[4].

3. La extradición sólo se concederá en cumplimiento de un tratado o de la ley, atendiendo al principio de reciprocidad. Quedan excluidos de la extradición los delitos políticos, no considerándose como tales los actos de terrorismo.

4. La ley establecerá los términos en que los ciudadanos de otros países y los apátridas podrán gozar del derecho de asilo en España.

CAPÍTULO SEGUNDO: Derechos y libertades

Art. 14.- Los españoles son iguales ante la ley, sin que pueda prevalecer discriminación alguna por razón de nacimiento, raza, sexo, religión, opinión o cualquier otra condición o circunstancia personal o social.

Sección 1.ª De los derechos fundamentales y de las libertades públicas

Art. 15.- Todos tienen derecho a la vida y a la integridad física y moral, sin que, en ningún caso, puedan ser sometidos a tortura ni a penas o tratos inhumanos o degradantes. Queda abolida la pena de muerte, salvo lo que puedan disponer las leyes penales militares para tiempos de guerra.

---

[4] Se modifica el apartado 2 por el art. único de la Reforma de 27 de agosto de 1992. Ref. BOE-A-1992-20403

Art. 16.- 1. Se garantiza la libertad ideológica, religiosa y de culto de los individuos y las comunidades sin más limitación, en sus manifestaciones, que la necesaria para el mantenimiento del orden público protegido por la ley.

2. Nadie podrá ser obligado a declarar sobre su ideología, religión o creencias.

3. Ninguna confesión tendrá carácter estatal. Los poderes públicos tendrán en cuenta las creencias religiosas de la sociedad española y mantendrán las consiguientes relaciones de cooperación con la Iglesia Católica y las demás confesiones.

Art. 17.- 1. Toda persona tiene derecho a la libertad y a la seguridad. Nadie puede ser privado de su libertad, sino con la observancia de lo establecido en este artículo y en los casos y en la forma previstos en la ley.

2. La detención preventiva no podrá durar más del tiempo estrictamente necesario para la realización de las averiguaciones tendentes al esclarecimiento de los hechos, y, en todo caso, en el plazo máximo de setenta y dos horas, el detenido deberá ser puesto en libertad o a disposición de la autoridad judicial.

3. Toda persona detenida debe ser informada de forma inmediata, y de modo que le sea comprensible, de sus derechos y de las razones de su detención, no pudiendo ser obligada a declarar. Se garantiza la asistencia de abogado al detenido en las diligencias policiales y judiciales, en los términos que la ley establezca.

4. La ley regulará un procedimiento de «habeas corpus» para producir la inmediata puesta a disposición judicial de toda persona detenida ilegalmente. Asimismo, por ley se determinará el plazo máximo de duración de la prisión provisional.

Art. 18.- 1. Se garantiza el derecho al honor, a la intimidad personal y familiar y a la propia imagen.

2. El domicilio es inviolable. Ninguna entrada o registro podrá hacerse en él sin consentimiento del titular o resolución judicial, salvo en caso de flagrante delito.

3. Se garantiza el secreto de las comunicaciones y, en especial, de las postales, telegráficas y telefónicas, salvo resolución judicial.

4. La ley limitará el uso de la informática para garantizar el honor y la intimidad personal y familiar de los ciudadanos y el pleno

ejercicio de sus derechos.

Art. 19.- Los españoles tienen derecho a elegir libremente su residencia y a circular por el territorio nacional.

Asimismo, tienen derecho a entrar y salir libremente de España en los términos que la ley establezca. Este derecho no podrá ser limitado por motivos políticos o ideológicos.

Art. 20.- 1. Se reconocen y protegen los derechos:

a) A expresar y difundir libremente los pensamientos, ideas y opiniones mediante la palabra, el escrito o cualquier otro medio de reproducción.

b) A la producción y creación literaria, artística, científica y técnica.

c) A la libertad de cátedra.

d) A comunicar o recibir libremente información veraz por cualquier medio de difusión. La ley regulará el derecho a la cláusula de conciencia y al secreto profesional en el ejercicio de estas libertades.

2. El ejercicio de estos derechos no puede restringirse mediante ningún tipo de censura previa.

3. La ley regulará la organización y el control parlamentario de los medios de comunicación social dependientes del Estado o de cualquier ente público y garantizará el acceso a dichos medios de los grupos sociales y políticos significativos, respetando el pluralismo de la sociedad y de las diversas lenguas de España.

4. Estas libertades tienen su límite en el respeto a los derechos reconocidos en este Título, en los preceptos de las leyes que lo desarrollen y, especialmente, en el derecho al honor, a la intimidad, a la propia imagen y a la protección de la juventud y de la infancia.

5. Sólo podrá acordarse el secuestro de publicaciones, grabaciones y otros medios de información en virtud de resolución judicial.

Art. 21.- 1. Se reconoce el derecho de reunión pacífica y sin armas. El ejercicio de este derecho no necesitará autorización previa.

2. En los casos de reuniones en lugares de tránsito público y manifestaciones se dará comunicación previa a la autoridad, que sólo podrá prohibirlas cuando existan razones fundadas de alteración del

orden público, con peligro para personas o bienes.

Art. 22.- 1. Se reconoce el derecho de asociación.

2. Las asociaciones que persigan fines o utilicen medios tipificados como delito son ilegales.

3. Las asociaciones constituidas al amparo de este artículo deberán inscribirse en un registro a los solos efectos de publicidad.

4. Las asociaciones sólo podrán ser disueltas o suspendidas en sus actividades en virtud de resolución judicial motivada.

5. Se prohíben las asociaciones secretas y las de carácter paramilitar.

Art. 23.- 1. Los ciudadanos tienen el derecho a participar en los asuntos públicos, directamente o por medio de representantes, libremente elegidos en elecciones periódicas por sufragio universal.

2. Asimismo, tienen derecho a acceder en condiciones de igualdad a las funciones y cargos públicos, con los requisitos que señalen las leyes.

Art. 24.- 1. Todas las personas tienen derecho a obtener la tutela efectiva de los jueces y tribunales en el ejercicio de sus derechos e intereses legítimos, sin que, en ningún caso, pueda producirse indefensión.

2. Asimismo, todos tienen derecho al Juez ordinario predeterminado por la ley, a la defensa y a la asistencia de letrado, a ser informados de la acusación formulada contra ellos, a un proceso público sin dilaciones indebidas y con todas las garantías, a utilizar los medios de prueba pertinentes para su defensa, a no declarar contra sí mismos, a no confesarse culpables y a la presunción de inocencia.

La ley regulará los casos en que, por razón de parentesco o de secreto profesional, no se estará obligado a declarar sobre hechos presuntamente delictivos.

Art. 25.- 1. Nadie puede ser condenado o sancionado por acciones u omisiones que en el momento de producirse no constituyan delito, falta o infracción administrativa, según la legislación vigente en aquel momento.

2. Las penas privativas de libertad y las medidas de seguridad estarán orientadas hacia la reeducación y reinserción social y no

podrán consistir en trabajos forzados. El condenado a pena de prisión que estuviere cumpliendo la misma gozará de los derechos fundamentales de este Capítulo, a excepción de los que se vean expresamente limitados por el contenido del fallo condenatorio, el sentido de la pena y la ley penitenciaria. En todo caso, tendrá derecho a un trabajo remunerado y a los beneficios correspondientes de la Seguridad Social, así como al acceso a la cultura y al desarrollo integral de su personalidad.

3. La Administración civil no podrá imponer sanciones que, directa o subsidiariamente, impliquen privación de libertad.

Art. 26.- Se prohíben los Tribunales de Honor en el ámbito de la Administración civil y de las organizaciones profesionales.

Art. 27.- 1. Todos tienen el derecho a la educación. Se reconoce la libertad de enseñanza.

2. La educación tendrá por objeto el pleno desarrollo de la personalidad humana en el respeto a los principios democráticos de convivencia y a los derechos y libertades fundamentales.

3. Los poderes públicos garantizan el derecho que asiste a los padres para que sus hijos reciban la formación religiosa y moral que esté de acuerdo con sus propias convicciones.

4. La enseñanza básica es obligatoria y gratuita.

5. Los poderes públicos garantizan el derecho de todos a la educación, mediante una programación general de la enseñanza, con participación efectiva de todos los sectores afectados y la creación de centros docentes.

6. Se reconoce a las personas físicas y jurídicas la libertad de creación de centros docentes, dentro del respeto a los principios constitucionales.

7. Los profesores, los padres y, en su caso, los alumnos intervendrán en el control y gestión de todos los centros sostenidos por la Administración con fondos públicos, en los términos que la ley establezca.

8. Los poderes públicos inspeccionarán y homologarán el sistema educativo para garantizar el cumplimiento de las leyes.

9. Los poderes públicos ayudarán a los centros docentes que reúnan los requisitos que la ley establezca.

10. Se reconoce la autonomía de las Universidades, en los

términos que la ley establezca.

Art. 28.- 1. Todos tienen derecho a sindicarse libremente. La ley podrá limitar o exceptuar el ejercicio de este derecho a las Fuerzas o Institutos armados o a los demás Cuerpos sometidos a disciplina militar y regulará las peculiaridades de su ejercicio para los funcionarios públicos. La libertad sindical comprende el derecho a fundar sindicatos y a afiliarse al de su elección, así como el derecho de los sindicatos a formar confederaciones y a fundar organizaciones sindicales internacionales o a afiliarse a las mismas. Nadie podrá ser obligado a afiliarse a un sindicato.

2. Se reconoce el derecho a la huelga de los trabajadores para la defensa de sus intereses. La ley que regule el ejercicio de este derecho establecerá las garantías precisas para asegurar el mantenimiento de los servicios esenciales de la comunidad.

Art. 29.- 1. Todos los españoles tendrán el derecho de petición individual y colectiva, por escrito, en la forma y con los efectos que determine la ley.

2. Los miembros de las Fuerzas o Institutos armados o de los Cuerpos sometidos a disciplina militar podrán ejercer este derecho sólo individualmente y con arreglo a lo dispuesto en su legislación específica.

Sección 2.ª De los derechos y deberes de los ciudadanos

Art. 30.- 1. Los españoles tienen el derecho y el deber de defender a España.

2. La ley fijará las obligaciones militares de los españoles y regulará, con las debidas garantías, la objeción de conciencia, así como las demás causas de exención del servicio militar obligatorio, pudiendo imponer, en su caso, una prestación social sustitutoria.

3. Podrá establecerse un servicio civil para el cumplimiento de fines de interés general.

4. Mediante ley podrán regularse los deberes de los ciudadanos en los casos de grave riesgo, catástrofe o calamidad pública.

Art. 31.- 1. Todos contribuirán al sostenimiento de los gastos públicos de acuerdo con su capacidad económica mediante un sistema tributario justo inspirado en los principios de igualdad y progresividad que, en ningún caso, tendrá alcance confiscatorio.

2. El gasto público realizará una asignación equitativa de los recursos públicos, y su programación y ejecución responderán a los criterios de eficiencia y economía.

3. Sólo podrán establecerse prestaciones personales o patrimoniales de carácter público con arreglo a la ley.

Art. 32.- 1. El hombre y la mujer tienen derecho a contraer matrimonio con plena igualdad jurídica.

2. La ley regulará las formas de matrimonio, la edad y capacidad para contraerlo, los derechos y deberes de los cónyuges, las causas de separación y disolución y sus efectos.

Art. 33.- 1. Se reconoce el derecho a la propiedad privada y a la herencia.

2. La función social de estos derechos delimitará su contenido, de acuerdo con las leyes.

3. Nadie podrá ser privado de sus bienes y derechos sino por causa justificada de utilidad pública o interés social, mediante la correspondiente indemnización y de conformidad con lo dispuesto por las leyes.

Art. 34.- 1. Se reconoce el derecho de fundación para fines de interés general, con arreglo a la ley.

2. Regirá también para las fundaciones lo dispuesto en los apartados 2 y 4 del artículo 22.

Art. 35.- 1. Todos los españoles tienen el deber de trabajar y el derecho al trabajo, a la libre elección de profesión u oficio, a la promoción a través del trabajo y a una remuneración suficiente para satisfacer sus necesidades y las de su familia, sin que en ningún caso pueda hacerse discriminación por razón de sexo.

2. La ley regulará un estatuto de los trabajadores.

Art. 36.- La ley regulará las peculiaridades propias del régimen jurídico de los Colegios Profesionales y el ejercicio de las profesiones tituladas. La estructura interna y el funcionamiento de los Colegios deberán ser democráticos.

Art. 37.- 1. La ley garantizará el derecho a la negociación colectiva laboral entre los representantes de los trabajadores y empresarios, así como la fuerza vinculante de los convenios.

2. Se reconoce el derecho de los trabajadores y empresarios a adoptar medidas de conflicto colectivo. La ley que regule el ejercicio de este derecho, sin perjuicio de las limitaciones que puedan establecer, incluirá las garantías precisas para asegurar el funcionamiento de los servicios esenciales de la comunidad.

Art. 38.- Se reconoce la libertad de empresa en el marco de la economía de mercado. Los poderes públicos garantizan y protegen su ejercicio y la defensa de la productividad, de acuerdo con las exigencias de la economía general y, en su caso, de la planificación.

CAPÍTULO TERCERO: De los principios rectores de la política social y económica

Art. 39.- 1. Los poderes públicos aseguran la protección social, económica y jurídica de la familia.

2. Los poderes públicos aseguran, asimismo, la protección integral de los hijos, iguales éstos ante la ley con independencia de su filiación, y de las madres, cualquiera que sea su estado civil. La ley posibilitará la investigación de la paternidad.

3. Los padres deben prestar asistencia de todo orden a los hijos habidos dentro o fuera del matrimonio, durante su minoría de edad y en los demás casos en que legalmente proceda.

4. Los niños gozarán de la protección prevista en los acuerdos internacionales que velan por sus derechos.

Art. 40.- 1. Los poderes públicos promoverán las condiciones favorables para el progreso social y económico y para una distribución de la renta regional y personal más equitativa, en el marco de una política de estabilidad económica. De manera especial realizarán una política orientada al pleno empleo.

2. Asimismo, los poderes públicos fomentarán una política que garantice la formación y readaptación profesionales; velarán por la seguridad e higiene en el trabajo y garantizarán el descanso necesario, mediante la limitación de la jornada laboral, las vacaciones periódicas retribuidas y la promoción de centros adecuados.

Art. 41.- Los poderes públicos mantendrán un régimen público de Seguridad Social para todos los ciudadanos, que garantice la asistencia y prestaciones sociales suficientes ante situaciones de necesidad, especialmente en caso de desempleo. La asistencia y prestaciones complementarias serán libres.

Art. 42.- El Estado velará especialmente por la salvaguardia de los derechos económicos y sociales de los trabajadores españoles en el extranjero y orientará su política hacia su retorno.

Art. 43.- 1. Se reconoce el derecho a la protección de la salud.

2. Compete a los poderes públicos organizar y tutelar la salud pública a través de medidas preventivas y de las prestaciones y servicios necesarios. La ley establecerá los derechos y deberes de todos al respecto.

3. Los poderes públicos fomentarán la educación sanitaria, la educación física y el deporte. Asimismo facilitarán la adecuada utilización del ocio.

Art. 44.- 1. Los poderes públicos promoverán y tutelarán el acceso a la cultura, a la que todos tienen derecho.

2. Los poderes públicos promoverán la ciencia y la investigación científica y técnica en beneficio del interés general.

Art. 45.- 1. Todos tienen el derecho a disfrutar de un medio ambiente adecuado para el desarrollo de la persona, así como el deber de conservarlo.

2. Los poderes públicos velarán por la utilización racional de todos los recursos naturales, con el fin de proteger y mejorar la calidad de la vida y defender y restaurar el medio ambiente, apoyándose en la indispensable solidaridad colectiva.

3. Para quienes violen lo dispuesto en el apartado anterior, en los términos que la ley fije se establecerán sanciones penales o, en su caso, administrativas, así como la obligación de reparar el daño causado.

Art. 46.- Los poderes públicos garantizarán la conservación y promoverán el enriquecimiento del patrimonio histórico, cultural y artístico de los pueblos de España y de los bienes que lo integran, cualquiera que sea su régimen jurídico y su titularidad. La ley penal sancionará los atentados contra este patrimonio.

Art. 47.- Todos los españoles tienen derecho a disfrutar de una vivienda digna y adecuada. Los poderes públicos promoverán las condiciones necesarias y establecerán las normas pertinentes para hacer efectivo este derecho, regulando la utilización del suelo de acuerdo con el interés general para impedir la especulación. La comunidad participará en las plusvalías que genere la acción urbanística de los entes públicos.

Art. 48.- Los poderes públicos promoverán las condiciones para la participación libre y eficaz de la juventud en el desarrollo político, social, económico y cultural.

Art. 49.- Los poderes públicos realizarán una política de previsión, tratamiento, rehabilitación e integración de los disminuidos físicos, sensoriales y psíquicos a los que prestarán la atención especializada que requieran y los ampararán especialmente para el disfrute de los derechos que este Título otorga a todos los ciudadanos.

Art. 50.- Los poderes públicos garantizarán, mediante pensiones adecuadas y periódicamente actualizadas, la suficiencia económica a los ciudadanos durante la tercera edad. Asimismo, y con independencia de las obligaciones familiares, promoverán su bienestar mediante un sistema de servicios sociales que atenderán sus problemas específicos de salud, vivienda, cultura y ocio.

Art. 51.- 1. Los poderes públicos garantizarán la defensa de los consumidores y usuarios, protegiendo, mediante procedimientos eficaces, la seguridad, la salud y los legítimos intereses económicos de los mismos.

2. Los poderes públicos promoverán la información y la educación de los consumidores y usuarios, fomentarán sus organizaciones y oirán a éstas en las cuestiones que puedan afectar a aquéllos, en los términos que la ley establezca.

3. En el marco de lo dispuesto por los apartados anteriores, la ley regulará el comercio interior y el régimen de autorización de

productos comerciales.

Art. 52.- La ley regulará las organizaciones profesionales que contribuyan a la defensa de los intereses económicos que les sean propios. Su estructura interna y funcionamiento deberán ser democráticos.

CAPÍTULO CUARTO: De las garantías de las libertades y derechos fundamentales

Art. 53.- 1. Los derechos y libertades reconocidos en el Capítulo segundo del presente Título vinculan a todos los poderes públicos. Sólo por ley, que en todo caso deberá respetar su contenido esencial, podrá regularse el ejercicio de tales derechos y libertades, que se tutelarán de acuerdo con lo previsto en el artículo 161, 1, a).

2. Cualquier ciudadano podrá recabar la tutela de las libertades y derechos reconocidos en el artículo 14 y la Sección primera del Capítulo segundo ante los Tribunales ordinarios por un procedimiento basado en los principios de preferencia y sumariedad y, en su caso, a través del recurso de amparo ante el Tribunal Constitucional. Este último recurso será aplicable a la objeción de conciencia reconocida en el artículo 30.

3. El reconocimiento, el respeto y la protección de los principios reconocidos en el Capítulo tercero informarán la legislación positiva, la práctica judicial y la actuación de los poderes públicos. Sólo podrán ser alegados ante la Jurisdicción ordinaria de acuerdo con lo que dispongan las leyes que los desarrollen.

Art. 54.- Una ley orgánica regulará la institución del Defensor del Pueblo, como alto comisionado de las Cortes Generales, designado por éstas para la defensa de los derechos comprendidos en este Título, a cuyo efecto podrá supervisar la actividad de la Administración, dando cuenta a las Cortes Generales.

CAPÍTULO QUINTO: De la suspensión de los derechos y libertades

Art. 55.- 1. Los derechos reconocidos en los artículos 17, 18, apartados 2 y 3, artículos 19, 20, apartados 1, a) y d), y 5, artículos 21, 28, apartado 2, y artículo 37, apartado 2, podrán ser suspendidos cuando se acuerde la declaración del estado de excepción o de sitio en los términos previstos en la Constitución. Se exceptúa de lo establecido anteriormente el apartado 3 del artículo 17 para el supuesto de declaración de estado de excepción.

2. Una ley orgánica podrá determinar la forma y los casos en los que, de forma individual y con la necesaria intervención judicial y el adecuado control parlamentario, los derechos reconocidos en los artículos 17, apartado 2, y 18, apartados 2 y 3, pueden ser suspendidos para personas determinadas, en relación con las investigaciones correspondientes a la actuación de bandas armadas o elementos terroristas.

La utilización injustificada o abusiva de las facultades reconocidas en dicha ley orgánica producirá responsabilidad penal, como violación de los derechos y libertades reconocidos por las leyes.

TÍTULO II: DE LA CORONA

Art. 56.- 1. El Rey es el Jefe del Estado, símbolo de su unidad y permanencia, arbitra y modera el funcionamiento regular de las instituciones, asume la más alta representación del Estado español en las relaciones internacionales, especialmente con las naciones de su comunidad histórica, y ejerce las funciones que le atribuyen expresamente la Constitución y las leyes.

2. Su título es el de Rey de España y podrá utilizar los demás que correspondan a la Corona.

3. La persona del Rey es inviolable y no está sujeta a responsabilidad. Sus actos estarán siempre refrendados en la forma establecida en el artículo 64, careciendo de validez sin dicho refrendo, salvo lo dispuesto en el artículo 65, 2.

Art. 57.- 1. La Corona de España es hereditaria en los sucesores de S. M. Don Juan Carlos I de Borbón, legítimo heredero de la dinastía histórica. La sucesión en el trono seguirá el orden regular de primogenitura y representación, siendo preferida siempre la línea anterior a las posteriores; en la misma línea, el grado más próximo al más remoto; en el mismo grado, el varón a la mujer, y en el mismo sexo, la persona de más edad a la de menos.

2. El Príncipe heredero, desde su nacimiento o desde que se produzca el hecho que origine el llamamiento, tendrá la dignidad de Príncipe de Asturias y los demás títulos vinculados tradicionalmente al sucesor de la Corona de España.

3. Extinguidas todas las líneas llamadas en Derecho, las Cortes Generales proveerán a la sucesión en la Corona en la forma que más convenga a los intereses de España.

4. Aquellas personas que teniendo derecho a la sucesión en el trono contrajeren matrimonio contra la expresa prohibición del Rey y de las Cortes Generales, quedarán excluidas en la sucesión a la Corona por sí y sus descendientes.

5. Las abdicaciones y renuncias y cualquier duda de hecho o de derecho que ocurra en el orden de sucesión a la Corona se resolverán por una ley orgánica.

Art. 58.- La Reina consorte o el consorte de la Reina no podrán asumir funciones constitucionales, salvo lo dispuesto para la Regencia.

Art. 59.- 1. Cuando el Rey fuere menor de edad, el padre o la madre del Rey y, en su defecto, el pariente mayor de edad más próximo a suceder en la Corona, según el orden establecido en la Constitución, entrará a ejercer inmediatamente la Regencia y la ejercerá durante el tiempo de la minoría de edad del Rey.

2. Si el Rey se inhabilitare para el ejercicio de su autoridad y la imposibilidad fuere reconocida por las Cortes Generales, entrará a ejercer inmediatamente la Regencia el Príncipe heredero de la Corona, si fuere mayor de edad. Si no lo fuere, se procederá de la manera prevista en el apartado anterior, hasta que el Príncipe heredero alcance la mayoría de edad.

3. Si no hubiere ninguna persona a quien corresponda la Regencia, ésta será nombrada por las Cortes Generales, y se compondrá de una, tres o cinco personas.

4. Para ejercer la Regencia es preciso ser español y mayor de edad.

5. La Regencia se ejercerá por mandato constitucional y siempre en nombre del Rey.

Art. 60.- 1. Será tutor del Rey menor la persona que en su testamento hubiese nombrado el Rey difunto, siempre que sea mayor de edad y español de nacimiento; si no lo hubiese nombrado, será tutor el padre o la madre mientras permanezcan viudos. En su defecto, lo nombrarán las Cortes Generales, pero no podrán acumularse los cargos de Regente y de tutor sino en el padre, madre o ascendientes directos del Rey.

2. El ejercicio de la tutela es también incompatible con el de todo cargo o representación política.

Art. 61.- 1. El Rey, al ser proclamado ante las Cortes Generales, prestará juramento de desempeñar fielmente sus funciones, guardar y hacer guardar la Constitución y las leyes y respetar los derechos de los ciudadanos y de las Comunidades Autónomas.

2. El Príncipe heredero, al alcanzar la mayoría de edad, y el Regente o Regentes al hacerse cargo de sus funciones, prestarán el mismo juramento, así como el de fidelidad al Rey.

Art. 62.- Corresponde al Rey:

a) Sancionar y promulgar las leyes.

b) Convocar y disolver las Cortes Generales y convocar elecciones en los términos previstos en la Constitución.

c) Convocar a referéndum en los casos previstos en la Constitución.

d) Proponer el candidato a Presidente del Gobierno y, en su caso, nombrarlo, así como poner fin a sus funciones en los términos previstos en la Constitución.

e) Nombrar y separar a los miembros del Gobierno, a propuesta de su Presidente.

f) Expedir los decretos acordados en el Consejo de Ministros, conferir los empleos civiles y militares y conceder honores y distinciones con arreglo a las leyes.

g) Ser informado de los asuntos de Estado y presidir, a estos efectos, las sesiones del Consejo de Ministros, cuando lo estime oportuno, a petición del Presidente del Gobierno.

h) El mando supremo de las Fuerzas Armadas.

i) Ejercer el derecho de gracia con arreglo a la ley, que no podrá autorizar indultos generales.

j) El Alto Patronazgo de las Reales Academias.

Art. 63.- 1. El Rey acredita a los embajadores y otros representantes diplomáticos. Los representantes extranjeros en España están acreditados ante él.

2. Al Rey corresponde manifestar el consentimiento del Estado para obligarse internacionalmente por medio de tratados, de conformidad con la Constitución y las leyes.

3. Al Rey corresponde, previa autorización de las Cortes Generales, declarar la guerra y hacer la paz.

Art. 64.- 1. Los actos del Rey serán refrendados por el Presidente del Gobierno y, en su caso, por los Ministros competentes. La propuesta y el nombramiento del Presidente del Gobierno, y la disolución prevista en el artículo 99, serán refrendados por el Presidente del Congreso.

2. De los actos del Rey serán responsables las personas que los refrenden.

Art. 65.- 1. El Rey recibe de los Presupuestos del Estado una cantidad global para el sostenimiento de su Familia y Casa, y distribuye libremente la misma.

2. El Rey nombra y releva libremente a los miembros civiles y militares de su Casa.

TÍTULO III: DE LAS CORTES GENERALES

CAPÍTULO PRIMERO: De las Cámaras

Art. 66.- 1. Las Cortes Generales representan al pueblo español y están formadas por el Congreso de los Diputados y el Senado.

2. Las Cortes Generales ejercen la potestad legislativa del Estado, aprueban sus Presupuestos, controlan la acción del Gobierno y tienen las demás competencias que les atribuya la Constitución.

3. Las Cortes Generales son inviolables.

Art. 67.- 1. Nadie podrá ser miembro de las dos Cámaras simultáneamente, ni acumular el acta de una Asamblea de Comunidad Autónoma con la de Diputado al Congreso.

2. Los miembros de las Cortes Generales no estarán ligados por mandato imperativo.

3. Las reuniones de Parlamentarios que se celebren sin convocatoria reglamentaria no vincularán a las Cámaras, y no podrán ejercer sus funciones ni ostentar sus privilegios.

Art. 68.- 1. El Congreso se compone de un mínimo de 300 y un máximo de 400 Diputados, elegidos por sufragio universal, libre, igual, directo y secreto, en los términos que establezca la ley.

2. La circunscripción electoral es la provincia. Las poblaciones de Ceuta y Melilla estarán representadas cada una de ellas por un Diputado. La ley distribuirá el número total de Diputados, asignando una representación mínima inicial a cada circunscripción y distribuyendo los demás en proporción a la población.

3. La elección se verificará en cada circunscripción atendiendo a criterios de representación proporcional.

4. El Congreso es elegido por cuatro años. El mandato de los Diputados termina cuatro años después de su elección o el día de la disolución de la Cámara.

5. Son electores y elegibles todos los españoles que estén en pleno uso de sus derechos políticos.

La ley reconocerá y el Estado facilitará el ejercicio del derecho de sufragio a los españoles que se encuentren fuera del territorio de España.

6. Las elecciones tendrán lugar entre los treinta días y sesenta días desde la terminación del mandato. El Congreso electo deberá ser convocado dentro de los veinticinco días siguientes a la celebración de las elecciones.

Art. 69.- 1. El Senado es la Cámara de representación territorial.

2. En cada provincia se elegirán cuatro Senadores por sufragio universal, libre, igual, directo y secreto por los votantes de cada una de ellas, en los términos que señale una ley orgánica.

3. En las provincias insulares, cada isla o agrupación de ellas, con Cabildo o Consejo Insular, constituirá una circunscripción a efectos de elección de Senadores, correspondiendo tres a cada una de las islas mayores –Gran Canaria, Mallorca y Tenerife– y uno a cada una de las siguientes islas o agrupaciones: Ibiza-Formentera, Menorca, Fuerteventura, Gomera, Hierro, Lanzarote y La Palma.

4. Las poblaciones de Ceuta y Melilla elegirán cada una de ellas dos Senadores.

5. Las Comunidades Autónomas designarán además un Senador y otro más por cada millón de habitantes de su respectivo territorio. La designación corresponderá a la Asamblea legislativa o, en su defecto, al órgano colegiado superior de la Comunidad Autónoma, de acuerdo con lo que establezcan los Estatutos, que asegurarán, en todo caso, la adecuada representación proporcional.

6. El Senado es elegido por cuatro años. El mandato de los Senadores termina cuatro años después de su elección o el día de la disolución de la Cámara.

Art. 70.- 1. La ley electoral determinará las causas de inelegibilidad e incompatibilidad de los Diputados y Senadores, que comprenderán, en todo caso:

a) A los componentes del Tribunal Constitucional.

b) A los altos cargos de la Administración del Estado que determine la ley, con la excepción de los miembros del Gobierno.

c) Al Defensor del Pueblo.

d) A los Magistrados, Jueces y Fiscales en activo.

e) A los militares profesionales y miembros de las Fuerzas y Cuerpos de Seguridad y Policía en activo.

f) A los miembros de las Juntas Electorales.

2. La validez de las actas y credenciales de los miembros de ambas Cámaras estará sometida al control judicial, en los términos que establezca la ley electoral.

Art. 71.- 1. Los Diputados y Senadores gozarán de inviolabilidad por las opiniones manifestadas en el ejercicio de sus funciones.

2. Durante el período de su mandato los Diputados y Senadores gozarán asimismo de inmunidad y sólo podrán ser detenidos en caso de flagrante delito. No podrán ser inculpados ni procesados sin la previa autorización de la Cámara respectiva.

3. En las causas contra Diputados y Senadores será competente la Sala de lo Penal del Tribunal Supremo.

4. Los Diputados y Senadores percibirán una asignación que será fijada por las respectivas Cámaras.

Art. 72.- 1. Las Cámaras establecen sus propios Reglamentos, aprueban autónomamente sus presupuestos y, de común acuerdo, regulan el Estatuto del Personal de las Cortes Generales. Los Reglamentos y su reforma serán sometidos a una votación final sobre su totalidad, que requerirá la mayoría absoluta.

2. Las Cámaras eligen sus respectivos Presidentes y los demás miembros de sus Mesas. Las sesiones conjuntas serán presididas por el Presidente del Congreso y se regirán por un Reglamento de las Cortes Generales aprobado por mayoría absoluta de cada Cámara.

3. Los Presidentes de las Cámaras ejercen en nombre de las mismas todos los poderes administrativos y facultades de policía en el interior de sus respectivas sedes.

Art. 73.- 1. Las Cámaras se reunirán anualmente en dos períodos ordinarios de sesiones: el primero, de septiembre a diciembre, y el segundo, de febrero a junio.

2. Las Cámaras podrán reunirse en sesiones extraordinarias a petición del Gobierno, de la Diputación Permanente o de la mayoría absoluta de los miembros de cualquiera de las Cámaras. Las sesiones extraordinarias deberán convocarse sobre un orden del día determinado y serán clausuradas una vez que éste haya sido agotado.

Art. 74.- 1. Las Cámaras se reunirán en sesión conjunta para ejercer las competencias no legislativas que el Título II atribuye expresamente a las Cortes Generales.

2. Las decisiones de las Cortes Generales previstas en los artículos 94, 1, 145, 2 y 158, 2, se adoptarán por mayoría de cada una de las Cámaras. En el primer caso, el procedimiento se iniciará por el Congreso, y en los otros dos, por el Senado. En ambos casos, si no hubiera acuerdo entre Senado y Congreso, se intentará obtener por una Comisión Mixta compuesta de igual número de Diputados y Senadores. La Comisión presentará un texto que será votado por ambas Cámaras. Si no se aprueba en la forma establecida, decidirá el Congreso por mayoría absoluta.

Art. 75.- 1. Las Cámaras funcionarán en Pleno y por Comisiones.

2. Las Cámaras podrán delegar en las Comisiones Legislativas Permanentes la aprobación de proyectos o proposiciones de ley. El Pleno podrá, no obstante, recabar en cualquier momento el debate y

votación de cualquier proyecto o proposición de ley que haya sido objeto de esta delegación.

3. Quedan exceptuados de lo dispuesto en el apartado anterior la reforma constitucional, las cuestiones internacionales, las leyes orgánicas y de bases y los Presupuestos Generales del Estado.

Art. 76.- 1. El Congreso y el Senado, y, en su caso, ambas Cámaras conjuntamente, podrán nombrar Comisiones de investigación sobre cualquier asunto de interés público. Sus conclusiones no serán vinculantes para los Tribunales, ni afectarán a las resoluciones judiciales, sin perjuicio de que el resultado de la investigación sea comunicado al Ministerio Fiscal para el ejercicio, cuando proceda, de las acciones oportunas.

2. Será obligatorio comparecer a requerimiento de las Cámaras. La ley regulará las sanciones que puedan imponerse por incumplimiento de esta obligación.

Art. 77.- 1. Las Cámaras pueden recibir peticiones individuales y colectivas, siempre por escrito, quedando prohibida la presentación directa por manifestaciones ciudadanas.

2. Las Cámaras pueden remitir al Gobierno las peticiones que reciban. El Gobierno está obligado a explicarse sobre su contenido, siempre que las Cámaras lo exijan.

Art. 78.- 1. En cada Cámara habrá una Diputación Permanente compuesta por un mínimo de veintiún miembros, que representarán a los grupos parlamentarios, en proporción a su importancia numérica.

2. Las Diputaciones Permanentes estarán presididas por el Presidente de la Cámara respectiva y tendrán como funciones la prevista en el artículo 73, la de asumir las facultades que correspondan a las Cámaras, de acuerdo con los artículos 86 y 116, en caso de que éstas hubieren sido disueltas o hubiere expirado su mandato y la de velar por los poderes de las Cámaras cuando éstas no estén reunidas.

3. Expirado el mandato o en caso de disolución, las Diputaciones Permanentes seguirán ejerciendo sus funciones hasta la constitución de las nuevas Cortes Generales.

4. Reunida la Cámara correspondiente, la Diputación

Permanente dará cuenta de los asuntos tratados y de sus decisiones.

Art. 79.- 1. Para adoptar acuerdos, las Cámaras deben estar reunidas reglamentariamente y con asistencia de la mayoría de sus miembros.

2. Dichos acuerdos, para ser válidos, deberán ser aprobados por la mayoría de los miembros presentes, sin perjuicio de las mayorías especiales que establezcan la Constitución o las leyes orgánicas y las que para elección de personas establezcan los Reglamentos de las Cámaras.

3. El voto de Senadores y Diputados es personal e indelegable.

Art. 80.- Las sesiones plenarias de las Cámaras serán públicas, salvo acuerdo en contrario de cada Cámara, adoptado por mayoría absoluta o con arreglo al Reglamento.

CAPÍTULO SEGUNDO: De la elaboración de las leyes

Art. 81.- 1. Son leyes orgánicas las relativas al desarrollo de los derechos fundamentales y de las libertades públicas, las que aprueben los Estatutos de Autonomía y el régimen electoral general y las demás previstas en la Constitución.

2. La aprobación, modificación o derogación de las leyes orgánicas exigirá mayoría absoluta del Congreso, en una votación final sobre el conjunto del proyecto.

Art. 82.- 1. Las Cortes Generales podrán delegar en el Gobierno la potestad de dictar normas con rango de ley sobre materias determinadas no incluidas en el artículo anterior.

2. La delegación legislativa deberá otorgarse mediante una ley de bases cuando su objeto sea la formación de textos articulados o por una ley ordinaria cuando se trate de refundir varios textos legales en uno solo.

3. La delegación legislativa habrá de otorgarse al Gobierno de forma expresa para materia concreta y con fijación del plazo para su ejercicio. La delegación se agota por el uso que de ella haga el Gobierno mediante la publicación de la norma correspondiente. No podrá entenderse concedida de modo implícito o por tiempo

indeterminado. Tampoco podrá permitir la subdelegación a autoridades distintas del propio Gobierno.

4. Las leyes de bases delimitarán con precisión el objeto y alcance de la delegación legislativa y los principios y criterios que han de seguirse en su ejercicio.

5. La autorización para refundir textos legales determinará el ámbito normativo a que se refiere el contenido de la delegación, especificando si se circunscribe a la mera formulación de un texto único o si se incluye la de regularizar, aclarar y armonizar los textos legales que han de ser refundidos.

6. Sin perjuicio de la competencia propia de los Tribunales, las leyes de delegación podrán establecer en cada caso fórmulas adicionales de control.

Art. 83.- Las leyes de bases no podrán en ningún caso:
a) Autorizar la modificación de la propia ley de bases.
b) Facultar para dictar normas con carácter retroactivo.

Art. 84.- Cuando una proposición de ley o una enmienda fuere contraria a una delegación legislativa en vigor, el Gobierno está facultado para oponerse a su tramitación. En tal supuesto, podrá presentarse una proposición de ley para la derogación total o parcial de la ley de delegación.

Art. 85.- Las disposiciones del Gobierno que contengan legislación delegada recibirán el título de Decretos Legislativos.

Art. 86.- 1. En caso de extraordinaria y urgente necesidad, el Gobierno podrá dictar disposiciones legislativas provisionales que tomarán la forma de Decretos-leyes y que no podrán afectar al ordenamiento de las instituciones básicas del Estado, a los derechos, deberes y libertades de los ciudadanos regulados en el Título I, al régimen de las Comunidades Autónomas ni al Derecho electoral general.

2. Los Decretos-leyes deberán ser inmediatamente sometidos a debate y votación de totalidad al Congreso de los Diputados, convocado al efecto si no estuviere reunido, en el plazo de los treinta días siguientes a su promulgación. El Congreso habrá de pronunciarse expresamente dentro de dicho plazo sobre su

convalidación o derogación, para lo cual el Reglamento establecerá un procedimiento especial y sumario.

3. Durante el plazo establecido en el apartado anterior, las Cortes podrán tramitarlos como proyectos de ley por el procedimiento de urgencia.

Art. 87.- 1. La iniciativa legislativa corresponde al Gobierno, al Congreso y al Senado, de acuerdo con la Constitución y los Reglamentos de las Cámaras.

2. Las Asambleas de las Comunidades Autónomas podrán solicitar del Gobierno la adopción de un proyecto de ley o remitir a la Mesa del Congreso una proposición de ley, delegando ante dicha Cámara un máximo de tres miembros de la Asamblea encargados de su defensa.

3. Una ley orgánica regulará las formas de ejercicio y requisitos de la iniciativa popular para la presentación de proposiciones de ley. En todo caso se exigirán no menos de 500.000 firmas acreditadas. No procederá dicha iniciativa en materias propias de ley orgánica, tributarias o de carácter internacional, ni en lo relativo a la prerrogativa de gracia.

Art. 88.- Los proyectos de ley serán aprobados en Consejo de Ministros, que los someterá al Congreso, acompañados de una exposición de motivos y de los antecedentes necesarios para pronunciarse sobre ellos.

Art. 89.- 1. La tramitación de las proposiciones de ley se regulará por los Reglamentos de las Cámaras, sin que la prioridad debida a los proyectos de ley impida el ejercicio de la iniciativa legislativa en los términos regulados por el artículo 87.

2. Las proposiciones de ley que, de acuerdo con el artículo 87, tome en consideración el Senado, se remitirán al Congreso para su trámite en éste como tal proposición.

Art. 90.- 1. Aprobado un proyecto de ley ordinaria u orgánica por el Congreso de los Diputados, su Presidente dará inmediata cuenta del mismo al Presidente del Senado, el cual lo someterá a la deliberación de éste.

2. El Senado en el plazo de dos meses, a partir del día de la

recepción del texto, puede, mediante mensaje motivado, oponer su veto o introducir enmiendas al mismo. El veto deberá ser aprobado por mayoría absoluta. El proyecto no podrá ser sometido al Rey para sanción sin que el Congreso ratifique por mayoría absoluta, en caso de veto, el texto inicial, o por mayoría simple, una vez transcurridos dos meses desde la interposición del mismo, o se pronuncie sobre las enmiendas, aceptándolas o no por mayoría simple.

3. El plazo de dos meses de que el Senado dispone para vetar o enmendar el proyecto se reducirá al de veinte días naturales en los proyectos declarados urgentes por el Gobierno o por el Congreso de los Diputados.

Art. 91.- El Rey sancionará en el plazo de quince días las leyes aprobadas por las Cortes Generales, y las promulgará y ordenará su inmediata publicación.

Art. 92.- 1. Las decisiones políticas de especial trascendencia podrán ser sometidas a referéndum consultivo de todos los ciudadanos.

2. El referéndum será convocado por el Rey, mediante propuesta del Presidente del Gobierno, previamente autorizada por el Congreso de los Diputados.

3. Una ley orgánica regulará las condiciones y el procedimiento de las distintas modalidades de referéndum previstas en esta Constitución.

CAPÍTULO TERCERO: De los Tratados Internacionales

Art. 93.- Mediante ley orgánica se podrá autorizar la celebración de tratados por los que se atribuya a una organización o institución internacional el ejercicio de competencias derivadas de la Constitución. Corresponde a las Cortes Generales o al Gobierno, según los casos, la garantía del cumplimiento de estos tratados y de las resoluciones emanadas de los organismos internacionales o supranacionales titulares de la cesión.

Art. 94.- 1. La prestación del consentimiento del Estado para obligarse por medio de tratados o convenios requerirá la previa autorización de las Cortes Generales, en los siguientes casos:

a) Tratados de carácter político.

b) Tratados o convenios de carácter militar.

c) Tratados o convenios que afecten a la integridad territorial del Estado o a los derechos y deberes fundamentales establecidos en el Título I.

d) Tratados o convenios que impliquen obligaciones financieras para la Hacienda Pública.

e) Tratados o convenios que supongan modificación o derogación de alguna ley o exijan medidas legislativas para su ejecución.

2. El Congreso y el Senado serán inmediatamente informados de la conclusión de los restantes tratados o convenios.

Art. 95.- 1. La celebración de un tratado internacional que contenga estipulaciones contrarias a la Constitución exigirá la previa revisión constitucional.

2. El Gobierno o cualquiera de las Cámaras puede requerir al Tribunal Constitucional para que declare si existe o no esa contradicción.

Art. 96.- 1. Los tratados internacionales válidamente celebrados, una vez publicados oficialmente en España, formarán parte del ordenamiento interno. Sus disposiciones sólo podrán ser derogadas, modificadas o suspendidas en la forma prevista en los propios tratados o de acuerdo con las normas generales del Derecho internacional.

2. Para la denuncia de los tratados y convenios internacionales se utilizará el mismo procedimiento previsto para su aprobación en el artículo 94.

TÍTULO IV: DEL GOBIERNO Y DE LA ADMINISTRACIÓN

Art. 97.- El Gobierno dirige la política interior y exterior, la Administración civil y militar y la defensa del Estado. Ejerce la función ejecutiva y la potestad reglamentaria de acuerdo con la Constitución y las leyes.

Art. 98.- 1. El Gobierno se compone del Presidente, de los Vicepresidentes, en su caso, de los Ministros y de los demás miembros que establezca la ley.

2. El Presidente dirige la acción del Gobierno y coordina las funciones de los demás miembros del mismo, sin perjuicio de la competencia y responsabilidad directa de éstos en su gestión.

3. Los miembros del Gobierno no podrán ejercer otras funciones representativas que las propias del mandato parlamentario, ni cualquier otra función pública que no derive de su cargo, ni actividad profesional o mercantil alguna.

4. La ley regulará el estatuto e incompatibilidades de los miembros del Gobierno.

Art. 99.- 1. Después de cada renovación del Congreso de los Diputados, y en los demás supuestos constitucionales en que así proceda, el Rey, previa consulta con los representantes designados por los Grupos políticos con representación parlamentaria, y a través del Presidente del Congreso, propondrá un candidato a la Presidencia del Gobierno.

2. El candidato propuesto conforme a lo previsto en el apartado anterior expondrá ante el Congreso de los Diputados el programa político del Gobierno que pretenda formar y solicitará la confianza de la Cámara.

3. Si el Congreso de los Diputados, por el voto de la mayoría absoluta de sus miembros, otorgare su confianza a dicho candidato, el Rey le nombrará Presidente. De no alcanzarse dicha mayoría, se someterá la misma propuesta a nueva votación cuarenta y ocho horas después de la anterior, y la confianza se entenderá otorgada si obtuviere la mayoría simple.

4. Si efectuadas las citadas votaciones no se otorgase la confianza para la investidura, se tramitarán sucesivas propuestas en la forma prevista en los apartados anteriores.

5. Si transcurrido el plazo de dos meses, a partir de la primera votación de investidura, ningún candidato hubiere obtenido la confianza del Congreso, el Rey disolverá ambas Cámaras y convocará nuevas elecciones con el refrendo del Presidente del Congreso.

Art. 100.- Los demás miembros del Gobierno serán nombrados y separados por el Rey, a propuesta de su Presidente.

Art. 101.- 1. El Gobierno cesa tras la celebración de elecciones generales, en los casos de pérdida de la confianza parlamentaria previstos en la Constitución, o por dimisión o fallecimiento de su Presidente.

2. El Gobierno cesante continuará en funciones hasta la toma de posesión del nuevo Gobierno.

Art. 102.- 1. La responsabilidad criminal del Presidente y los demás miembros del Gobierno será exigible, en su caso, ante la Sala de lo Penal del Tribunal Supremo.

2. Si la acusación fuere por traición o por cualquier delito contra la seguridad del Estado en el ejercicio de sus funciones, sólo podrá ser planteada por iniciativa de la cuarta parte de los miembros del Congreso, y con la aprobación de la mayoría absoluta del mismo.

3. La prerrogativa real de gracia no será aplicable a ninguno de los supuestos del presente artículo.

Art. 103.- 1. La Administración Pública sirve con objetividad los intereses generales y actúa de acuerdo con los principios de eficacia, jerarquía, descentralización, desconcentración y coordinación, con sometimiento pleno a la ley y al Derecho.

2. Los órganos de la Administración del Estado son creados, regidos y coordinados de acuerdo con la ley.

3. La ley regulará el estatuto de los funcionarios públicos, el acceso a la función pública de acuerdo con los principios de mérito y capacidad, las peculiaridades del ejercicio de su derecho a sindicación, el sistema de incompatibilidades y las garantías para la imparcialidad en el ejercicio de sus funciones.

Art. 104.- 1. Las Fuerzas y Cuerpos de seguridad, bajo la dependencia del Gobierno, tendrán como misión proteger el libre ejercicio de los derechos y libertades y garantizar la seguridad ciudadana.

2. Una ley orgánica determinará las funciones, principios básicos de actuación y estatutos de las Fuerzas y Cuerpos de seguridad.

Art. 105.- La ley regulará:
a) La audiencia de los ciudadanos, directamente o a través de las

organizaciones y asociaciones reconocidas por la ley, en el procedimiento de elaboración de las disposiciones administrativas que les afecten.

b) El acceso de los ciudadanos a los archivos y registros administrativos, salvo en lo que afecte a la seguridad y defensa del Estado, la averiguación de los delitos y la intimidad de las personas.

c) El procedimiento a través del cual deben producirse los actos administrativos, garantizando, cuando proceda, la audiencia del interesado.

Art. 106.- 1. Los Tribunales controlan la potestad reglamentaria y la legalidad de la actuación administrativa, así como el sometimiento de ésta a los fines que la justifican.

2. Los particulares, en los términos establecidos por la ley, tendrán derecho a ser indemnizados por toda lesión que sufran en cualquiera de sus bienes y derechos, salvo en los casos de fuerza mayor, siempre que la lesión sea consecuencia del funcionamiento de los servicios públicos.

Art. 107.- El Consejo de Estado es el supremo órgano consultivo del Gobierno. Una ley orgánica regulará su composición y competencia.

TÍTULO V: DE LAS RELACIONES ENTRE EL GOBIERNO Y LAS CORTES GENERALES

Art. 108.- El Gobierno responde solidariamente en su gestión política ante el Congreso de los Diputados.

Art. 109.- Las Cámaras y sus Comisiones podrán recabar, a través de los Presidentes de aquéllas, la información y ayuda que precisen del Gobierno y de sus Departamentos y de cualesquiera autoridades del Estado y de las Comunidades Autónomas.

Art. 110.- 1. Las Cámaras y sus Comisiones pueden reclamar la presencia de los miembros del Gobierno.

2. Los miembros del Gobierno tienen acceso a las sesiones de las

Cámaras y a sus Comisiones y la facultad de hacerse oír en ellas, y podrán solicitar que informen ante las mismas funcionarios de sus Departamentos.

Art. 111.- 1. El Gobierno y cada uno de sus miembros están sometidos a las interpelaciones y preguntas que se le formulen en las Cámaras. Para esta clase de debate los Reglamentos establecerán un tiempo mínimo semanal.

2. Toda interpelación podrá dar lugar a una moción en la que la Cámara manifieste su posición.

Art. 112.- El Presidente del Gobierno, previa deliberación del Consejo de Ministros, puede plantear ante el Congreso de los Diputados la cuestión de confianza sobre su programa o sobre una declaración de política general. La confianza se entenderá otorgada cuando vote a favor de la misma la mayoría simple de los Diputados.

Art. 113.- 1. El Congreso de los Diputados puede exigir la responsabilidad política del Gobierno mediante la adopción por mayoría absoluta de la moción de censura.

2. La moción de censura deberá ser propuesta al menos por la décima parte de los Diputados, y habrá de incluir un candidato a la Presidencia del Gobierno.

3. La moción de censura no podrá ser votada hasta que transcurran cinco días desde su presentación. En los dos primeros días de dicho plazo podrán presentarse mociones alternativas.

4. Si la moción de censura no fuere aprobada por el Congreso, sus signatarios no podrán presentar otra durante el mismo período de sesiones.

Art. 114.- 1. Si el Congreso niega su confianza al Gobierno, éste presentará su dimisión al Rey, procediéndose a continuación a la designación de Presidente del Gobierno, según lo dispuesto en el artículo 99.

2. Si el Congreso adopta una moción de censura, el Gobierno presentará su dimisión al Rey y el candidato incluido en aquélla se entenderá investido de la confianza de la Cámara a los efectos previstos en el artículo 99. El Rey le nombrará Presidente del Gobierno.

Art. 115.- 1. El Presidente del Gobierno, previa deliberación del Consejo de Ministros, y bajo su exclusiva responsabilidad, podrá proponer la disolución del Congreso, del Senado o de las Cortes Generales, que será decretada por el Rey. El decreto de disolución fijará la fecha de las elecciones.

2. La propuesta de disolución no podrá presentarse cuando esté en trámite una moción de censura.

3. No procederá nueva disolución antes de que transcurra un año desde la anterior, salvo lo dispuesto en el artículo 99, apartado 5.

Art. 116.- 1. Una ley orgánica regulará los estados de alarma, de excepción y de sitio, y las competencias y limitaciones correspondientes.

2. El estado de alarma será declarado por el Gobierno mediante decreto acordado en Consejo de Ministros por un plazo máximo de quince días, dando cuenta al Congreso de los Diputados, reunido inmediatamente al efecto y sin cuya autorización no podrá ser prorrogado dicho plazo. El decreto determinará el ámbito territorial a que se extienden los efectos de la declaración.

3. El estado de excepción será declarado por el Gobierno mediante decreto acordado en Consejo de Ministros, previa autorización del Congreso de los Diputados. La autorización y proclamación del estado de excepción deberá determinar expresamente los efectos del mismo, el ámbito territorial a que se extiende y su duración, que no podrá exceder de treinta días, prorrogables por otro plazo igual, con los mismos requisitos.

4. El estado de sitio será declarado por la mayoría absoluta del Congreso de los Diputados, a propuesta exclusiva del Gobierno. El Congreso determinará su ámbito territorial, duración y condiciones.

5. No podrá procederse a la disolución del Congreso mientras estén declarados algunos de los estados comprendidos en el presente artículo, quedando automáticamente convocadas las Cámaras si no estuvieren en período de sesiones. Su funcionamiento, así como el de los demás poderes constitucionales del Estado, no podrán interrumpirse durante la vigencia de estos estados.

Disuelto el Congreso o expirado su mandato, si se produjere alguna de las situaciones que dan lugar a cualquiera de dichos estados, las competencias del Congreso serán asumidas por su Diputación

Permanente.

6. La declaración de los estados de alarma, de excepción y de sitio no modificarán el principio de responsabilidad del Gobierno y de sus agentes reconocidos en la Constitución y en las leyes.

TÍTULO VI: DEL PODER JUDICIAL

Art. 117.- 1. La justicia emana del pueblo y se administra en nombre del Rey por Jueces y Magistrados integrantes del poder judicial, independientes, inamovibles, responsables y sometidos únicamente al imperio de la ley.

2. Los Jueces y Magistrados no podrán ser separados, suspendidos, trasladados ni jubilados, sino por alguna de las causas y con las garantías previstas en la ley.

3. El ejercicio de la potestad jurisdiccional en todo tipo de procesos, juzgando y haciendo ejecutar lo juzgado, corresponde exclusivamente a los Juzgados y Tribunales determinados por las leyes, según las normas de competencia y procedimiento que las mismas establezcan.

4. Los Juzgados y Tribunales no ejercerán más funciones que las señaladas en el apartado anterior y las que expresamente les sean atribuidas por ley en garantía de cualquier derecho.

5. El principio de unidad jurisdiccional es la base de la organización y funcionamiento de los Tribunales. La ley regulará el ejercicio de la jurisdicción militar en el ámbito estrictamente castrense y en los supuestos de estado de sitio, de acuerdo con los principios de la Constitución.

6. Se prohíben los Tribunales de excepción.

Art. 118.- Es obligado cumplir las sentencias y demás resoluciones firmes de los Jueces y Tribunales, así como prestar la colaboración requerida por éstos en el curso del proceso y en la ejecución de lo resuelto.

Art. 119.-La justicia será gratuita cuando así lo disponga la ley y, en todo caso, respecto de quienes acrediten insuficiencia de recursos para litigar.

Art. 120.-

1. Las actuaciones judiciales serán públicas, con las excepciones que prevean las leyes de procedimiento.

2. El procedimiento será predominantemente oral, sobre todo en materia criminal.

3. Las sentencias serán siempre motivadas y se pronunciarán en audiencia pública.

Art. 121.-Los daños causados por error judicial, así como los que sean consecuencia del funcionamiento anormal de la Administración de Justicia, darán derecho a una indemnización a cargo del Estado, conforme a la ley.

Art. 122.- 1. La ley orgánica del poder judicial determinará la constitución, funcionamiento y gobierno de los Juzgados y Tribunales, así como el estatuto jurídico de los Jueces y Magistrados de carrera, que formarán un Cuerpo único, y del personal al servicio de la Administración de Justicia.

2. El Consejo General del Poder Judicial es el órgano de gobierno del mismo. La ley orgánica establecerá su estatuto y el régimen de incompatibilidades de sus miembros y sus funciones, en particular en materia de nombramientos, ascensos, inspección y régimen disciplinario.

3. El Consejo General del Poder Judicial estará integrado por el Presidente del Tribunal Supremo, que lo presidirá, y por veinte miembros nombrados por el Rey por un periodo de cinco años. De éstos, doce entre Jueces y Magistrados de todas las categorías judiciales, en los términos que establezca la ley orgánica; cuatro a propuesta del Congreso de los Diputados, y cuatro a propuesta del Senado, elegidos en ambos casos por mayoría de tres quintos de sus miembros, entre abogados y otros juristas, todos ellos de reconocida competencia y con más de quince años de ejercicio en su profesión.

Art. 123.- 1. El Tribunal Supremo, con jurisdicción en toda España, es el órgano jurisdiccional superior en todos los órdenes, salvo lo dispuesto en materia de garantías constitucionales.

2. El Presidente del Tribunal Supremo será nombrado por el Rey, a propuesta del Consejo General del Poder Judicial, en la forma que determine la ley.

Art. 124.- 1. El Ministerio Fiscal, sin perjuicio de las funciones encomendadas a otros órganos, tiene por misión promover la acción de la justicia en defensa de la legalidad, de los derechos de los ciudadanos y del interés público tutelado por la ley, de oficio o a petición de los interesados, así como velar por la independencia de los Tribunales y procurar ante éstos la satisfacción del interés social.

2. El Ministerio Fiscal ejerce sus funciones por medio de órganos propios conforme a los principios de unidad de actuación y dependencia jerárquica y con sujeción, en todo caso, a los de legalidad e imparcialidad.

3. La ley regulará el estatuto orgánico del Ministerio Fiscal.

4. El Fiscal General del Estado será nombrado por el Rey, a propuesta del Gobierno, oído el Consejo General del Poder Judicial.

Art. 125.- Los ciudadanos podrán ejercer la acción popular y participar en la Administración de Justicia mediante la institución del Jurado, en la forma y con respecto a aquellos procesos penales que la ley determine, así como en los Tribunales consuetudinarios y tradicionales.

Art. 126.- La policía judicial depende de los Jueces, de los Tribunales y del Ministerio Fiscal en sus funciones de averiguación del delito y descubrimiento y aseguramiento del delincuente, en los términos que la ley establezca.

Art. 127.- 1. Los Jueces y Magistrados así como los Fiscales, mientras se hallen en activo, no podrán desempeñar otros cargos públicos, ni pertenecer a partidos políticos o sindicatos. La ley establecerá el sistema y modalidades de asociación profesional de los Jueces, Magistrados y Fiscales.

2. La ley establecerá el régimen de incompatibilidades de los miembros del poder judicial, que deberá asegurar la total independencia de los mismos.

TÍTULO VII: ECONOMÍA Y HACIENDA

Art. 128.- 1. Toda la riqueza del país en sus distintas formas y sea cual fuere su titularidad está subordinada al interés general.

2. Se reconoce la iniciativa pública en la actividad económica.

Mediante ley se podrá reservar al sector público recursos o servicios esenciales, especialmente en caso de monopolio y asimismo acordar la intervención de empresas cuando así lo exigiere el interés general.

Art. 129.- 1. La ley establecerá las formas de participación de los interesados en la Seguridad Social y en la actividad de los organismos públicos cuya función afecte directamente a la calidad de la vida o al bienestar general.

2. Los poderes públicos promoverán eficazmente las diversas formas de participación en la empresa y fomentarán, mediante una legislación adecuada, las sociedades cooperativas. También establecerán los medios que faciliten el acceso de los trabajadores a la propiedad de los medios de producción.

Art. 130.- 1. Los poderes públicos atenderán a la modernización y desarrollo de todos los sectores económicos y, en particular, de la agricultura, de la ganadería, de la pesca y de la artesanía, a fin de equiparar el nivel de vida de todos los españoles.

2. Con el mismo fin, se dispensará un tratamiento especial a las zonas de montaña.

Art. 131.- 1. El Estado, mediante ley, podrá planificar la actividad económica general para atender a las necesidades colectivas, equilibrar y armonizar el desarrollo regional y sectorial y estimular el crecimiento de la renta y de la riqueza y su más justa distribución.

2. El Gobierno elaborará los proyectos de planificación, de acuerdo con las previsiones que le sean suministradas por las Comunidades Autónomas y el asesoramiento y colaboración de los sindicatos y otras organizaciones profesionales, empresariales y económicas. A tal fin se constituirá un Consejo, cuya composición y funciones se desarrollarán por ley.

Art. 132.- 1. La ley regulará el régimen jurídico de los bienes de dominio público y de los comunales, inspirándose en los principios de inalienabilidad, imprescriptibilidad e inembargabilidad, así como su desafectación.

2. Son bienes de dominio público estatal los que determine la ley y, en todo caso, la zona marítimo-terrestre, las playas, el mar territorial y los recursos naturales de la zona económica y la

plataforma continental.

3. Por ley se regularán el Patrimonio del Estado y el Patrimonio Nacional, su administración, defensa y conservación.

Art. 133.- 1. La potestad originaria para establecer los tributos corresponde exclusivamente al Estado, mediante ley.

2. Las Comunidades Autónomas y las Corporaciones locales podrán establecer y exigir tributos, de acuerdo con la Constitución y las leyes.

3. Todo beneficio fiscal que afecte a los tributos del Estado deberá establecerse en virtud de ley.

4. Las administraciones públicas sólo podrán contraer obligaciones financieras y realizar gastos de acuerdo con las leyes.

Art. 134.- 1. Corresponde al Gobierno la elaboración de los Presupuestos Generales del Estado y a las Cortes Generales, su examen, enmienda y aprobación.

2. Los Presupuestos Generales del Estado tendrán carácter anual, incluirán la totalidad de los gastos e ingresos del sector público estatal y en ellos se consignará el importe de los beneficios fiscales que afecten a los tributos del Estado.

3. El Gobierno deberá presentar ante el Congreso de los Diputados los Presupuestos Generales del Estado al menos tres meses antes de la expiración dc los dcl año anterior.

4. Si la Ley de Presupuestos no se aprobara antes del primer día del ejercicio económico correspondiente, se considerarán automáticamente prorrogados los Presupuestos del ejercicio anterior hasta la aprobación de los nuevos.

5. Aprobados los Presupuestos Generales del Estado, el Gobierno podrá presentar proyectos de ley que impliquen aumento del gasto público o disminución de los ingresos correspondientes al mismo ejercicio presupuestario.

6. Toda proposición o enmienda que suponga aumento de los créditos o disminución de los ingresos presupuestarios requerirá la conformidad del Gobierno para su tramitación.

7. La Ley de Presupuestos no puede crear tributos. Podrá modificarlos cuando una ley tributaria sustantiva así lo prevea.

Art. 135[5].- 1. Todas las Administraciones Públicas adecuarán sus actuaciones al principio de estabilidad presupuestaria.

2. El Estado y las Comunidades Autónomas no podrán incurrir en un déficit estructural que supere los márgenes establecidos, en su caso, por la Unión Europea para sus Estados Miembros.

Una ley orgánica fijará el déficit estructural máximo permitido al Estado y a las Comunidades Autónomas, en relación con su producto interior bruto. Las Entidades Locales deberán presentar equilibrio presupuestario.

3. El Estado y las Comunidades Autónomas habrán de estar autorizados por ley para emitir deuda pública o contraer crédito.

Los créditos para satisfacer los intereses y el capital de la deuda pública de las Administraciones se entenderán siempre incluidos en el estado de gastos de sus presupuestos y su pago gozará de prioridad absoluta. Estos créditos no podrán ser objeto de enmienda o modificación, mientras se ajusten a las condiciones de la ley de emisión.

El volumen de deuda pública del conjunto de las Administraciones Públicas en relación con el producto interior bruto del Estado no podrá superar el valor de referencia establecido en el Tratado de Funcionamiento de la Unión Europea.

4. Los límites de déficit estructural y de volumen de deuda pública sólo podrán superarse en caso de catástrofes naturales, recesión económica o situaciones de emergencia extraordinaria que escapen al control del Estado y perjudiquen considerablemente la situación financiera o la sostenibilidad económica o social del Estado, apreciadas por la mayoría absoluta de los miembros del Congreso de los Diputados.

5. Una ley orgánica desarrollará los principios a que se refiere este artículo, así como la participación, en los procedimientos respectivos, de los órganos de coordinación institucional entre las Administraciones Públicas en materia de política fiscal y financiera. En todo caso, regulará:

a) La distribución de los límites de déficit y de deuda entre las distintas Administraciones Públicas, los supuestos excepcionales de

---

[5] Artículo modificado por la Reforma de 27 de septiembre de 2011. Ref. BOE-A-2011-15210. Los límites de déficit estructural establecidos en el apartado 2 entran en vigor a partir de 2020, según establece la disposición adicional única.3.

superación de los mismos y la forma y plazo de corrección de las desviaciones que sobre uno y otro pudieran producirse.

b) La metodología y el procedimiento para el cálculo del déficit estructural.

c) La responsabilidad de cada Administración Pública en caso de incumplimiento de los objetivos de estabilidad presupuestaria.

6. Las Comunidades Autónomas, de acuerdo con sus respectivos Estatutos y dentro de los límites a que se refiere este artículo, adoptarán las disposiciones que procedan para la aplicación efectiva del principio de estabilidad en sus normas y decisiones presupuestarias.

Art. 136.- 1. El Tribunal de Cuentas es el supremo órgano fiscalizador de las cuentas y de la gestión económica de Estado, así como del sector público.

Dependerá directamente de las Cortes Generales y ejercerá sus funciones por delegación de ellas en el examen y comprobación de la Cuenta General del Estado.

2. Las cuentas del Estado y del sector público estatal se rendirán al Tribunal de Cuentas y serán censuradas por éste.

El Tribunal de Cuentas, sin perjuicio de su propia jurisdicción, remitirá a las Cortes Generales un informe anual en el que, cuando proceda, comunicará las infracciones o responsabilidades en que, a su juicio, se hubiere incurrido.

3. Los miembros del Tribunal de Cuentas gozarán de la misma independencia e inamovilidad y estarán sometidos a las mismas incompatibilidades que los Jueces.

4. Una ley orgánica regulará la composición, organización y funciones del Tribunal de Cuentas.

TÍTULO VIII: DE LA ORGANIZACIÓN TERRITORIAL DEL ESTADO

CAPÍTULO PRIMERO: *Principios generales*

Art. 137.- El Estado se organiza territorialmente en municipios, en provincias y en las Comunidades Autónomas que se constituyan. Todas estas entidades gozan de autonomía para la gestión de sus respectivos intereses.

Art. 138.- 1. El Estado garantiza la realización efectiva del principio de solidaridad consagrado en el artículo 2 de la Constitución, velando por el establecimiento de un equilibrio económico, adecuado y justo entre las diversas partes del territorio español, y atendiendo en particular a las circunstancias del hecho insular.

2. Las diferencias entre los Estatutos de las distintas Comunidades Autónomas no podrán implicar, en ningún caso, privilegios económicos o sociales.

Art. 139.- 1. Todos los españoles tienen los mismos derechos y obligaciones en cualquier parte del territorio del Estado.

2. Ninguna autoridad podrá adoptar medidas que directa o indirectamente obstaculicen la libertad de circulación y establecimiento de las personas y la libre circulación de bienes en todo el territorio español.

CAPÍTULO SEGUNDO: De la Administración Local

Art. 140.- La Constitución garantiza la autonomía de los municipios. Estos gozarán de personalidad jurídica plena. Su gobierno y administración corresponde a sus respectivos Ayuntamientos, integrados por los Alcaldes y los Concejales. Los Concejales serán elegidos por los vecinos del municipio mediante sufragio universal, igual, libre, directo y secreto, en la forma establecida por la ley. Los Alcaldes serán elegidos por los Concejales o por los vecinos. La ley regulará las condiciones en las que proceda el régimen del concejo abierto.

Art. 141.- 1. La provincia es una entidad local con personalidad jurídica propia, determinada por la agrupación de municipios y división territorial para el cumplimiento de las actividades del Estado. Cualquier alteración de los límites provinciales habrá de ser aprobada por las Cortes Generales mediante ley orgánica.

2. El Gobierno y la administración autónoma de las provincias estarán encomendados a Diputaciones u otras Corporaciones de carácter representativo.

3. Se podrán crear agrupaciones de municipios diferentes de la provincia.

4. En los archipiélagos, las islas tendrán además su administración propia en forma de Cabildos o Consejos.

Art. 142.- Las Haciendas locales deberán disponer de los medios suficientes para el desempeño de las funciones que la ley atribuye a las Corporaciones respectivas y se nutrirán fundamentalmente de tributos propios y de participación en los del Estado y de las Comunidades Autónomas.

CAPÍTULO TERCERO: De las Comunidades Autónomas

Art. 143.- 1. En el ejercicio del derecho a la autonomía reconocido en el artículo 2 de la Constitución, las provincias limítrofes con características históricas, culturales y económicas comunes, los territorios insulares y las provincias con entidad regional histórica podrán acceder a su autogobierno y constituirse en Comunidades Autónomas con arreglo a lo previsto en este Título y en los respectivos Estatutos.
2. La iniciativa del proceso autonómico corresponde a todas las Diputaciones interesadas o al órgano interinsular correspondiente y a las dos terceras partes de los municipios cuya población represente, al menos, la mayoría del censo electoral de cada provincia o isla. Estos requisitos deberán ser cumplidos en el plazo de seis meses desde el primer acuerdo adoptado al respecto por alguna de las Corporaciones locales interesadas.
3. La iniciativa, en caso de no prosperar, solamente podrá reiterarse pasados cinco años.

Art. 144.- Las Cortes Generales, mediante ley orgánica, podrán, por motivos de interés nacional:
a) Autorizar la constitución de una comunidad autónoma cuando su ámbito territorial no supere el de una provincia y no reúna las condiciones del apartado 1 del artículo 143.
b) Autorizar o acordar, en su caso, un Estatuto de autonomía para territorios que no estén integrados en la organización provincial.
c) Sustituir la iniciativa de las Corporaciones locales a que se refiere el apartado 2 del artículo 143.

Art. 145.- 1. En ningún caso se admitirá la federación de Comunidades Autónomas.

2. Los Estatutos podrán prever los supuestos, requisitos y términos en que las Comunidades Autónomas podrán celebrar convenios entre sí para la gestión y prestación de servicios propios de las mismas, así como el carácter y efectos de la correspondiente comunicación a las Cortes Generales. En los demás supuestos, los acuerdos de cooperación entre las Comunidades Autónomas necesitarán la autorización de las Cortes Generales.

Art. 146.- El proyecto de Estatuto será elaborado por una asamblea compuesta por los miembros de la Diputación u órgano interinsular de las provincias afectadas y por los Diputados y Senadores elegidos en ellas y será elevado a las Cortes Generales para su tramitación como ley.

Art. 147.- 1. Dentro de los términos de la presente Constitución, los Estatutos serán la norma institucional básica de cada Comunidad Autónoma y el Estado los reconocerá y amparará como parte integrante de su ordenamiento jurídico.

2. Los Estatutos de autonomía deberán contener:

a) La denominación de la Comunidad que mejor corresponda a su identidad histórica.

b) La delimitación de su territorio.

c) La denominación, organización y sede de las instituciones autónomas propias.

d) Las competencias asumidas dentro del marco establecido en la Constitución y las bases para el traspaso de los servicios correspondientes a las mismas.

3. La reforma de los Estatutos se ajustará al procedimiento establecido en los mismos y requerirá, en todo caso, la aprobación por las Cortes Generales, mediante ley orgánica.

Art. 148.- 1. Las Comunidades Autónomas podrán asumir competencias en las siguientes materias:

1.ª Organización de sus instituciones de autogobierno.

2.ª Las alteraciones de los términos municipales comprendidos en su territorio y, en general, las funciones que correspondan a la Administración del Estado sobre las Corporaciones locales y cuya transferencia autorice la legislación sobre Régimen Local.

3.ª Ordenación del territorio, urbanismo y vivienda.

4.ª Las obras públicas de interés de la Comunidad Autónoma en su propio territorio.

5.ª Los ferrocarriles y carreteras cuyo itinerario se desarrolle íntegramente en el territorio de la Comunidad Autónoma y, en los mismos términos, el transporte desarrollado por estos medios o por cable.

6.ª Los puertos de refugio, los puertos y aeropuertos deportivos y, en general, los que no desarrollen actividades comerciales.

7.ª La agricultura y ganadería, de acuerdo con la ordenación general de la economía.

8.ª Los montes y aprovechamientos forestales.

9.ª La gestión en materia de protección del medio ambiente.

10.ª Los proyectos, construcción y explotación de los aprovechamientos hidráulicos, canales y regadíos de interés de la Comunidad Autónoma; las aguas minerales y termales.

11.ª La pesca en aguas interiores, el marisqueo y la acuicultura, la caza y la pesca fluvial.

12.ª Ferias interiores.

13.ª El fomento del desarrollo económico de la Comunidad Autónoma dentro de los objetivos marcados por la política económica nacional.

14.ª La artesanía.

15.ª Museos, bibliotecas y conservatorios de música de interés para la Comunidad Autónoma.

16.ª Patrimonio monumental de interés de la Comunidad Autónoma.

17.ª El fomento de la cultura, de la investigación y, en su caso, de la enseñanza de la lengua de la Comunidad Autónoma.

18.ª Promoción y ordenación del turismo en su ámbito territorial.

19.ª Promoción del deporte y de la adecuada utilización del ocio.

20.ª Asistencia social.

21.ª Sanidad e higiene.

22.ª La vigilancia y protección de sus edificios e instalaciones. La coordinación y demás facultades en relación con las policías locales en los términos que establezca una ley orgánica.

2. Transcurridos cinco años, y mediante la reforma de sus

Estatutos, las Comunidades Autónomas podrán ampliar sucesivamente sus competencias dentro del marco establecido en el artículo 149.

Art. 149.- 1. El Estado tiene competencia exclusiva sobre las siguientes materias:

1.ª La regulación de las condiciones básicas que garanticen la igualdad de todos los españoles en el ejercicio de los derechos y en el cumplimiento de los deberes constitucionales.

2.ª Nacionalidad, inmigración, emigración, extranjería y derecho de asilo.

3.ª Relaciones internacionales.

4.ª Defensa y Fuerzas Armadas.

5.ª Administración de Justicia.

6.ª Legislación mercantil, penal y penitenciaria; legislación procesal, sin perjuicio de las necesarias especialidades que en este orden se deriven de las particularidades del derecho sustantivo de las Comunidades Autónomas.

7.ª Legislación laboral; sin perjuicio de su ejecución por los órganos de las Comunidades Autónomas.

8.ª Legislación civil, sin perjuicio de la conservación, modificación y desarrollo por las Comunidades Autónomas de los derechos civiles, forales o especiales, allí donde existan. En todo caso, las reglas relativas a la aplicación y eficacia de las normas jurídicas, relaciones jurídico-civiles relativas a las formas de matrimonio, ordenación de los registros e instrumentos públicos, bases de las obligaciones contractuales, normas para resolver los conflictos de leyes y determinación de las fuentes del Derecho, con respeto, en este último caso, a las normas de derecho foral o especial.

9.ª Legislación sobre propiedad intelectual e industrial.

10.ª Régimen aduanero y arancelario; comercio exterior.

11.ª Sistema monetario: divisas, cambio y convertibilidad; bases de la ordenación de crédito, banca y seguros.

12.ª Legislación sobre pesas y medidas, determinación de la hora oficial.

13.ª Bases y coordinación de la planificación general de la actividad económica.

14.ª Hacienda general y Deuda del Estado.

15.ª Fomento y coordinación general de la investigación

científica y técnica.

16.ª Sanidad exterior. Bases y coordinación general de la sanidad. Legislación sobre productos farmacéuticos.

17.ª Legislación básica y régimen económico de la Seguridad Social, sin perjuicio de la ejecución de sus servicios por las Comunidades Autónomas.

18.ª Las bases del régimen jurídico de las Administraciones públicas y del régimen estatutario de sus funcionarios que, en todo caso, garantizarán a los administrados un tratamiento común ante ellas; el procedimiento administrativo común, sin perjuicio de las especialidades derivadas de la organización propia de las Comunidades Autónomas; legislación sobre expropiación forzosa; legislación básica sobre contratos y concesiones administrativas y el sistema de responsabilidad de todas las Administraciones públicas.

19.ª Pesca marítima, sin perjuicio de las competencias que en la ordenación del sector se atribuyan a las Comunidades Autónomas.

20.ª Marina mercante y abanderamiento de buques; iluminación de costas y señales marítimas; puertos de interés general; aeropuertos de interés general; control del espacio aéreo, tránsito y transporte aéreo, servicio meteorológico y matriculación de aeronaves.

21.ª Ferrocarriles y transportes terrestres que transcurran por el territorio de más de una Comunidad Autónoma; régimen general de comunicaciones; tráfico y circulación de vehículos a motor; correos y telecomunicaciones; cables aéreos, submarinos y radiocomunicación.

22.ª La legislación, ordenación y concesión de recursos y aprovechamientos hidráulicos cuando las aguas discurran por más de una Comunidad Autónoma, y la autorización de las instalaciones eléctricas cuando su aprovechamiento afecte a otra Comunidad o el transporte de energía salga de su ámbito territorial.

23.ª Legislación básica sobre protección del medio ambiente, sin perjuicio de las facultades de las Comunidades Autónomas de establecer normas adicionales de protección. La legislación básica sobre montes, aprovechamientos forestales y vías pecuarias.

24.ª Obras públicas de interés general o cuya realización afecte a más de una Comunidad Autónoma.

25.ª Bases de régimen minero y energético.

26.ª Régimen de producción, comercio, tenencia y uso de armas y explosivos.

27.ª Normas básicas del régimen de prensa, radio y televisión y, en general, de todos los medios de comunicación social, sin perjuicio de las facultades que en su desarrollo y ejecución correspondan a las Comunidades Autónomas.

28.ª Defensa del patrimonio cultural, artístico y monumental español contra la exportación y la expoliación; museos, bibliotecas y archivos de titularidad estatal, sin perjuicio de su gestión por parte de las Comunidades Autónomas.

29.ª Seguridad pública, sin perjuicio de la posibilidad de creación de policías por las Comunidades Autónomas en la forma que se establezca en los respectivos Estatutos en el marco de lo que disponga una ley orgánica.

30.ª Regulación de las condiciones de obtención, expedición y homologación de títulos académicos y profesionales y normas básicas para el desarrollo del artículo 27 de la Constitución, a fin de garantizar el cumplimiento de las obligaciones de los poderes públicos en esta materia.

31.ª Estadística para fines estatales.

32.ª Autorización para la convocatoria de consultas populares por vía de referéndum.

2. Sin perjuicio de las competencias que podrán asumir las Comunidades Autónomas, el Estado considerará el servicio de la cultura como deber y atribución esencial y facilitará la comunicación cultural entre las Comunidades Autónomas, de acuerdo con ellas.

3. Las materias no atribuidas expresamente al Estado por esta Constitución podrán corresponder a las Comunidades Autónomas, en virtud de sus respectivos Estatutos. La competencia sobre las materias que no se hayan asumido por los Estatutos de Autonomía corresponderá al Estado, cuyas normas prevalecerán, en caso de conflicto, sobre las de las Comunidades Autónomas en todo lo que no esté atribuido a la exclusiva competencia de éstas. El derecho estatal será, en todo caso, supletorio del derecho de las Comunidades Autónomas.

Art. 150.- 1. Las Cortes Generales, en materias de competencia estatal, podrán atribuir a todas o a alguna de las Comunidades Autónomas la facultad de dictar, para sí mismas, normas legislativas en el marco de los principios, bases y directrices fijados por una ley estatal. Sin perjuicio de la competencia de los Tribunales, en cada ley marco se establecerá la modalidad del control de las Cortes Generales sobre estas normas legislativas de las Comunidades Autónomas.

2. El Estado podrá transferir o delegar en las Comunidades Autónomas, mediante ley orgánica, facultades correspondientes a materia de titularidad estatal que por su propia naturaleza sean susceptibles de transferencia o delegación. La ley preverá en cada caso la correspondiente transferencia de medios financieros, así como las formas de control que se reserve el Estado.

3. El Estado podrá dictar leyes que establezcan los principios necesarios para armonizar las disposiciones normativas de las Comunidades Autónomas, aun en el caso de materias atribuidas a la competencia de éstas, cuando así lo exija el interés general. Corresponde a las Cortes Generales, por mayoría absoluta de cada Cámara, la apreciación de esta necesidad.

Art. 151.- 1. No será preciso dejar transcurrir el plazo de cinco años, a que se refiere el apartado 2 del artículo 148, cuando la iniciativa del proceso autonómico sea acordada dentro del plazo del artículo 143.2, además de por las Diputaciones o los órganos interinsulares correspondientes, por las tres cuartas partes de los municipios de cada una de las provincias afectadas que representen, al menos, la mayoría del censo electoral de cada una de ellas y dicha iniciativa sea ratificada mediante referéndum por el voto afirmativo de la mayoría absoluta de los electores de cada provincia en los términos que establezca una ley orgánica.

2. En el supuesto previsto en el apartado anterior, el procedimiento para la elaboración del Estatuto será el siguiente:

1.° El Gobierno convocará a todos los Diputados y Senadores elegidos en las circunscripciones comprendidas en el ámbito territorial que pretenda acceder al autogobierno, para que se constituyan en Asamblea, a los solos efectos de elaborar el correspondiente proyecto de Estatuto de autonomía, mediante el acuerdo de la mayoría absoluta de sus miembros.

2.° Aprobado el proyecto de Estatuto por la Asamblea de Parlamentarios, se remitirá a la Comisión Constitucional del Congreso, la cual, dentro del plazo de dos meses, lo examinará con el concurso y asistencia de una delegación de la Asamblea proponente para determinar de común acuerdo su formulación definitiva.

3.° Si se alcanzare dicho acuerdo, el texto resultante será sometido a referéndum del cuerpo electoral de las provincias comprendidas en el ámbito territorial del proyectado Estatuto.

4.º Si el proyecto de Estatuto es aprobado en cada provincia por la mayoría de los votos válidamente emitidos, será elevado a las Cortes Generales. Los plenos de ambas Cámaras decidirán sobre el texto mediante un voto de ratificación. Aprobado el Estatuto, el Rey lo sancionará y lo promulgará como ley.

5.º De no alcanzarse el acuerdo a que se refiere el apartado 2 de este número, el proyecto de Estatuto será tramitado como proyecto de ley ante las Cortes Generales. El texto aprobado por éstas será sometido a referéndum del cuerpo electoral de las provincias comprendidas en el ámbito territorial del proyectado Estatuto. En caso de ser aprobado por la mayoría de los votos válidamente emitidos en cada provincia, procederá su promulgación en los términos del párrafo anterior.

3. En los casos de los párrafos 4.º y 5.º del apartado anterior, la no aprobación del proyecto de Estatuto por una o varias provincias no impedirá la constitución entre las restantes de la Comunidad Autónoma proyectada, en la forma que establezca la ley orgánica prevista en el apartado 1 de este artículo.

Art. 152.- 1. En los Estatutos aprobados por el procedimiento a que se refiere el artículo anterior, la organización institucional autonómica se basará en una Asamblea Legislativa, elegida por sufragio universal, con arreglo a un sistema de representación proporcional que asegure, además, la representación de las diversas zonas del territorio; un Consejo de Gobierno con funciones ejecutivas y administrativas y un Presidente, elegido por la Asamblea, de entre sus miembros, y nombrado por el Rey, al que corresponde la dirección del Consejo de Gobierno, la suprema representación de la respectiva Comunidad y la ordinaria del Estado en aquélla. El Presidente y los miembros del Consejo de Gobierno serán políticamente responsables ante la Asamblea.

Un Tribunal Superior de Justicia, sin perjuicio de la jurisdicción que corresponde al Tribunal Supremo, culminará la organización judicial en el ámbito territorial de la Comunidad Autónoma. En los Estatutos de las Comunidades Autónomas podrán establecerse los supuestos y las formas de participación de aquéllas en la organización de las demarcaciones judiciales del territorio. Todo ello de conformidad con lo previsto en la ley orgánica del poder judicial y dentro de la unidad e independencia de éste.

Sin perjuicio de lo dispuesto en el artículo 123, las sucesivas instancias procesales, en su caso, se agotarán ante órganos judiciales radicados en el mismo territorio de la Comunidad Autónoma en que esté el órgano competente en primera instancia.

2. Una vez sancionados y promulgados los respectivos Estatutos, solamente podrán ser modificados mediante los procedimientos en ellos establecidos y con referéndum entre los electores inscritos en los censos correspondientes.

3. Mediante la agrupación de municipios limítrofes, los Estatutos podrán establecer circunscripciones territoriales propias, que gozarán de plena personalidad jurídica.

Art. 153.- El control de la actividad de los órganos de las Comunidades Autónomas se ejercerá:

a) Por el Tribunal Constitucional, el relativo a la constitucionalidad de sus disposiciones normativas con fuerza de ley.

b) Por el Gobierno, previo dictamen del Consejo de Estado, el del ejercicio de funciones delegadas a que se refiere el apartado 2 del artículo 150.

c) Por la jurisdicción contencioso-administrativa, el de la administración autónoma y sus normas reglamentarias.

d) Por el Tribunal de Cuentas, el económico y presupuestario.

Art. 154.- Un Delegado nombrado por el Gobierno dirigirá la Administración del Estado en el territorio de la Comunidad Autónoma y la coordinará, cuando proceda, con la administración propia de la Comunidad.

Art. 155.- 1. Si una Comunidad Autónoma no cumpliere las obligaciones que la Constitución u otras leyes le impongan, o actuare de forma que atente gravemente al interés general de España, el Gobierno, previo requerimiento al Presidente de la Comunidad Autónoma y, en el caso de no ser atendido, con la aprobación por mayoría absoluta del Senado, podrá adoptar las medidas necesarias para obligar a aquélla al cumplimiento forzoso de dichas obligaciones o para la protección del mencionado interés general.

2. Para la ejecución de las medidas previstas en el apartado anterior, el Gobierno podrá dar instrucciones a todas las autoridades de las Comunidades Autónomas.

Art. 156.- 1. Las Comunidades Autónomas gozarán de autonomía financiera para el desarrollo y ejecución de sus competencias con arreglo a los principios de coordinación con la Hacienda estatal y de solidaridad entre todos los españoles.

2. Las Comunidades Autónomas podrán actuar como delegados o colaboradores del Estado para la recaudación, la gestión y la liquidación de los recursos tributarios de aquél, de acuerdo con las leyes y los Estatutos.

Art. 157.- 1. Los recursos de las Comunidades Autónomas estarán constituidos por:

a) Impuestos cedidos total o parcialmente por el Estado; recargos sobre impuestos estatales y otras participaciones en los ingresos del Estado.

b) Sus propios impuestos, tasas y contribuciones especiales.

c) Transferencias de un Fondo de Compensación interterritorial y otras asignaciones con cargo a los Presupuestos Generales del Estado.

d) Rendimientos procedentes de su patrimonio e ingresos de derecho privado.

e) El producto de las operaciones de crédito.

2. Las Comunidades Autónomas no podrán en ningún caso adoptar medidas tributarias sobre bienes situados fuera de su territorio o que supongan obstáculo para la libre circulación de mercancías o servicios.

3. Mediante ley orgánica podrá regularse el ejercicio de las competencias financieras enumeradas en el precedente apartado 1, las normas para resolver los conflictos que pudieran surgir y las posibles formas de colaboración financiera entre las Comunidades Autónomas y el Estado.

Art. 158.- 1. En los Presupuestos Generales del Estado podrá establecerse una asignación a las Comunidades Autónomas en función del volumen de los servicios y actividades estatales que hayan asumido y de la garantía de un nivel mínimo en la prestación de los servicios públicos fundamentales en todo el territorio español.

2. Con el fin de corregir desequilibrios económicos interterritoriales y hacer efectivo el principio de solidaridad, se constituirá un Fondo de Compensación con destino a gastos de inversión, cuyos recursos serán distribuidos por las Cortes Generales entre las Comunidades Autónomas y provincias, en su caso.

Título: Del Tribunal Constitucional

Art. 159.- 1. El Tribunal Constitucional se compone de 12 miembros nombrados por el Rey; de ellos, cuatro a propuesta del Congreso por mayoría de tres quintos de sus miembros; cuatro a propuesta del Senado, con idéntica mayoría; dos a propuesta del Gobierno, y dos a propuesta del Consejo General del Poder Judicial.

2. Los miembros del Tribunal Constitucional deberán ser nombrados entre Magistrados y Fiscales, Profesores de Universidad, funcionarios públicos y Abogados, todos ellos juristas de reconocida competencia con más de quince años de ejercicio profesional.

3. Los miembros del Tribunal Constitucional serán designados por un período de nueve años y se renovarán por terceras partes cada tres.

4. La condición de miembro del Tribunal Constitucional es incompatible: con todo mandato representativo; con los cargos políticos o administrativos; con el desempeño de funciones directivas en un partido político o en un sindicato y con el empleo al servicio de los mismos; con el ejercicio de las carreras judicial y fiscal, y con cualquier actividad profesional o mercantil.

En lo demás los miembros del Tribunal Constitucional tendrán las incompatibilidades propias de los miembros del poder judicial.

5. Los miembros del Tribunal Constitucional serán independientes e inamovibles en el ejercicio de su mandato.

Art. 160.- El Presidente del Tribunal Constitucional será nombrado entre sus miembros por el Rey, a propuesta del mismo Tribunal en pleno y por un período de tres años.

Art. 161.- 1. El Tribunal Constitucional tiene jurisdicción en todo el territorio español y es competente para conocer:

a) Del recurso de inconstitucionalidad contra leyes y disposiciones normativas con fuerza de ley. La declaración de inconstitucionalidad de una norma jurídica con rango de ley, interpretada por la jurisprudencia, afectará a ésta, si bien la sentencia o sentencias recaídas no perderán el valor de cosa juzgada.

b) Del recurso de amparo por violación de los derechos y libertades referidos en el artículo 53, 2, de esta Constitución, en los casos y formas que la ley establezca.

c) De los conflictos de competencia entre el Estado y las Comunidades Autónomas o de los de éstas entre sí.

d) De las demás materias que le atribuyan la Constitución o las leyes orgánicas.

2. El Gobierno podrá impugnar ante el Tribunal Constitucional las disposiciones y resoluciones adoptadas por los órganos de las Comunidades Autónomas. La impugnación producirá la suspensión de la disposición o resolución recurrida, pero el Tribunal, en su caso, deberá ratificarla o levantarla en un plazo no superior a cinco meses.

Art. 162.- 1. Están legitimados:

a) Para interponer el recurso de inconstitucionalidad, el Presidente del Gobierno, el Defensor del Pueblo, 50 Diputados, 50 Senadores, los órganos colegiados ejecutivos de las Comunidades Autónomas y, en su caso, las Asambleas de las mismas.

b) Para interponer el recurso de amparo, toda persona natural o jurídica que invoque un interés legítimo, así como el Defensor del Pueblo y el Ministerio Fiscal.

2. En los demás casos, la ley orgánica determinará las personas y órganos legitimados.

Art. 163.- Cuando un órgano judicial considere, en algún proceso, que una norma con rango de ley, aplicable al caso, de cuya validez dependa el fallo, pueda ser contraria a la Constitución, planteará la cuestión ante el Tribunal Constitucional en los supuestos, en la forma y con los efectos que establezca la ley, que en ningún caso serán suspensivos.

Art. 164.- 1. Las sentencias del Tribunal Constitucional se publicarán en el boletín oficial del Estado con los votos particulares, si los hubiere. Tienen el valor de cosa juzgada a partir del día siguiente de su publicación y no cabe recurso alguno contra ellas. Las que declaren la inconstitucionalidad de una ley o de una norma con fuerza de ley y todas las que no se limiten a la estimación subjetiva de un derecho, tienen plenos efectos frente a todos.

2. Salvo que en el fallo se disponga otra cosa, subsistirá la vigencia de la ley en la parte no afectada por la inconstitucionalidad.

Art. 165.- Una ley orgánica regulará el funcionamiento del Tribunal Constitucional, el estatuto de sus miembros, el procedimiento ante el mismo y las condiciones para el ejercicio de las acciones.

TÍTULO X: DE LA REFORMA CONSTITUCIONAL

Art. 166.- La iniciativa de reforma constitucional se ejercerá en los términos previstos en los apartados 1 y 2 del artículo 87.

Art. 167.- 1. Los proyectos de reforma constitucional deberán ser aprobados por una mayoría de tres quintos de cada una de las Cámaras. Si no hubiera acuerdo entre ambas, se intentará obtenerlo mediante la creación de una Comisión de composición paritaria de Diputados y Senadores, que presentará un texto que será votado por el Congreso y el Senado.

2. De no lograrse la aprobación mediante el procedimiento del apartado anterior, y siempre que el texto hubiere obtenido el voto favorable de la mayoría absoluta del Senado, el Congreso, por mayoría de dos tercios, podrá aprobar la reforma.

3. Aprobada la reforma por las Cortes Generales, será sometida a referéndum para su ratificación cuando así lo soliciten, dentro de los quince días siguientes a su aprobación, una décima parte de los miembros de cualquiera de las Cámaras.

Art. 168.- 1. Cuando se propusiere la revisión total de la Constitución o una parcial que afecte al Título preliminar, al Capítulo segundo, Sección primera del Título I, o al Título II, se procederá a la aprobación del principio por mayoría de dos tercios de cada Cámara, y a la disolución inmediata de las Cortes.

2. Las Cámaras elegidas deberán ratificar la decisión y proceder al estudio del nuevo texto constitucional, que deberá ser aprobado por mayoría de dos tercios de ambas Cámaras.

3. Aprobada la reforma por las Cortes Generales, será sometida a referéndum para su ratificación.

Art. 169.- No podrá iniciarse la reforma constitucional en tiempo de guerra o de vigencia de alguno de los estados previstos en el artículo 116.

DISPOSICIONES ADICIONALES

Primera.- La Constitución ampara y respeta los derechos históricos de los territorios forales.

La actualización general de dicho régimen foral se llevará a cabo, en su caso, en el marco de la Constitución y de los Estatutos de Autonomía.

Segunda.- La declaración de mayoría de edad contenida en el artículo 12 de esta Constitución no perjudica las situaciones amparadas por los derechos forales en el ámbito del Derecho privado.

Tercera.- La modificación del régimen económico y fiscal del archipiélago canario requerirá informe previo de la Comunidad Autónoma o, en su caso, del órgano provisional autonómico.

Cuarta.- En las Comunidades Autónomas donde tengan su sede más de una Audiencia Territorial, los Estatutos de Autonomía respectivos podrán mantener las existentes, distribuyendo las competencias entre ellas, siempre de conformidad con lo previsto en la ley orgánica del poder judicial y dentro de la unidad e independencia de éste.

DISPOSICIONES TRANSITORIAS

Primera.- En los territorios dotados de un régimen provisional de autonomía, sus órganos colegiados superiores, mediante acuerdo adoptado por la mayoría absoluta de sus miembros, podrán sustituir la iniciativa que en el apartado 2 del artículo 143 atribuye a las Diputaciones Provinciales o a los órganos interinsulares correspondientes.

Segunda.- Los territorios que en el pasado hubiesen plebiscitado afirmativamente proyectos de Estatuto de autonomía y cuenten, al tiempo de promulgarse esta Constitución, con regímenes provisionales de autonomía podrán proceder inmediatamente en la forma que se prevé en el apartado 2 del artículo 148, cuando así lo acordaren, por mayoría absoluta, sus órganos preautonómicos colegiados superiores, comunicándolo al Gobierno. El proyecto de Estatuto será elaborado de acuerdo con lo establecido en el artículo 151, número 2, a convocatoria del órgano colegiado preautonómico.

Tercera.- La iniciativa del proceso autonómico por parte de las Corporaciones locales o de sus miembros, prevista en el apartado 2 del artículo 143, se entiende diferida, con todos sus efectos, hasta la celebración de las primeras elecciones locales una vez vigente la Constitución.

Cuarta.- 1. En el caso de Navarra, y a efectos de su incorporación al Consejo General Vasco o al régimen autonómico vasco que le sustituya, en lugar de lo que establece el artículo 143 de la Constitución, la iniciativa corresponde al Órgano Foral competente, el cual adoptará su decisión por mayoría de los miembros que lo componen. Para la validez de dicha iniciativa será preciso, además, que la decisión del Órgano Foral competente sea ratificada por referéndum expresamente convocado al efecto, y aprobado por mayoría de los votos válidos emitidos.

2. Si la iniciativa no prosperase, solamente se podrá reproducir la misma en distinto período del mandato del Organo Foral competente, y en todo caso, cuando haya transcurrido el plazo mínimo que establece el artículo 143.

LAS CONSTITUCIONES ESPAÑOLAS. TEXTOS COMPLETOS

Quinta.- Las ciudades de Ceuta y Melilla podrán constituirse en Comunidades Autónomas si así lo deciden sus respectivos Ayuntamientos, mediante acuerdo adoptado por la mayoría absoluta de sus miembros y así lo autorizan las Cortes Generales, mediante una ley orgánica, en los términos previstos en el artículo 144.

Sexta.- Cuando se remitieran a la Comisión Constitucional del Congreso varios proyectos de Estatuto, se dictaminarán por el orden de entrada en aquélla, y el plazo de dos meses a que se refiere el artículo 151 empezará a contar desde que la Comisión termine el estudio del proyecto o proyectos de que sucesivamente haya conocido.

Séptima.- Los organismos provisionales autonómicos se considerarán disueltos en los siguientes casos:
a) Una vez constituidos los órganos que establezcan los Estatutos de Autonomía aprobados conforme a esta Constitución.
b) En el supuesto de que la iniciativa del proceso autonómico no llegara a prosperar por no cumplir los requisitos previstos en el artículo 143.
c) Si el organismo no hubiera ejercido el derecho que le reconoce la disposición transitoria primera en el plazo de tres años.

Octava.- 1. Las Cámaras que han aprobado la presente Constitución asumirán, tras la entrada en vigor de la misma, las funciones y competencias que en ella se señalan, respectivamente, para el Congreso y el Senado, sin que en ningún caso su mandato se extienda más allá del 15 de junio de 1981.
2. A los efectos de lo establecido en el artículo 99, la promulgación de la Constitución se considerará como supuesto constitucional en el que procede su aplicación. A tal efecto, a partir de la citada promulgación se abrirá un período de treinta días para la aplicación de lo dispuesto en dicho artículo.
Durante este período, el actual Presidente del Gobierno, que asumirá las funciones y competencias que para dicho cargo establece la Constitución, podrá optar por utilizar la facultad que le reconoce el artículo 115 o dar paso, mediante la dimisión, a la aplicación de lo establecido en el artículo 99, quedando en este último caso en la situación prevista en el apartado 2 del artículo 101.

3. En caso de disolución, de acuerdo con lo previsto en el artículo 115, y si no se hubiera desarrollado legalmente lo previsto en los artículos 68 y 69, serán de aplicación en las elecciones las normas vigentes con anterioridad, con las solas excepciones de que en lo referente a inelegibilidades e incompatibilidades se aplicará directamente lo previsto en el inciso segundo de la letra b) del apartado 1 del artículo 70 de la Constitución, así como lo dispuesto en la misma respecto a la edad para el voto y lo establecido en el artículo 69,3.

Novena.- A los tres años de la elección por vez primera de los miembros del Tribunal Constitucional se procederá por sorteo para la designación de un grupo de cuatro miembros de la misma procedencia electiva que haya de cesar y renovarse. A estos solos efectos se entenderán agrupados como miembros de la misma procedencia a los dos designados a propuesta del Gobierno y a los dos que proceden de la formulada por el Consejo General del Poder Judicial. Del mismo modo se procederá transcurridos otros tres años entre los dos grupos no afectados por el sorteo anterior. A partir de entonces se estará a lo establecido en el número 3 del artículo 159.

DISPOSICIÓN DEROGATORIA

1.- Queda derogada la Ley 1/1977, de 4 de enero, para la Reforma Política, así como, en tanto en cuanto no estuvieran ya derogadas por la anteriormente mencionada Ley, la de Principios del Movimiento Nacional, de 17 de mayo de 1958; el Fuero de los Españoles, de 17 de julio de 1945; el del Trabajo, de 9 de marzo de 1938; la Ley Constitutiva de las Cortes, de 17 de julio de 1942; la Ley de Sucesión en la Jefatura del Estado, de 26 de julio de 1947, todas ellas modificadas por la Ley Orgánica del Estado, de 10 de enero de 1967, y en los mismos términos esta última y la de Referéndum Nacional de 22 de octubre de 1945.

2. En tanto en cuanto pudiera conservar alguna vigencia, se considera definitivamente derogada la Ley de 25 de octubre de 1839 en lo que pudiera afectar a las provincias de Alava, Guipúzcoa y Vizcaya.

En los mismos términos se considera definitivamente derogada la Ley de 21 de julio de 1876.

3. Asimismo quedan derogadas cuantas disposiciones se opongan a lo establecido en esta Constitución.

DISPOSICIÓN FINAL

Esta Constitución entrará en vigor el mismo día de la publicación de su texto oficial en el boletín oficial del Estado. Se publicará también en las demás lenguas de España.

POR TANTO,
MANDO A TODOS LOS ESPAÑOLES, PARTICULARES Y AUTORIDADES, QUE GUARDEN Y HAGAN GUARDAR ESTA CONSTITUCIÓN COMO NORMA FUNDAMENTAL DEL ESTADO.
PALACIO DE LAS CORTES, A VEINTISIETE DE DICIEMBRE DE MIL NOVECIENTOS SETENTA Y OCHO.
JUAN CARLOS.- EL PRESIDENTE DE LAS CORTES.- Antonio Hernández Gil.- EL PRESIDENTE DEL CONGRESO DE LOS DIPUTADOS.- Fernando Alvarez de Miranda y Torres.- EL PRESIDENTE DEL SENADO.- Antonio Fontán Pérez

TAMBIÉN EN Lecturas hispánicas

www.lecturas-hispanicas.com

- ✓ Las Nacionalidades (F. Pi y Margall)
- ✓ Informe sobre la Ley Agraria de Jovellanos y las Cartas de Cabarrús.
- ✓ Abogados (Servando Gotor)
- ✓ La Horda, (Vicente Blasco Ibáñez). En preparación
- ✓ El corazón de las tinieblas (Joseph Conrad).
- ✓ Conocer a… el arte moderno (Servando Gotor). En preparación
- ✓ Conocer a… Mata Hari
- ✓ Conocer a… Brujería y exorcismos en España
- ✓ Conocer a… El Gran Capitán
- ✓ Conocer a… los Borgia
- ✓ Huella de almas (Francisco Acebal)
- ✓ Aires de Mar (Francisco Acebal)
- ✓ Batiéndome en retirada (JAVI)
- ✓ Ossa Árida - El Papa Luna (Servando Gotor)
- ✓ Shakespeare (Victor Hugo)
- ✓ Molière por Moratín (El médico a palos y La escuela de los maridos)
- ✓ Nerón. Su vida y su muerte
- ✓ Diálogos del Orador (Marco Tulio Cicerón, con notas de Servando Gotor)
- ✓ Aequilibrium (Ángel Ferrer)
- ✓ Esta sombra no es mía (Juan Serrano)
- ✓ Merodeando el desnudo femenino (Narciso de Alfonso)
- ✓ Entre las ruinas del cielo (Servando Gotor)
- ✓ Todo amor es grande (Propercio en la versión de Mariano Berdusán)
- ✓ La invención de la Taberna (Antonio Envid)
- ✓ El color de mi cristal (Mariano Berdusán Cabellos)
- ✓ A beneficio de inventario (Antonio Envid)
- ✓ Bárbara Blomberg (Servando Gotor)
- ✓ Serafita (Honoré de Balzac, con traducción de Narciso de Alfonso)
- ✓ Confusión de confusiones (José de la Vega, edición y notas a cargo de Antonio Envid)
- ✓ El guacamayo azul (Narciso de Alfonso y Servando Gotor)
- ✓ La tía Tula (Miguel de Unamuno)
- ✓ ¿Crisis? Nunca pasa nada (Servando Gotor)
- ✓ Niebla (Miguel de Unamuno)
- ✓ Aura o las violetas (J. M. Vargas Vila)
- ✓ Cajal. Cuentos y enredos (Servando Gotor)

- ✓ El Greco (Manuel B. Cossío).
- ✓ El amor y las moiras (Servando Gotor)
- ✓ El tenue aroma de la acacia (Antonio Envid)
- ✓ El Papa del Mar (Vicente Blasco Ibáñez)
- ✓ La ciudad sin faro (Servando Gotor)
- ✓ Los amantes de Teruel: las dos versiones íntegras y una reseña crítica de Larra (J. E. Hartzenbusch).

www.ingramcontent.com/pod-product-compliance
Lightning Source LLC
Chambersburg PA
CBHW072023190526
45166CB00015B/115